13

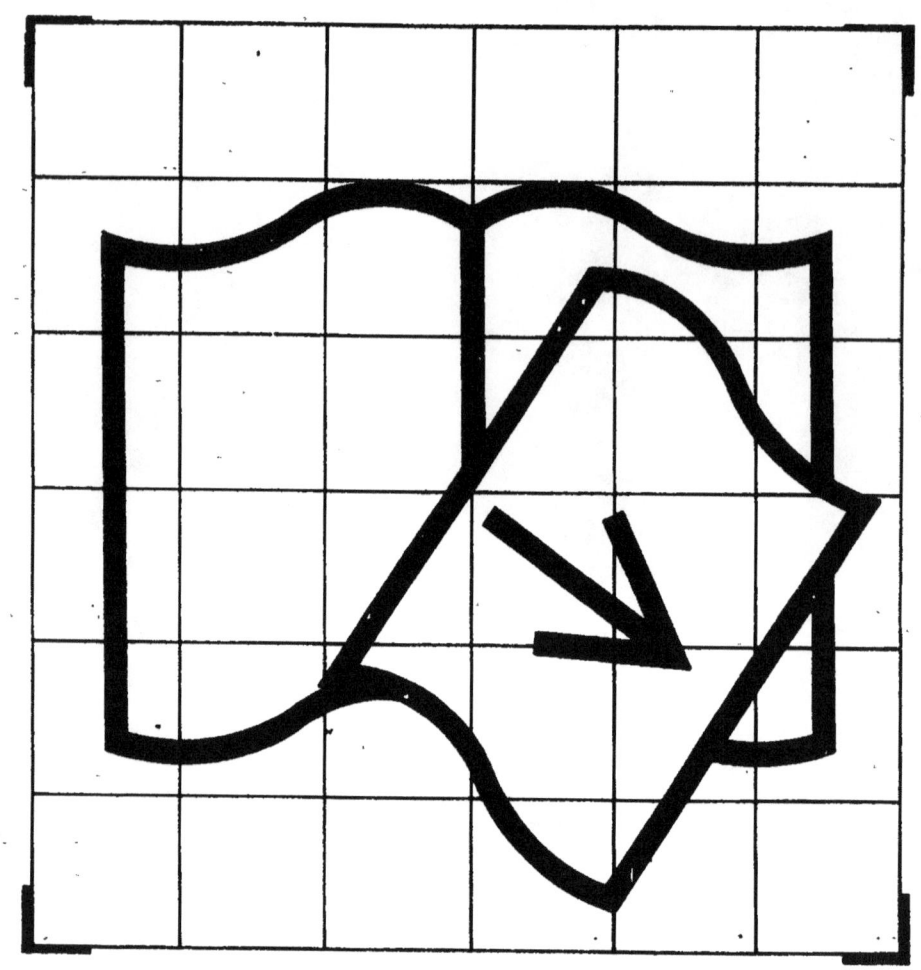

LEÇONS
DE
MORALE THÉORIQUE
ET
NOTIONS HISTORIQUES

EN VENTE A LA MÊME LIBRAIRIE

ENSEIGNEMENT SECONDAIRE DES JEUNES FILLES
ÉCOLES NORMALES

L. DUGAS

Cours de Morale théorique et pratique, par M. L. Dugas, docteur ès lettres, professeur agrégé de philosophie au lycée de Rennes :
I. Morale théorique. In-8°, (2° édition), broché . . . . 1 fr. 50
II. Morale pratique. In-8°, (2° édition), broché . . . . 3 fr. 50
Les *deux* volumes réunis en un seul, broché . . . . 5 fr.

A. AMMANN et E.-C. COUTANT

Classe préparatoire. — L'Antiquité. 1 volume in-12, toile . . . 2 25
Première année — Histoire de France et Notions sommaires d'Histoire générale *jusqu'en 1610* 1 vol. in-12, toile 2 75
Deuxième année — Histoire de France et Notions sommaires d'Histoire générale *de 1610 à 1789*. 1 vol. in-12, toile . . . . . . 3 »
Troisième année. — Histoire de France et Notions sommaires d'Histoire générale (*Histoire contemporaine*). 1 vol. in-12, toile. . 3 »
Quatrième année. — Histoire de l'Antiquité (*Orient, Grèce, Rome*). 1 vol. in-12, toile 3 50

Gaston DODU

Première année. — Géographie Physique. Océanie. Amérique. Afrique. In-8°, toile . . . . 3 »
Deuxième année. — Europe. Asie, In-8°, toile 3 25
Troisième année. — France et Colonies. In-8°, toile 3 75
Quatrième année. — Géographie générale, physique, humaine, économique 3 75
Cinquième année. — Les Principales Puissances du Monde . . 4 25

Mlle Berthe MARTIN

Cours d'Arithmétique. — Première année. In-8°, toile 2 50
Deuxième année. In-8°, toile 2 75
Quatrième et Cinquième années. In-8°, toile 3 75

Mlle Berthe MARTIN et H. COUPIN

Cours de Sciences naturelles. — Première année. In-8° toile . 3 »
Deuxième année. In-8°, toile 2 85
Hygiène et économie domestique. — Troisième année. In-8°, toil. 1 50

Mmes GOSSE-FABIN et GAUTHIER

Leçons de Chimie. — Troisième et Quatrième années. 1 vol. 19 × 14, relié . . . . 2 »
Cinquième année. 1 vol. 19 × 14, relié 2 25

LEÇONS
DE
MORALE THÉORIQUE
ET
NOTIONS HISTORIQUES

PAR

J. ANCEL	**L. DUGAS**
Agrégée de l'Université, Directrice du Lycée de jeunes filles de Saint-Étienne.	Docteur ès lettres, Professeur agrégé de philosophie au Lycée de Rennes.

ENSEIGNEMENT SECONDAIRE DES JEUNES FILLES
ÉCOLES NORMALES

Troisième édition revue et augmentée

PARIS
LIBRAIRIE CLASSIQUE FERNAND NATHAN
16, RUE DES FOSSÉS-SAINT-JACQUES
(Place du Panthéon, V^e)

1918

Tous droits réservés.

DÉDICACE

A MA FILLE

Ma chère Suzanne,

Je prends plaisir à te dédier ce livre écrit pour des enfants de ton âge. La part que j'y ai prise est modeste. Je n'ai fait que recueillir et assembler « les extraits de moralistes anciens et modernes », dont parle ton programme d'études. Mais je suis par là même à l'aise pour dire, en m'appropriant un mot de Descartes, que la lecture de ces pages sera pour toi « comme une conversation avec les plus honnêtes gens » de tous les temps et de tous les pays, « et encore une conversation étudiée, en laquelle ils ne découvrent que les meilleures de leurs pensées ». Autrement dit, j'ai extrait pour toi la quintessence de la sagesse humaine. Si cette sagesse parle des langages divers et même contraires, n'en sois pas trop effarouchée. Il fallait te faire entendre tous les sons de cloche ; cela produira d'abord dans ta tête un tintamarre, mais se fondra à la fin, j'espère, en harmonie. Mlle Ancel, que j'ai eu la bonne fortune de m'adjoindre comme collaboratrice, t'apprendra ce que tu dois retenir de la morale pour ton usage, dans un cours théorique qui est le complément naturel de ces lectures.

L. DUGAS.

PRÉFACE

Les auteurs de ce livre se sont efforcés de le rendre substantiel et clair.

M{}^{lle} Ancel qui a composé la première partie (*Morale théorique*), s'est inspirée de son expérience pour donner à ces leçons le ton simple et familier qu'elles doivent avoir et pour les adapter à l'âge, à l'intelligence et à l'éducation antérieure des élèves de 4e année. Elle a fait suivre chaque leçon d'exercices qui associent les élèves à l'enseignement et les invitent à trouver l'application des notions acquises.

M. Dugas dans la deuxième partie (*Extraits*) s'est appliqué à reproduire fidèlement la pensée des maîtres. Or, c'est trahir cette pensée que de la mutiler, de la présenter par fragments, de la détacher du système où elle se trouve engagée. Aussi a-t-il dû rétablir ce système, le retracer dans ses grandes lignes pour garder aux pages citées tout leur sens. Il a peut-être multiplié les extraits, mais il l'a fait sans scrupule, aimant mieux pécher par excès que par défaut, et comptant d'ailleurs sur le professeur pour faire lui-même son choix dans ces morceaux choisis.

Les auteurs de ce livre se sont consultés longuement et c'est dans le contrôle qu'ils ont exercé l'un sur l'autre qu'ils ont puisé la confiance nécessaire à chacun pour mener à bien sa tâche spéciale.

J. Ancel. — L. Dugas.

LEÇONS
DE MORALE THÉORIQUE
ET NOTIONS HISTORIQUES

PREMIÈRE PARTIE
MORALE THÉORIQUE

CHAPITRE PREMIER
LA CONSCIENCE MORALE

Définition. — Le mot conscience désigne soit la *connaissance* que nous avons de nos pensées, de nos sentiments, de nos états internes, soit le *jugement* que nous portons sur ces états. Entendue comme la simple connaissance que nous avons de nous-mêmes, la conscience s'appelle *conscience psychologique*; entendue comme le jugement que nous portons sur nous-mêmes, elle est la *conscience morale*. Ainsi on dira d'un homme évanoui qu'il est *sans conscience*, désignant par ces termes la conscience psychologique, et d'un criminel endurci *qu'il a perdu la conscience*, c'est-à-dire la notion du bien et du mal, ou conscience morale.

La conscience psychologique est un *témoin*, la cons-

---

[1] Pour corriger l'inconvénient qu'il y a à séparer l'enseignement dogmatique et l'enseignement historique, qui doivent se compléter l'un l'autre et ne faire qu'un, nous indiquons, à la suite de chaque leçon, les lectures correspondantes à faire dans les extraits.

cience morale un *juge*. Mais toutes deux ont pour caractère d'être personnelles, intimes : l'une est un témoin de *nous-mêmes*, l'autre un juge de *nous-mêmes*. La conscience morale juge nos actes avant qu'ils s'accomplissent et après qu'ils sont accomplis. En tant qu'elle nous prescrit certains actes et nous en défend d'autres, qu'elle nous trace à l'avance notre conduite, elle est un conseiller, un guide ou, mieux encore, un *législateur*, car elle nous parle impérieusement et en maître. En tant qu'elle nous absout ou nous condamne après l'action, qu'elle approuve ou blâme notre conduite, elle est proprement un *juge*.

Si le mot conscience désigne, primitivement, et au sens propre, le jugement que nous portons sur nous-mêmes, il ne laisse pas, dans la suite, et par extension, de désigner aussi le jugement que nous portons sur les autres, l'appréciation morale de leur conduite, enfin le jugement moral en général, le discernement du bien et du mal.

Formation et évolution de la conscience. — En raison de la spontanéité et de la rapidité de ses jugements, la conscience a paru aux philosophes écossais être un « sens » (sense), qui nous ferait percevoir les vérités morales par une sorte d'intuition. Ce sens serait infaillible autant que mystérieux. Rousseau conçoit de même la conscience comme un dieu intérieur qui rendrait des oracles. Il la définit (si c'est là définir) un « instinct divin », une « immortelle et céleste voix », le « guide assuré d'un être ignorant et borné, mais intelligent et libre ».

En réalité, la conscience ne doit pas être distinguée de la raison, dont elle n'est qu'une forme. Or la raison est sans doute, en un sens, innée. Elle est un élément constitutif de notre nature : nous naissons avec une aptitude à réfléchir sur nos actes, à les critiquer, à en discuter la valeur, à former des idées qui nous servent de principe et de règle.

Mais toute faculté humaine réclame une culture. La conscience n'est pas, dès l'origine, un système d'idées morales toutes faites. Chez les hommes en général, elle se constitue peu à peu par l'expérience de la vie et les réflexions qu'elle suggère. En chacun de nous, elle est formée en partie par l'éducation, par l'exemple, par les mille influences du milieu, que nous subissons sans les analyser ni les sentir. Il y entre encore, comme éléments, des sentiments qui tiennent à notre nature individuelle, des instincts héréditaires, des habitudes. Enfin la conscience prend une forme indépendante et personnelle chez ceux qui contrôlent les idées reçues, à la lumière de leur expérience et de leur raison.

Dès lors la conscience ne saurait être universelle ni immuable. Elle varie, en effet, suivant les temps et suivant les lieux ; dans tous les hommes et en chaque individu, elle est perpétuellement en voie d'évolution et de progrès. Elle n'est pas la connaissance absolue du bien ; elle est la connaissance, chaque jour développée, d'un bien de mieux en mieux défini.

Mais, telle quelle, la conscience est notre guide suprême, puisqu'aucune autorité, considérée comme supérieure à elle, n'a de pouvoir sur nous que si notre conscience accepte ce pouvoir. Elle est de plus, en dépit des apparences, notre guide unique, car, lorsque j'obéis, par exemple, ou crois obéir à une personne dont le jugement me paraît plus sûr que le mien, c'est à ma conscience que je ne laisse pas d'obéir encore, dans ce cas, puisque je me reconnais, *en conscience*, obligé de recourir aux lumières d'un plus compétent et plus expérimenté que moi.

Au reste, la conscience réside moins dans son *objet* ou son *contenu* que dans sa *forme* ou son *esprit*, moins dans la connaissance que dans l'intention. Elle est avant tout la *bonne volonté*. Il suit de là que « pour être juste envers les hommes, il faut chercher s'ils ont voulu le bien, et non si ce qu'ils ont voulu est le bien » (Dugas). Il suit de là encore que, considérée en ce sens, la conscience peut être la même dans tous les temps et dans tous les pays, quelle que soit la diversité des actes par lesquels elle se manifeste. Elle peut exister, les idées morales étant fausses, ou, au contraire, faire défaut avec des idées morales exactes.

Conséquences. — Loin de conclure de là que la valeur des idées morales est indifférente, il faut dire qu'à toute conscience qui veut réaliser le bien s'impose, comme premier devoir, celui de s'éclairer, d'étendre ses lumières, d'affiner et de fortifier son jugement par l'étude et la réflexion. Si la conscience réside avant tout dans la bonne volonté, et si toute volonté réside dans l'effort, la conscience est l'élan de l'âme vers la vérité morale, élan dirigé et soutenu par la réflexion, les bonnes habitudes, et la vigilance exercée envers nos dispositions intérieures.

Exercices.

Qu'entend-on par : une conscience active ? — délicate ? — timorée ?

Qu'entend-on par : être « une conscience » ?

L'examen de conscience. — Ses avantages, — ses dangers. — Mesure à garder dans cette pratique morale.

De la direction de conscience. — Ses avantages, — ses dangers. — Comment doit-elle être pratiquée pour que ses dangers soient évités ?

A LIRE : *Socrate :* Les lois de la conscience opposées aux lois écrites (pp. 50-8).

CHAPITRE II

L'IDÉE DU DEVOIR

Quand apparaît dans notre conscience l'idée du bien, cette idée s'impose à nous comme *devant* être réalisée dans nos actes, c'est-à-dire comme un *devoir*.

Différents sens du mot devoir. — On nomme devoir tantôt le bien lui-même, ou la chose due, tantôt l'obligation de l'accomplir, ou le devoir proprement dit. Pour éviter toute confusion dans l'exposé de ces notions morales, c'est à l'idée d'obligation que nous réserverons le nom de devoir.

L'obligation et le bien. — L'obligation ne peut être, en fait, séparée de l'objet auquel elle s'applique. C'est à tort que Kant a prétendu que l'obligation se suffit à elle-même, en dehors de toute idée d'un bien servant de but à l'activité humaine.

Il nous est impossible d'admettre que le devoir s'impose à nous quand nous n'y voyons aucune justification. Nous agissons toujours en vue d'un résultat, d'une fin que nous jugeons désirable. Cette fin est loin, nous l'avons déjà vu, d'être la même pour tous les hommes. Mais, quelle qu'elle soit, bonheur ou perfection, soit d'ordre individuel, soit d'ordre social, l'obligation qu'elle nous crée a un caractère spécial, qui ne permet pas de la confondre avec les inclinations de notre être. Elle est souvent en contradiction avec nos penchants, avec nos désirs immédiats et variables, et c'est en s'opposant à eux qu'elle se précise et s'affirme. On peut d'ailleurs l'étudier indépendamment de l'objet auquel elle s'applique, comme obligation ou *loi* morale, ce qui explique, sans la justifier, la distinction absolue établie par Kant entre le devoir et le bien.

Originalité de la loi morale. — Considéré comme loi morale, le devoir est distinct à la fois des lois naturelles et des lois civiles. Il diffère des lois naturelles, expression des rapports constants qui existent entre les phénomènes. Les lois naturelles ne prescrivent pas ce qui *doit être*, elles indiquent simplement *ce qui est*. Elles s'énoncent, par exemple, ainsi : « Tous les corps *tombent* dans le vide avec la même vitesse », et non : « Tous les corps *doivent tomber...* » Elles ne supposent ni volonté ni raison dans les êtres dont elles expriment les rapports; elles sont fatales. La loi morale, au contraire, est un commandement; elle a une forme impérative. « Travaille »; — « Aide ton prochain ». Elle s'adresse à des volontés qui restent libres de l'accomplir ou non. Elle peut être violée.

La loi morale a ceci de commun avec les lois civiles que celles-ci prescrivent et défendent des actions. Mais elle en diffère : 1° par son origine : elle ne nous est pas imposée du dehors, elle émane de notre propre conscience; 2° par son mode d'action sur les âmes, car aucune contrainte extérieure ne nous force à lui obéir, tandis que les lois civiles, s'imposant par la force, sont suivies de sanctions. Quand nous obéissons à ces dernières sans être déterminés par la crainte d'un châtiment, c'est que notre conscience les a acceptées et, dans ce cas-là, elles deviennent des lois morales.

Caractères. — Le caractère propre de la loi est d'être *obligatoire*, l'obligation étant une nécessité morale qui s'oppose par là, d'une part, à la fatalité naturelle, de l'autre, à la contrainte civile. Quand nous concevons le bien, nous nous sentons moralement tenus de l'accomplir, c'est-à-dire que notre raison l'accepte comme obligatoire ou moralement nécessaire, mais nous restons matériellement libres de l'accomplir ou non. Dans la pratique, nous pouvons enfreindre la loi, mais, en l'enfreignant, nous nous donnons tort. En lui obéissant, la personne n'est soumise à aucune autorité extérieure; elle obéit volontairement à sa raison, elle suit sa propre loi : c'est en quoi consiste l'*autonomie* morale.

De ce que la loi morale émane de notre raison, il suit qu'elle a encore d'autres caractères.

Elle est *absolue*, en ce sens qu'elle ne tient pas compte de nos intérêts, de nos désirs préalables. Ce que nous impose notre raison a toujours un caractère *impératif*, et c'est un commandement d'une nature spéciale. « La raison, dit Pascal, nous commande bien plus impérieusement qu'un maître, car, en désobéissant à l'un, on est malheureux et, en désobéissant à l'autre, on est un sot ».

Elle est *universelle*, puisque les vérités reconnues par la raison sont communes à tous les hommes. Le commandement une fois conçu, il nous paraît qu'il s'impose à tout homme raisonnable. Aussi, d'après Kant, réaliser l'idée du devoir, c'est agir *d'après une maxime telle qu'elle puisse être érigée en loi universelle.*

Résumé. — Ainsi le devoir est la règle que nous nous imposons volontairement en vue d'un bien conçu par notre raison. Il se présente comme un motif d'action d'une nature spéciale, dont la prééminence dans notre conduite constitue notre moralité. Cette orientation de l'existence peut provenir d'un effort constamment renouvelé, d'un triomphe de la volonté sur les désirs, ou au contraire être due à d'heureuses dispositions naturelles, fortifiées seulement par de bonnes habitudes, qui ont créé une disposition permanente à bien faire.

Exercices.

Énoncer une loi naturelle, une loi civile, une loi morale; comparer ces trois sortes de lois, en saisir les analogies et les différences.

Est-il vrai que toute action morale se reconnaisse à ceci qu'elle peut être érigée en règle universelle? Montrer que des actions, comme mentir, voler, ne pas tenir sa promesse, ne pourraient être érigées en règle universelle.

Chercher en quoi consisteraient les différences entre deux conduites, dont l'une serait inspirée par l'attrait du plaisir immédiat et l'autre, par la considération du devoir.

Est-il vrai que l'idée du devoir se ramène à celle d'une contrainte qu'on s'impose à soi-même?

A LIRE : *Les Stoïciens* : Le devoir (pp. 104-118); Conception négative du devoir : conduite à l'égard des « choses indifférentes », définie par la maxime : « Abstiens-toi et supporte »; Conception positive du devoir : la volonté prend pour matière « les choses indifférentes » et les change en « bien ». La liberté intérieure, le bon usage des représentations.

Kant. Analyse de l'idée de devoir; Éléments de cette idée : bonne volonté — contrainte, lutte contre les penchants — respect pour la loi — formule du devoir (pp. 234-242).

CHAPITRE III

ROLE DU SENTIMENT DANS LA VIE MORALE

Les idées de bien et de mal sont intimement unies, dans la conscience, à des sentiments d'attrait et de répulsion.

D'une façon générale, les sentiments jouent un rôle considérable dans notre vie morale, soit qu'on les considère comme des forces indispensables et bienfaisantes qui doivent être accueillies et développées, soit qu'on les regarde, au contraire, comme des forces naturellement aveugles et même dangereuses, qu'il faut discipliner et contenir, sinon radicalement détruire.

Tenons les sentiments pour bienfaisants. Regardons-les comme des éléments ou facteurs de la moralité et analysons-les à ce point de vue.

Amour du bien. — Quand l'idée d'une bonne action se présente à nous, elle nous inspire un certain attrait. Cet attrait est réel chez tous les hommes, chez ceux mêmes qui y résistent et dont les aspirations morales sont combattues et vaincues, dans la pratique, par l'impulsion contraire des penchants inférieurs; mais, chez quelques-uns, il est tellement puissant qu'il les porte, comme d'un élan naturel, aux actes de générosité et d'héroïsme. On appelle cet attrait l'amour du bien, le sentiment moral. Selon Kant, il serait le sentiment spécial qu'évoque en nous la grandeur de l'idée morale, la majesté du devoir, et le nom qui lui convient est celui de *respect*. Ce sentiment a un objet désintéressé, impersonnel; quand nous paraissons l'éprouver pour une personne, c'est à la loi morale, « rendue visible par un exemple », qu'il s'adresse en réalité.

Le sentiment moral est ainsi défini *quant à son objet*. *Par rapport à nous*, il s'appelle la *satisfaction morale* ou le *remords*. Quand notre conduite répond aux élans de notre cœur, à l'idéal conçu par notre raison, nous éprouvons cette « congratulation de bien faire » dont parle Montaigne; dans le cas contraire, cette torture de l'âme « qui s'égratigne et s'ensanglante elle-même », sentiment que chacun a éprouvé en soi et qu'ont tant de fois décrit et analysé les moralistes et les poètes.

Sentiments altruistes. — Mais notre moralité n'est pas tout *individuelle* ou *interne* : elle a une base *sociale*, elle comprend des éléments de sympathie et d'altruisme. Parmi les sentiments qui nous lient à nos semblables, ceux qui ont le plus d'affinité avec le sentiment moral sont : l'*honneur* et la *sympathie*.

Sentiment de l'honneur. — L'honneur est « le désir d'être estimé de ceux avec qui l'on est » (Pascal). Il exerce sur les âmes une action étendue et puissante. « Quelque possession qu'il (l'homme) ait sur la terre, quelque santé et commodité essentielle qu'il ait, il n'est pas satisfait, s'il n'est dans l'estime des hommes. Il estime si grande la raison de l'homme que, quelque avantage qu'il ait sur la terre, s'il n'est placé avantageusement aussi dans la raison de l'homme, il n'est pas content. C'est la plus belle place du monde, rien ne peut le détourner de ce désir, et c'est la qualité la plus ineffaçable du cœur de l'homme. » (Pascal.)

Le sentiment de l'honneur peut devenir en certains cas la crainte de l'opinion. Toutes les opinions ne nous paraissent pas également redoutables. Celle avec laquelle nous voulons être en règle, celle que nous avons à cœur de satisfaire, c'est avant tout celle de notre *monde*, du petit groupe social dont nous faisons partie et dont nous acceptons les coutumes, les lois et règlements, les idées et préjugés. De là l'étroitesse ordinaire du sentiment de l'honneur. Quelquefois nous accomplissons, par un sentiment d'honneur tout intime, telle action que nul autre que nous ne connaîtra : dans ce cas, nous prenons pour juge de notre action un témoin idéal, nous nous représentons l'opinion que ce témoin aurait de nous. Quelquefois encore, l'honneur nous pousse à braver l'opinion : mais, dans ce cas, nous ne rejetons le jugement actuel des hommes que pour en appeler à leur jugement à venir. L'honneur est donc toujours un sentiment d'ordre social : il consiste à substituer l'estime des autres à l'estime de soi-même, ou du moins à prendre la première comme garant de la seconde. De là un conflit toujours possible entre le sentiment de l'honneur et le sentiment moral. Un individu peut avoir une conscience plus élevée que celle de son groupe social et être conduit à rejeter les idées morales de ce groupe. Tel code de l'honneur a des prescriptions qui contredisent celles du devoir (ex : le duel). En outre, l'honneur peut être par lui-même un principe de déformation morale : on peut en venir à tenir moins à la valeur morale des actes qu'aux effets de ces actes sur l'opinion. « Nous serions volontiers poltrons, dit Pascal, pour acquérir la réputation d'être vaillants. » Il suit de là que le sentiment de l'honneur doit être subordonné au sentiment moral, qu'il s'y ajoute comme appoint, mais qu'il n'en peut être regardé comme l'équivalent et n'en doit pas devenir le substitut. Il en est l'auxiliaire précieux, il n'en doit pas être l'adversaire redoutable ou l'ennemi. En d'autres termes, il faut éveiller sans doute et développer le sentiment de l'honneur, mais non sans avoir fait si bien l'éducation de la conscience, sans l'avoir rendue si clairvoyante et si sûre, qu'elle ne soit jamais entraînée à se renier elle-même, à abdiquer devant l'opinion.

Sympathie. — Le sentiment de l'honneur rentre dans le sentiment de la *sympathie*, entendue comme « la faculté de partager les passions des autres, quelles qu'elles soient » (Ad. Smith), de jouir de leurs joies, de souffrir de leurs souffrances. La sympathie est le principe de l'éducation ; c'est grâce à elle que se communiquent à nous tous les bons sentiments. L'aptitude à entrer dans les sentiments des autres est en outre par elle-même un puissant mobile d'action. Sans elle, nous ne saurions être charitables, ni même justes. Elle donne aussi à l'âme cette chaleur qui rend aisés les devoirs les plus pénibles et pousse aux plus humbles comme aux plus héroïques dévouements. Mais elle nous livre à toutes les influences, bonnes et mauvaises.

Elle ne saurait donc être un sûr principe d'action. Elle est d'ailleurs variable par nature : elle peut faire défaut, comme elle peut être portée à l'excès, mal placée, et entraîner à toutes les partialités, à toutes les injustices. Elle a besoin d'être réglée, elle ne peut fournir une règle. Elle prête son appui à la morale, elle ne la fonde pas.

Rôle du sentiment. — En résumé, le sentiment semble jouer en morale un rôle secondaire. Selon Kant, il altérerait même toujours la moralité, et corromprait la pureté de l'intention : aller au bien de soi-même, par l'effet d'heureuses dispositions naturelles, ce ne serait pas faire son devoir. Le devoir impliquerait l'idée de *contrainte*, de victoire remportée sur soi-même, de violence faite à ses instincts. Cette théorie est aussi fausse qu'inacceptable. Il ne saurait être question, pour développer l'austère pensée du devoir, de détruire l'amour et même l'enthousiasme. Ce n'est d'ailleurs que par abstraction qu'on sépare l'idée du sentiment : une idée ne devient un motif d'action que lorsqu'elle se transforme en sentiment. S'ils ne forment pas la conscience, nos sentiments au moins la renforcent et l'exaltent. En quoi d'ailleurs la moralité qui est due à nos bonnes dispositions naturelles est-elle inférieure à celle qui a pour principe le devoir ou la contrainte? En réalité, il faut toujours compter avec la nature, et il est heureux de pouvoir faire fond sur elle. Nous priver de sentiment, ce serait nous dépouiller de notre nature, sans fonder la moralité.

Mais ce serait une autre exagération que de donner à la morale le sentiment pour base. Le sentiment est un appui, il n'est pas un guide. Il appelle une règle, il doit être soumis au contrôle de la raison. Il est comme la *matière* à laquelle s'applique la loi morale, mais c'est la raison ou la conscience qui dicte cette loi, qui règle et gouverne le sentiment.

Ainsi se trouvent conciliés les droits du sentiment et de la raison et établie la suprématie de l'une sur l'autre.

Exercices.

Analyser les sentiments suivants : estime, admiration, mépris, horreur, indignation, en montrant leurs analogies, leurs différences. — Citer des faits qui peuvent provoquer en nous ces divers sentiments.

— Montrer l'influence qu'ils peuvent avoir pour nous porter au bien ou nous détourner du mal.

Commenter cette maxime : « L'âme devient belle en admirant ce qui est beau. »

Comment peut-on concilier l'horreur du mal et la pitié ?

Citer des cas où la sympathie et l'antipathie peuvent égarer notre jugement.

Donner des exemples qui montreront que nos sentiments ne sont pas toujours proportionnés à la valeur de l'acte qui les inspire.

Chercher des exemples de « faux honneur » et de « fausse honte »

Expliquer cette épigramme de Schiller contre Kant : « Je prends du plaisir à faire le bien ; cela m'inquiète. Je ne suis donc plus vertueux ? »

Montrer que ce n'est pas assez d'avoir de bons sentiments, mais qu'il faut encore établir entre ses sentiments l'ordre qui convient, mettre chacun à son rang.

A LIRE : *Socrate* : La piété filiale ; — l'amour fraternel (pp. 58-63).
Aristote : L'amitié (pp. 93-8).
Les Stoïciens : L'amour des hommes (pp. 121-5).
Descartes : La générosité (pp. 150-4).
Pascal : La charité (pp. 170-2).
Kant : Le respect (pp. 242-7).
Renouvier : La pitié (pp. 274-5).

CHAPITRE IV

PART A FAIRE A L'INTÉRÊT ET AU DÉSIR DU BONHEUR DANS LA VIE MORALE

Nous avons vu que notre conscience conçoit l'idée du devoir, c'est-à-dire d'un bien idéal à réaliser dans nos actes. Or ce bien se concilie-t-il avec les exigences de notre nature sensible, qui tend de toutes ses forces au bonheur et n'a pas d'autre fin? En d'autres termes, le bien et le bonheur peuvent-ils s'accorder? Ou, au contraire, l'un exclut-il l'autre et la vie morale exige-t-elle le sacrifice de nos aspirations les plus naturelles et les plus fortes, de notre désir d'être heureux, à un idéal supérieur qui serait le bien ou le devoir?

Nous ne pouvons répondre d'emblée à cette question. Décomposons-la. Voyons d'abord à quoi aboutit la poursuite du bonheur érigée en règle suprême de nos actes.

Tout d'abord remarquons que si tous les hommes aspirent au bonheur, ils diffèrent dans la manière de l'entendre.

Le plaisir. — On peut, et c'est la façon de le comprendre la plus simple, mais aussi la plus grossière, céder à l'attrait du plaisir immédiat, sous quelque forme qu'il se présente. Mais il est facile de voir que l'homme ne saurait se contenter d'un plaisir ainsi obtenu. Doué de réflexion, il lui est impossible de fermer les yeux sur les souffrances dont ce plaisir peut être la cause; puis, d'une part, les limites de sa nature le condamnent à sentir bientôt la satiété, tandis que, d'autre part, ses multiples aspirations ne peuvent se satisfaire dans le plaisir simple, que le hasard lui offre, ou vers lequel le poussent ses désirs passagers : au moment où il l'atteint, il en sent le vide. De là le dégoût de la vie qui accompagne souvent la recherche du plaisir pris sans discernement et sans choix.

L'intérêt. — Aussi l'expérience apprend-elle vite à la plupart des hommes à réfléchir aux conséquences de leurs actes pour résister à cet instinct aveugle qui les porte vers le plaisir; ils en viennent à sacrifier une jouissance immédiate à une autre plus lointaine, mais plus durable, en un mot à envisager le bien de la vie entière, c'est-à-dire le bonheur, au lieu du bien actuel, c'est-à-dire du plaisir. C'est ce qui s'appelle agir *par intérêt*.

Or le calcul de l'intérêt peut inspirer des règles de conduite différentes. Ainsi on peut d'abord s'en tenir à la conception d'un bonheur négatif. En évaluant ce que coûte un plaisir, on voit qu'il est souvent suivi d'une peine qui le dépasse, et que, suivre toutes ses impulsions, c'est en réalité se rendre malheureux. Aussi le sage est-il celui qui restreint ses désirs et fait consister le bonheur dans l'absence de douleur. « Un peu de pain et d'eau, disait Épicure, voilà de quoi rivaliser de félicité avec Jupiter. » Mais n'est-il pas contradictoire de proposer à l'homme le plaisir comme but et de l'avertir ensuite que le plaisir n'est rien de plus que l'exemption de peine?

Le plaisir ne peut être en réalité un mobile de la conduite que s'il apparaît comme positif et réel. C'est ainsi que l'entendent ceux qui définissent l'intérêt *le plus grand plaisir*. Mais ce plaisir le plus grand, comment l'atteindre, et d'abord comment l'évaluer? Cette détermination du plus grand bonheur est l'objet de l'*arithmétique morale* de Bentham. Selon lui, il faut comparer les plaisirs à différents points de vue (intensité, durée, pureté, proximité, fécondité, certitude, étendue), et rechercher celui qui, à tous ces points de vue, pris ensemble et comparativement évalués, se trouve être le plus grand. Mais pour qu'un tel calcul soit justifié, il faut qu'il soit toujours possible et toujours exact. Or, est-ce bien ce qui arrive? Ne peut-on se tromper dans son calcul? De plus, le plaisir obtenu vaut-il toujours celui qu'on avait imaginé? Non. Au contraire, cette recherche du bonheur nous oblige à un repliement sur nous-mêmes qui nous amène inévitablement à sentir, plus que les autres hommes, l'impossibilité de l'atteindre. « Les plaisirs de la vie, dit Stuart Mill, suffisent pour en faire une chose agréable quand on les cueille en passant, sans en faire l'objet principal de l'existence. Essayez d'en faire le but principal de la vie, et du coup vous ne les trouvez plus suffisants. Ils ne supportent pas un examen rigoureux. Demandez-vous si vous êtes heureux, et vous cessez de l'être ».

Si cette remarque psychologique est vraie, les philosophes utilitaires ont le droit d'en tenir compte et peuvent, sans trahir leurs principes, soutenir avec Stuart Mill que le plus sûr moyen pour l'homme d'arriver au bonheur est de se proposer une fin désintéressée en apparence, ou plutôt d'élargir la notion de l'intérêt et de viser l'intérêt général au lieu de l'intérêt particulier, de poursuivre, comme dit

Bentham, « le plus grand bonheur du plus grand nombre ».

Toutefois cette substitution de l'intérêt général à l'intérêt personnel ne peut, pour l'utilitaire, logiquement se défendre qu'autant qu'il trouve finalement son compte à se sacrifier ainsi à l'humanité, qu'autant, donc, que son sacrifice est purement apparent. Or il est contradictoire de viser un but, pour en atteindre un autre, ou plutôt d'être ou de se croire désintéressé, quand on garde une arrière-pensée d'égoïsme. Pour que la théorie de Stuart Mill pût être admise, il faudrait qu'elle aboutît à cette conclusion : La recherche du bonheur personnel est illusoire, il faut donc y renoncer. Or il se trouve qu'en y renonçant, on rencontre précisément ce bonheur dont on désespérait. Le bonheur se trouve dans la poursuite de fins désintéressées. C'est là un fait d'expérience qu'il faut savoir reconnaître, auquel il faut s'en tenir. Nous trouvons dans ce fait l'équivalent du devoir, ou plutôt le principe même du devoir, si le devoir est uniquement entendu comme une vertu sociale, et consiste à mettre son bonheur à faire celui des autres.

Tel serait le dernier mot de la doctrine utilitaire; telle serait la forme la plus raffinée, la plus noble, que revêt cette doctrine.

On voit donc que la morale utilitaire subit une série de métamorphoses, au terme desquelles elle n'est plus en contradiction avec le devoir, tel qu'il est communément entendu.

Cependant elle reste toujours fidèle à son principe, qui est que le bonheur est notre fin. Or ce principe semble vrai : le désintéressement absolu est impossible, et la morale ne peut l'exiger, car alors elle serait en contradiction avec notre nature la plus intime, avec les conditions de toute vie, qui tend à se développer. Il s'agit donc essentiellement pour l'homme d'être heureux, mais la question est de savoir où il faut placer le bonheur. L'utilitarisme a donc bien vu, en un sens, le problème moral, mais il n'a pas toujours su le résoudre. La solution en paraît indiquée par l'évolution même de cette doctrine qui, d'essais en essais, aboutit à cette conclusion : le bonheur est dans l'intérêt, de jour en jour mieux compris, de plus en plus élargi, étendu à tous les hommes.

La morale ne nous demande pas de sacrifier notre personnalité, mais de l'enrichir et surtout de la discipliner pour réaliser la forme la plus noble et la plus complète du bonheur humain.

Exercices.

Lire le dialogue de Fénelon dans lequel Gryllus, compagnon d'Ulysse, refuse de reprendre la forme humaine. En dégager le sens.

Citer des cas où notre plaisir présent peut être contraire à notre intérêt, des cas où notre intérêt particulier peut être d'accord avec l'intérêt général, d'autres où notre intérêt particulier et l'intérêt général peuvent être en conflit.

Montrer quelles vertus pourraient être pratiquées au nom de l'intérêt bien entendu.

Dans quelle mesure l'attention donnée à nos intérêts matériels est-elle légitime et même bienfaisante ?

En quels cas le renoncement à des avantages individuels est-il louable ? En quels cas est-il blâmable ?

Montrer comment le suicide peut être la conséquence logique d'une vie qui ne tend qu'au plaisir.

En quoi l'égoïsme peut-il être contraire au bonheur ?

Pourquoi celui qui cherche le bonheur a-t-il des chances de se trouver plus malheureux que celui qui poursuit une autre fin ?

Montrer comment, en accomplissant notre devoir, nous pouvons nous placer dans les conditions les plus favorables à notre bonheur.

A LIRE : *Aristote :* Le bonheur (pp. 84-90).
Montaigne : La vraie notion du plaisir (pp. 128-130).
Descartes : Le bonheur et la béatitude (pp. 142-150).
Pascal : La fin de l'homme est le bonheur (pp. 155-7).

CHAPITRE V

LA VERTU

Définition. — La vertu est la pratique constante du bien.

La vertu est une habitude. — « Une hirondelle, dit Aristote, ne fait pas le printemps »; de même un acte de vertu ne fait pas la vertu. Nous n'appelons pas charitable, en effet, celui qui accomplit en passant un acte de charité, mais qui habituellement se montre indifférent aux misères d'autrui; nous n'appelons pas davantage courageux celui qui affronte bravement un danger pour retomber ensuite dans une lâcheté coutumière. La vertu est une habitude fortement imprégnée en nous, devenue une *seconde nature*, une forme du caractère, une marque distinctive et profonde de la personnalité, ou comme dit Montaigne : l'*essence de l'âme*. Il suit de là que la vertu ne se révèle pas dans des actes extérieurs et isolés, mais ressort de la continuité et de la familiarité de la vie. « Pour juger bien à point d'un homme, il faut principalement controller ses actions communes et le surprendre en son à tous les jours » (Montaigne). C'est ce que dit aussi Pascal : « La vertu d'un homme ne doit pas se mesurer à ses efforts, mais à son ordinaire. »

La vertu est une harmonie. — De même qu'une vertu particulière, une qualité ou disposition morale de l'âme, le courage, par exemple, a pour caractère d'être une suite d'actes de même nature, une tendance se révélant en des actes divers; ainsi la vertu en général a pour caractère d'être un ensemble de qualités morales ou vertus particulières, reliées entre elles, se soutenant, se prêtant appui. C'est ce que Platon voulait dire lorsqu'il définissait la vertu l'*harmonie de l'âme*; c'est ce que les Grecs désignaient sous le nom d'*eurythmie morale*. Ainsi n'appelons-nous pas vertueux l'homme charitable, mais injuste, généreux, mais violent et emporté. La vertu suppose une âme mieux équilibrée.

Formation de la vertu. — Comment la vertu, ainsi définie, se réalise-t-elle ? Est-elle un effet du tempérament, un don de la nature, comme le génie ? Ou est-elle le fruit de nos efforts, la conquête de notre volonté, la victoire remportée par la raison sur les penchants ? Ou enfin est-elle le fruit de l'expérience, de la sagesse, ou de la science ?

Les dispositions naturelles. — Il semble qu'elle soit un don heureux de la nature, car admettrait-on même qu'elle est l'œuvre de la volonté, encore faudrait-il reconnaître que l'énergie est elle-même une disposition naturelle, qui peut être seulement accrue et fortifiée, mais non pas créée par l'éducation et l'exercice. De plus, il faut avoir le désir d'exercer cette disposition, et, pour alimenter ce désir, lui donner sa force, il faut des sentiments. Il faut être soutenu encore par un sentiment particulier dans la pratique de chaque vertu déterminée : comment être vraiment charitable, sans pitié et sans tendresse ? Loyal, sans amour de la vérité? C'est notre nature propre qui donne une orientation particulière à notre volonté de bien faire et nous incline à pratiquer telle vertu spéciale, la loyauté par exemple, et par là telles autres qui s'en déduisent, la franchise, la fidélité dans ses affections, etc.

La vertu en général naît de l'amour du bien, fortifié par la pratique de telles bonnes actions particulières, auxquelles nous portent d'abord notre nature ou les circonstances, puis étendu à tous les domaines de la vie morale, devenu le désir du bien sous toutes ses formes. Et quand même la vertu serait une acquisition de la volonté, une habitude, il suivrait de la définition même qu'elle est d'autant plus parfaite que l'habitude du bien est plus développée, entrée plus profondément en nous, plus voisine, par conséquent, de notre nature. De sorte que la vertu pénible, « pour laquelle maintenir il faut que l'âme se raidisse », disparaît pour faire place à une vertu naturelle, aisée, ayant « cette gaillardise et cette verdeur », dont parle si bien Montaigne.

Part de la volonté. — Toutefois, si d'heureuses dispositions sont indispensables, elles ne suffisent pas : la nature n'est jamais exempte de faiblesse. La vie vraiment vertueuse, si modeste qu'on la suppose, si terne qu'elle puisse paraître du dehors, a exigé de celui qui la pratique des efforts intérieurs pour résister aux tentations inévitables et persister dans la voie du bien. Pour faire face à toutes les circonstances de la vie, il faut plus et mieux que des impulsions, même généreuses : il faut la maîtrise de soi, sans laquelle nos bonnes qualités peuvent devenir des défauts. Quand elles ne sont pas dirigées par la raison et contenues par la volonté, la bonté et la franchise ne deviennent-elles pas, la première, de la faiblesse, l'autre, de la brutalité ?

D'ailleurs la nature ne doit pas être conçue comme s'opposant nécessairement et toujours à la volonté droite. La volonté, au contraire, n'a souvent qu'à soutenir et à fortifier la nature. Grâce à l'habitude, chaque effort devient de moins en moins pénible, chaque bon penchant se fortifie et nous attache davantage au bien.

Part de la réflexion. — Enfin la vertu est encore le fait de l'expérience et de la sagesse.

Sans doute, la vertu n'est pas seulement une « science », comme le disait Socrate : l'expérience ne nous montre-t-elle pas sans cesse que nous pouvons connaître le bien sans avoir la force de le pratiquer ? Inversement, ne connaissons-nous pas des cœurs purs, qui ne veulent que le bien, sans savoir même pourquoi ils le veulent ? La science du bien ne suffit donc pas ; une idée n'est vraiment vivante en nous qu'à partir du moment où nous l'avons acceptée avec tout notre cœur et toute notre énergie ; la « bonne volonté » reste l'essentiel.

Mais, de ce que la science du bien n'a pas toujours d'effet sur notre moralité, il ne faut pas conclure que l'intelligence ne puisse être pour la volonté un précieux auxiliaire. La vertu d'un Socrate, par exemple, est l'effet « d'un long exercice des préceptes de la philosophie ayant rencontré une belle et riche nature » (Montaigne). Toutes les vertus demandent une certaine spontanéité instinctive, mais la moralité réfléchie peut nous mener beaucoup plus loin et beaucoup plus haut que l'ignorance et la candeur.

Conclusion. — Nous voyons donc que la vertu est une qualité complexe où entrent, à doses inégales, les dispositions de la nature, la volonté et la raison. Sans doute, elle est innée, mais elle est aussi acquise : les dispositions les plus heureuses ne représentent qu'un don, une bonne fortune, elles ne comptent vraiment que si la réflexion et la volonté s'y ajoutent. La moralité, en un sens, est un art. Pour réaliser sa forme la plus parfaite, il faut certes de bons instincts, mais dirigés, fortifiés et développés par l'éducation et par la volonté consciente.

Exercices.

Commenter le mot de Taine : « la vertu et le vice sont des produits naturels, comme le sucre et le vitriol ».

En quel sens l'habitude est-elle contraire à la vertu, celle-ci supposant l'initiative, la réflexion, l'effort, et l'habitude étant routine, automatisme ?

Critiquer cette thèse de Socrate, qui est aussi celle de Hugo dans les Misérables: la vertu est science, le vice est ignorance.

Insuffisance des habitudes, insuffisance des principes pour fonder la vertu ; nécessité de joindre les habitudes aux principes.

Montrer, par des exemples, comment les vertus sont solidaires ; — comment les vices le sont aussi.

Déterminer le rôle de l'intelligence et celui de la volonté dans l'exercice des vertus en général ou d'une vertu particulière prise au choix.

Prendre une disposition naturelle, et montrer comment elle devient une vertu.

Pourquoi a-t-on pu dire que la vertu est un art?

A LIRE : *A)* La vertu :
Aristote : La vertu; Les vertus pratiques (pp. 90-92).
Montaigne : La vertu et ses degrés (pp. 131-5).
Renouvier : La solidarité personnelle (vertu et vice) (pp. 276-7).
B) Les vertus :
Épictète : La force d'âme (pp. 118-121).
Montaigne : La modération (pp. 140-1).

CHAPITRE VI

LA RESPONSABILITÉ

La notion de responsabilité existe, plus ou moins confusément, chez tous les hommes. Elle est impliquée dans notre attitude à l'égard de nous-mêmes et à l'égard de nos semblables : selon nos actions ou les leurs, nous nous jugeons et nous jugeons les autres dignes d'estime et de récompense, de blâme et de châtiment.

Cette notion est complexe : elle présuppose que nos actes dépendent de notre volonté ; et si cette dépendance est réelle, elle entraîne elle-même comme conséquence l'obligation, pour nous, de reconnaître nos actions comme nôtres : c'est précisément ce qui s'appelle *en répondre*.

Elle comprend encore l'idée de mérite et de démérite, et celle de sanction.

Examinons d'abord en quoi consiste le fait d'avoir à répondre de ses actes : c'est la responsabilité proprement dite.

I

Imputabilité et responsabilité. — Ce qui nous autorise à juger nos actions, c'est donc la croyance où nous sommes qu'elles ne sont pas quelque chose d'étranger à nous, mais qu'elles relèvent de nous comme cause, qu'elles nous sont légitimement attribuées, ou, comme on dit, *imputables*. L'*imputabilité* est le caractère de l'acte en tant qu'il doit nous être attribué et que nous avons à en rendre compte. L'*imputabilité* se dit de l'acte, la *responsabilité* de la personne.

De quoi nous sommes responsables. — Mais, pour qu'un acte nous soit imputable, il faut qu'il soit réellement nôtre, c'est-à-dire volontaire. J'appelle acte volontaire l'acte accompli de ma propre initiative et en connaissance de cause. Plus mon action a été produite en dehors de toute contrainte matérielle ou morale et plus elle a été réfléchie, plus je suis porté à m'en reconnaître l'auteur. La volonté réside essentiellement dans la détermination, c'est-à-dire dans le libre choix en faveur d'un acte, dont l'intelligence a pris conscience, a apprécié la valeur et les suites.

Nous ne nous jugeons responsables que de ce que nous avons réellement voulu. Dès lors, si notre acte a des effets imprévus, nous ne nous sentons pas la cause de ces effets, puisqu'ils ne sont pas entrés en ligne de compte dans notre délibération. Les suites funestes d'une action accomplie avec la volonté de bien faire (comme celle de l'ours qui jette un pavé à la tête de son maître et l'assomme en voulant le débarrasser d'une mouche) ne nous semble pas pouvoir nous être imputées, pas plus que les bons effets d'un acte accompli dans l'intention de nuire : l'homme dont parle Montaigne qui, voulant transpercer son ennemi, lui ouvre un abcès qui mettait sa vie en danger, est, à nos yeux, coupable.

La volonté réside dans l'*intention*, si par intention on entend, non la simple velléité, mais la résolution ferme et déjà suivie d'un commencement d'exécution.

Nous ne sommes donc responsables que de nos intentions ou, si nous le sommes de nos actes, ce n'est qu'autant qu'ils révèlent nos intentions et émanent de notre volonté.

Conditions, limites et degrés de la responsabilité. — La volonté est la condition essentielle, mais non point unique, de la responsabilité. Elle implique d'ailleurs l'intelligence et la liberté, et, suivant que ces deux éléments se trouvent l'un ou l'autre abolis ou plus ou moins développés, la responsabilité est supprimée, diminuée ou aggravée.

Ainsi la responsabilité est annulée chez les fous, les idiots, les malades en proie au délire ou à la fièvre chaude; elle n'existe pas chez l'enfant encore incapable de comprendre la portée de ses actes, elle n'existe plus chez le vieillard dont l'âge a anéanti la raison.

Cependant il est certains faits qui entravent notre liberté d'action ou obscurcissent notre intelligence sans abolir notre responsabilité. Ainsi, par exemple, l'homme ivre est coupable de s'être mis dans la possibilité de nuire. De même, dans les fautes commises sous l'empire d'une mauvaise habitude invétérée ou d'une passion violente, nous sommes responsables, non précisément d'avoir commis ces fautes, mais de nous être exposés à les commettre, autrement dit, d'avoir, alors que nous étions encore maîtres de nous-mêmes, laissé l'habitude s'enraciner ou la passion atteindre son paroxysme.

De même l'ignorance et l'erreur ne suppriment notre responsabilité que si nous n'en sommes pas complices : c'est un premier devoir que de chercher à connaître son devoir, et il est des cas où nous n'avons rien fait pour nous éclairer, alors que nous le pouvions. De même encore, dans les limites où un défaut d'esprit nous est imputable, les faits qui en résultent peuvent l'être aussi : nous pouvons être responsables d'être restés superficiels, faute d'application.

Pour les mêmes raisons, les circonstances extérieures aggravent ou atténuent notre responsabilité, suivant qu'elles nous ont laissés plus ou moins en mesure d'agir. Ainsi la contrainte matérielle est une excuse absolue : si l'on m'enferme dans ma chambre de sorte que je ne puisse secourir mon voisin en danger, je ne suis pas coupable de le laisser périr.

Mais la contrainte morale n'est qu'une excuse relative : voter contre sa conscience pour fuir la misère, dénoncer ses amis pour échapper à la mort, sont des actes qui laissent subsister une plus ou moins grande part de responsabilité : il est des cas où l'héroïsme est un devoir, et où celui qui succombe à la peur ou à tel autre sentiment de même ordre, peut avoir droit à notre indulgence, mais non à une complète absolution.

La responsabilité croit en raison du développement de notre intelligence et de notre liberté d'action : plus nous sommes en mesure de juger notre caractère, nos principes, plus nous sommes maîtres de nous-mêmes, plus nous sommes responsables de nos fautes et de nos erreurs.

La responsabilité est donc toute personnelle ou relative à nous-mêmes et, de plus, elle dépend de conditions variables et complexes, elle comporte des degrés et des nuances à l'infini.

Conclusion. — De ce que « hors de la conscience personnelle, toute certitude relative à la responsabilité des hommes nous fait défaut » (Paul Janet), devons-nous renoncer à tout jugement sur autrui ?

Ce serait avoir trop de complaisance pour le mal et faire tort à la vertu. Il faut seulement, en appréciant la conduite des autres, ne pas oublier le caractère relatif de la responsabilité pour se défier des jugements trop absolus. Mais si nous ne savons jamais dans quelle mesure l'intelligence et la volonté d'autrui se sont trouvées limitées, nous pouvons mieux faire la part de ce que nous-mêmes avons pu et voulu, et notre indulgence à notre égard n'a pas les mêmes raisons d'être. La connaissance de toutes les influences qui pèsent sur la volonté humaine ne peut moralement avoir d'autre effet que de nous inviter à une surveillance plus active de nous-mêmes.

Ainsi nous prenons ou devons prendre un sentiment vif et délicat de notre responsabilité par l'effort que nous faisons pour nous en rendre compte.

Exercices.

La responsabilité morale et la responsabilité légale.

Dans quelle mesure convient-il de tenir compte de l'opinion publique et de s'élever au-dessus d'elle ?

Dans quelle mesure sommes-nous responsables de notre caractère ?

Citer des défauts moraux dont nous pouvons être responsables.

Chercher des circonstances extérieures qui accroissent notre responsabilité, d'autres qui l'atténuent.

Dans quelle mesure sommes-nous responsables des actes d'autrui ? Chercher des cas où notre responsabilité sera plus ou moins engagée dans les actes d'autrui.

Faut-il rechercher, faut-il fuir les responsabilités ?

A lire : *Platon :* Nécessité de l'expiation (pp. 79-83).

CHAPITRE VII

MÉRITE ET DÉMÉRITE. SANCTIONS DE LA LOI MORALE

Mérite et démérite. Définition. — La notion de responsabilité dérive de celle de valeur. Notre valeur morale n'est pas constante : elle croit ou décroît, suivant que nous faisons acte de volonté raisonnable, d'énergie, ou au contraire d'abandon et de faiblesse. Il y a responsabilité, c'est-à-dire mérite et démérite, par là même qu'il y a accroissement ou diminution volontaire de notre valeur ou, comme dit Paul Janet, « *hausse* et *baisse* morales ».

Conditions et degrés du mérite et du démérite. — Puisque le mérite est dû à l'exercice de notre volonté, il se mesure moins à l'importance du devoir accompli qu'à l'effort nécessité pour l'accomplir. Pour apprécier cet effort, il faut tenir compte des obstacles que la volonté a rencontrés et surmontés.

Plus une action est difficile, plus elle est méritoire. Il y a du mérite, pour un homme réduit à la misère, à respecter le bien d'autrui qu'il pourrait s'approprier sans risques ; nous avons du mérite à être sincère, quand la sincérité compromet nos intérêts ou inflige une blessure à notre amour-propre.

Comme il y a des degrés dans le mérite, il y en a dans le démérite : plus un devoir est facile, plus on est coupable de ne pas l'accomplir : l'homme qui s'approprie le bien d'autrui pour satisfaire des besoins de luxe est certes bien plus coupable que le misérable qui vole parce qu'il a faim.

Le mérite est donc essentiellement personnel et relatif : il varie d'un individu à l'autre, et d'un moment à l'autre dans le même individu. Pour apprécier le mérite d'une personne, il faut tenir compte de son caractère, de son tempérament, des circonstances dans lesquelles elle se trouve placée.

C'est là le mérite considéré dans son essence intime, c'est-à-dire comme une qualité morale, et indépendamment des conséquences heureuses ou fâcheuses que cette qualité peut avoir. Mais le *sens commun* ne s'en tient pas à cette idée d'un *mérite en soi*. Par *mérite*, il entend le droit à une récompense, et par *démérite*, le fait d'encourir un châtiment : *mériter*, c'est *mériter quelque chose*. La notion de sanction est inséparable de celle de mérite.

Sanctions. — On appelle sanctions d'une loi les récompenses ou les peines attachées à l'accomplissement ou à la violation de cette loi. La croyance à la nécessité d'une sanction morale est traditionnelle ; elle donne satisfaction à un instinct de justice peut-être élémentaire, mais profond et indéracinable en nous.

Tenons pour fondée cette croyance en la nécessité d'une sanction, et voyons à quelles conditions et sous quelle forme la sanction doit se produire pour que la raison soit satisfaite.

Tout d'abord il faut remarquer que la sanction peut être envisagée sous deux aspects : elle peut être, soit le *motif* d'obéir à la loi, soit la *conséquence* qu'entraîne l'accomplissement de la loi ou sa violation.

Or la sanction, considérée comme un motif d'obéissance, n'a de raison d'être que s'il s'agit d'assurer l'exécution matérielle d'une loi. En effet, pour être morale, une action doit être accomplie par devoir, abstraction faite des conséquences qu'elle entraîne. Si on avait en vue, en accomplissant le bien, les avantages matériels qui en résultent, on agirait, non plus par devoir, mais par intérêt, et l'action perdrait son caractère moral.

La sanction morale ne peut donc venir qu'après l'acte : elle représenterait, d'après certains moralistes, comme une dette que la loi morale aurait contractée envers ceux qui l'exécutent ou qui la violent : ce serait une contradiction, selon eux, que l'homme fût tenu d'observer la justice et qu'il n'y eût pas de justice envers lui.

Mais, si on l'envisage ainsi comme une mesure de réparation, la sanction doit, pour être juste, s'appliquer à l'acte réellement moral et le saisir dans ses sources mêmes, c'est-à-dire dans l'intention ; de plus, elle doit être de même nature que l'acte auquel elle s'applique, autrement dit purement morale. Or, s'il s'agit d'une faute, toute douleur, autre que celle du repentir ou du regret causé par la faute, peut-elle avoir la valeur d'une réparation véritable ? Le mal moral est né de la volonté ; la douleur, pour être une réparation morale, doit être acceptée par la volonté : la sanction ne peut être qu'intime.

Ainsi comprise, elle ne saurait consister dans les diverses sortes de peines et de récompenses, qui peuvent atteindre nos actes et qu'on range ordinairement sous le nom de sanctions légales, sanctions de l'opinion, sanctions pénales.

Sanction légale. — On appelle ainsi les peines établies par les lois civiles et prononcées par les magistrats. Elles sont toujours très douloureuses pour celui qui les subit ; mais, quelle que soit leur efficacité pratique, elles ne paraissent pas, du point de vue moral, suffisamment justifiées. Elles tendent, d'ailleurs, non à imposer la vertu, mais à faire respecter les droits : elles visent donc les faits extérieurs et, parmi ceux-ci, seulement les actes anti-sociaux. De plus les tribunaux punissent les fautes sans récompenser la vertu ; encore certains actes immoraux leur échappent-ils, à savoir ceux d'un caractère privé.

Enfin, malgré toutes les précautions dont ils s'entourent, ils sont sujets à erreurs et à défaillances.

Sanction de l'opinion. — La sanction de l'opinion consiste dans les jugements que les hommes portent sur nous d'après nos actes. Elle a un effet considérable : les blessures faites par le mépris des autres sont parmi les plus cruelles, les joies causées par leur admiration, parmi les plus vives. Elle s'ajoute aux peines infligées par les tribunaux, les rend infamantes et par là infiniment plus redoutables qu'elles n'eussent été par elles-mêmes. Aussi exerce-t-elle une action puissante sur notre conduite. Elle est supérieure à la sanction légale, en ce qu'elle vise ou prétend viser le principe moral de l'acte, en ce qu'elle atteint des actions qui échappent à la vindicte des lois, et qu'elle dispense l'éloge aussi bien que le blâme.

Mais, pas plus que les tribunaux, l'opinion ne peut atteindre l'intention même ; et, plus qu'eux, elle est sujette à erreur : les hommes, alors même qu'ils croient juger consciencieusement leurs semblables, qu'ils s'y appliquent, se laissent égarer par leurs intérêts, leurs préjugés, leurs sympathies ou leurs antipathies ; ils ont des indulgences et des sévérités excessives. Enfin, le plus souvent, leur égoïsme naturel les empêche de s'intéresser assez à leur prochain pour lui donner, dans une juste mesure, l'approbation ou le blâme qui lui sont dus.

Sanction naturelle. — On appelle ainsi l'ensemble des faits matériels qui découlent naturellement de nos actes. Certains moralistes croient à une sorte de « justice des choses », d'après laquelle les fautes s'expient tôt ou tard, dans l'ordre matériel comme dans l'ordre moral. Les conséquences d'un acte se déroulent, en effet, suivant des lois nécessaires : l'homme laborieux, qui ensemence son terrain, a plus de chances de faire une bonne récolte que le paresseux qui laisse le sien en friche; l'alcoolisme détruit l'organisme, etc. Mais cette coïncidence de la faute morale et des dommages subis, du devoir rempli et des avantages obtenus, est tout accidentelle, car les lois naturelles n'ont aucun rapport avec la loi morale. « Jamais les conséquences matérielles d'un acte ne sont liées à l'intention qui a dicté cet acte. Jetez-vous à l'eau sans savoir nager, que ce soit par dévouement ou par simple désespoir, vous serez noyé tout aussi vite. » (Guyau). De même l'ouvrière qui, pour nourrir sa famille, passe ses nuits au travail, peut ruiner ainsi sa santé aussi bien que la mondaine qui passe les siennes au bal. Nombreuses sont les « victimes du devoir ». La misère, l'ignorance, la méconnaissance des lois de l'hygiène peuvent avoir des conséquences plus cruelles que la violation des lois morales. Quant à ce qu'on appelle communément le bonheur, n'est-il pas le plus souvent dû à une sagesse d'ordre inférieur plutôt qu'à une haute vertu? La prudence, la prévoyance n'assurent-elles pas plus d'avantages qu'un grand dévouement ou une extrême délicatesse?

Les trois sortes de sanctions qu'on vient d'examiner ne sont donc pas proportionnées à la valeur réelle des actes; mais, le seraient-elles, qu'on pourrait encore contester leur signification morale : les joies et les peines qui les constituent n'ont pas jailli des sources mêmes de l'acte, et nous ne les acceptons comme justes que si elles sont en accord avec le sentiment que nous avons de notre grandeur ou de notre déchéance. Ces sanctions s'appuient donc elles-mêmes, en dernière analyse, sur une autre sanction, celle de la conscience.

Sanction de la conscience. — On appelle ainsi la satisfaction intérieure ou le remords que nous éprouvons selon que nous avons bien ou mal agi. Cette sanction est le résultat naturel de nos actes : le sentiment de l'accord entre notre conduite et notre idéal procure une joie, le désaccord entre notre conduite et nos convictions les plus élevées est une cause de souffrance. Seule, la sanction morale est parfaite, en ce qu'elle atteint l'élément essentiel de la moralité, c'est-à-dire l'intention. En outre, elle est excellente en ses effets : la joie d'avoir bien agi nous pousse à persévérer, la douleur d'avoir mal fait suscite l'effort nécessaire à notre relèvement.

Mais si la sanction de la conscience est parfaite en principe, en réalité elle ne satisfait pas l'instinct de justice élémentaire qui voudrait pour tout acte vertueux une récompense, pour toute faute un châtiment. Le fait d'éprouver la souffrance de l'idéal non réalisé est déjà une preuve de moralité : un criminel peut vivre en paix avec une conscience corrompue. Une âme médiocre, que des actes tout à fait odieux arriveraient à troubler, peut être très tranquille dans l'accomplissement du mal quotidien, alors qu'une conscience raffinée, qui a conçu des devoirs plus hauts, souffre de ne pas les remplir. De sorte que le remords n'atteint, dans les cas ordinaires, que les âmes relativement élevées.

La vertu se suffit à elle-même. — Mais peut-être est-ce la sanction pénale seulement qui fait défaut, et la parfaite vertu est-elle sûre d'atteindre toujours le bonheur, par la raison même qu'elle le porte en elle. En effet, selon le mot de Spinoza, « la béatitude n'est pas la récompense de la vertu, mais la vertu même ». La vertu sans doute ne met pas le sage à l'abri de certaines souffrances, perte des siens, maladie, misère, mais elle lui procure une joie qu'il peut préférer à toutes les autres et qui rachète toutes ses douleurs. « Quand nous mettons le malheur dans un plateau de la balance, dit Mæterlinck, chacun de nous dépose dans l'autre l'idée qu'il se fait du bonheur. Le sauvage y mettra de l'alcool, de la poudre et des plumes ; l'homme civilisé, un peu d'or et quelques jours d'ivresse, mais le sage y déposera mille choses que nous ne voyons pas, toute son âme peut-être, et le malheur même, qu'il aura purifié ».

Conclusion. — Ainsi la notion de sanction se transforme à mesure que la conscience devient plus délicate et plus éclairée. Toutes les notions morales sont solidaires. Des conceptions différentes de la sanction répondent à des conceptions différentes du bien. Le bien est mis d'abord dans le plaisir, puis dans l'intérêt ; à la fin, chez les âmes les plus élevées, il se confond avec le devoir. De même la sanction est d'abord conçue comme une récompense ou une peine matérielle, puis comme une récompense ou une peine de nature morale (ex : bonne réputation, déshonneur, joie ou remords de conscience). Au plus haut degré de la moralité, la sanction ne semble plus même nécessaire : la vertu apparaît comme se suffisant à elle-même.

Pourtant les philosophes ont affirmé que la nécessité d'une sanction et l'insuffisance des sanctions qui se rencontrent dans la vie présente constituent la meilleure preuve de l'immortalité de l'âme et de l'existence de Dieu. Les croyances religieuses sont ainsi présentées comme le couronnement ou la base de la vie morale. Mais la notion de sanction religieuse se transforme, elle aussi, et s'épure : dans les consciences les plus élevées, la vraie récompense des élus n'est autre chose que le pur amour de Dieu, la réalisation de la sainteté. Cela ne revient-il pas à dire que la sanction, au sens grossier et ordinaire du mot, disparaît de la religion comme de la morale ?

La sanction n'aurait donc qu'une valeur provisoire : elle aiderait à préparer le règne du bien, mais, ce règne établi, elle disparaîtrait comme inutile. Elle ne serait qu'un moyen d'éducation : ceux qui n'ont pas atteint la vertu parfaite seuls en feraient cas, parce qu'ils s'attachent au bien moins pour lui-même que pour la récompense qui y est jointe. Si bien que l'élévation morale des hommes se mesure en quelque sorte à leur conception de la sanction, et que ceux dont le mérite est le plus grand sont précisément ceux qui sont le moins enclins à réclamer ou à attendre la récompense de leur vertu.

Exercices.

Chercher des circonstances qui peuvent rendre un même acte plus ou moins méritoire, des circonstances qui peuvent rendre un même acte plus ou moins dégradant.

Citer des cas où il peut y avoir du mérite à être probe, travailleur, reconnaissant, etc.

Dans quelle mesure convient-il de tenir compte de l'opinion publique et de s'élever au-dessus d'elle ?

Citer des actes immoraux que n'atteint aucune sanction, sauf celle de la conscience.

Quelles sont les qualités qui peuvent avoir d'heureux effets pratiques, quelles sont celles qui n'entraînent aucun avantage matériel ?

Expliquer cette boutade : « Les remords sont des châtiments à l'usage des gens vertueux. »

CHAPITRE VIII

LE DROIT. — LA PERSONNE HUMAINE ET SES PRINCIPAUX DROITS

I

La notion du droit est inséparable de celle du devoir.

Définition. — « Le droit, a dit Leibnitz, est un pouvoir moral, comme le devoir est une nécessité morale ». Mon droit est un pouvoir que j'ai d'agir et en même temps il est, pour les autres, comme une force qui limite la leur : dire que j'ai le droit d'aller et de venir, c'est dire que j'ai le pouvoir de le faire et que les autres sont obligés de me laisser aller et venir.

Mais cette force est morale ; c'est celle d'une idée reconnue nécessaire par la raison, lors même qu'elle n'existe pas en fait, de même que le devoir s'impose à nous comme devant être réalisé, lors même que dans la pratique il ne l'est pas.

Fondement du droit. — Or le droit ainsi compris ne peut avoir comme fondement ce qui est prescrit par les lois et les mœurs, et on ne peut le confondre avec la force ; de même que notre conscience affirme notre devoir en face des faits qui le contredisent, elle affirme notre droit quand les autres se refusent à le reconnaître ; quand une autorité arbitraire nous prive de notre droit, nous continuons à en proclamer l'existence et nous protestons au nom de ce droit contre la force matérielle. Pour trouver la source du droit, comme celle du devoir, il faut donc seulement interroger la conscience.

C'est la croyance en la valeur de la personne humaine qui fonde le droit. L'homme obéit à sa raison, il se donne à lui-même sa loi, il est *autonome*. Par là il a le sentiment d'une dignité qui le distingue absolument des *choses*. Les choses sont soumises complètement et uniquement à la nécessité physique; elles n'ont qu'une valeur relative, elles ne comptent à nos yeux que comme *moyens*. La personne est, dit Kant, une « *fin en soi* », c'est-à-dire qu'elle doit être considérée comme une volonté s'appartenant à elle-même, indépendante, libre, allant à ses fins, et non comme un simple instrument au service d'une volonté étrangère.

Reconnaître en soi la dignité de la personne, c'est se sentir obligé de la respecter et autorisé à exiger des autres qu'ils la respectent; c'est se reconnaître en même temps des *devoirs* et des *droits*. Mais la personnalité d'autrui nous apparaît comme ayant la même valeur que la nôtre; nous nous sentons donc obligés de la respecter et lui reconnaissons le droit d'exiger de nous en retour le même respect. En d'autres termes, le même principe qui nous oblige à accomplir nos devoirs envers les autres nous oblige à exiger que les autres accomplissent leurs devoirs envers nous.

Le droit n'est donc que le devoir, envisagé sous un nouvel aspect : mon *droit* est ce qui m'est dû par les autres, c'est, a-t-on pu dire, mon *actif*, tandis que mon *devoir* est mon *passif*, ce que je dois. J'ai droit à la liberté, cela veut dire que les autres ont le devoir de respecter ma liberté, etc.

Caractères du droit. — Par là s'explique que les caractères du devoir se trouvent être ceux du droit.

Comme le devoir est obligatoire, le droit est *inviolable* : il s'impose à nous comme ne devant pas être violé et notre raison proteste quand il l'est en fait, comme elle proteste quand le devoir n'est pas accompli.

Il est *inaliénable* pour la même raison : je ne puis pas plus abdiquer mes droits que renoncer à mes devoirs.

Le droit est, comme le devoir, *absolu* en son essence, c'est-à-dire qu'il s'impose à notre raison, sans tenir compte de nos intérêts et de nos sentiments particuliers. « Il n'y a pas de droit contre le droit », a dit Bossuet.

Il est *universel*, puisque la raison et la liberté qui le fondent sont communes à tous les hommes. Il est *égal* chez tous pour la même raison. Si tous les hommes n'ont pas la même valeur morale, en ce sens qu'ils n'ont pas le même degré de liberté et de raison, on peut supposer qu'ils ont tous une égale aptitude à développer leur raison et leur liberté. « Ce qu'on respecte dans l'être doué de volonté et de raison, c'est moins ce qu'il est actuellement que ce qu'il peut être... Dans l'enfant, on respecte l'homme, dans l'homme, on respecte l'humanité et, pour ainsi dire, le dieu idéal. Jusque dans la mauvaise volonté, on respecte la bonne volonté possible » (Fouillée). Ainsi les hommes sont égaux en *droit*, sans avoir besoin pour cela d'être égaux en *fait*. Il suffit qu'ils soient aptes à devenir, qu'ils soient *virtuellement* égaux.

Le droit, non plus que le devoir, ne peut rester un simple idéal. Comme le devoir est obligatoire, c'est-à-dire qu'il doit être réalisé, le droit doit être respecté. Mais, pour assurer le respect du droit, il est permis de recourir à la force.

Comme l'a montré Kant, le droit devant être égal pour tous, le droit d'un individu rencontre des limites dans celui des autres : mon droit de vivre est inviolable, à condition que ma vie ne soit pas pour la vôtre un danger. Celui donc qui déploie sa personnalité aux dépens de la nôtre n'est plus dans son droit : il doit être maintenu dans les limites imposées par l'accord des libertés réciproques ; nous devons donc le contraindre à respecter notre droit. Le *pouvoir de contrainte* est une sorte de droit complémentaire qui garantit tous les autres, ou encore c'est un autre aspect du droit. En d'autres termes, le droit est *exigible par la force* et par là il revêt un caractère nouveau. Il sort de la sphère idéale et doit compter avec les réalités. Ainsi il est obligé de se restreindre, de se préciser : il faut déterminer nettement ce que nous sommes fondés à exiger des autres et non pas seulement ce qui nous est moralement dû. De là une distinction entre les devoirs exigibles de la part des autres, c'est-à-dire qui correspondent à des droits ; on les appelle les *devoirs de justice* ou *devoirs stricts*, et les devoirs non exigibles : ce sont les *devoirs de charité* ou *devoirs larges*. Au devoir que j'ai de respecter la vie d'autrui correspond, chez les autres, le droit d'exiger de moi ce respect ; mais au devoir que j'ai de secourir les pauvres ne correspond pas, chez eux, le droit de me contraindre à leur donner ma bourse.

Justice et charité. — Les devoirs de justice sont l'objet d'une réglementation précise : il n'y a pas d'hésitation possible sur la nécessité de les remplir ni sur la façon de les remplir. La charité, au contraire, répond à un élan du cœur qui précède les démarches plus lentes de la raison, et, même quand elle apparaît en *principe* comme obligatoire, elle peut paraître, en *fait*, dangereuse, funeste; elle peut être bien ou mal placée, heureuse ou désastreuse en ses effets.

Aussi, tant qu'un acte est du domaine de la charité, il n'apparaît pas comme exigible ; mais, à mesure que la charité prend des formes plus rationnelles, elle se confond avec la justice, et l'acte qu'elle prescrit paraît alors l'objet d'un droit. La douceur envers les esclaves a pu paraître un devoir de charité avant que le fait même de l'esclavage fût considéré par notre raison comme la violation d'un droit. De même l'aumône apparaît de plus en plus, chez celui qui la fait et chez celui qui la reçoit, non point comme un *don gracieux*, mais comme un acte de *réparation*. Elle apparaît encore comme la reconnaissance d'un droit exercé au nom de l'individu par la société: le *droit à l'assistance*. De même, à mesure que se dégage plus nettement, à propos des criminels, l'idée d'une responsabilité partagée par la société, le pardon est de moins en moins considéré comme un acte de pitié ; il apparaît comme un acte de justice ; en se précisant de plus en plus, il peut devenir l'objet d'un droit : le *droit au pardon*.

A LIRE : *Pascal :* Le droit, la coutume et la force (pp. 166-8).
Montesquieu : Le droit (pp. 195-200).
Rousseau : Le droit du plus fort (pp. 210-11) ; Le contrat, origine du droit (pp. 212-16) ; La loi (pp. 218-21).

II

LES DROITS

Nous pouvons exiger de nos semblables le respect de notre personnalité. C'est de ce principe que se déduisent les différents droits. Toutes les manifestations diverses de la personnalité considérée dans le milieu social donnent naissance à des droits particuliers, formes particulières du respect de la personne.

Dans l'énumération des droits, on place d'ordinaire le droit à la liberté ; en réalité, la liberté n'est pas l'objet d'un droit particulier, mais la condition nécessaire pour que la personne s'appartienne ; *droit* et *liberté* sont synonymes. La personne doit pouvoir se déployer librement. « La liberté consiste à faire tout ce qui ne nuit pas à autrui ; aussi l'exercice des droits naturels de chaque homme n'a de bornes que celles qui assurent aux autres membres de la société la jouissance de ces mêmes droits. » (*Déclaration des Droits de l'homme et du citoyen*.)

L'homme a d'abord le droit de vivre au sens élémentaire du mot ; il doit pouvoir disposer de son corps, aller et venir sans être arrêté, enchaîné : c'est la *liberté individuelle*, ce que les Anglais appellent *habeas corpus*. Il a encore le droit de pourvoir à ses besoins matériels par son travail (*liberté de travail*), de posséder les fruits de son travail (*droit de propriété*). Toutes ces libertés constituent, pour ainsi dire, les *droits du corps*.

Mais la personne n'a pas seulement une vie physique. Elle a une vie morale, d'où il résulte qu'elle a encore d'autres droits, ceux qu'on a appelés les *droits de l'âme*. La liberté morale de l'homme consiste à ne relever que de lui-même, en tout ordre de pensée, religieuse, scientifique, philosophique, politique : d'où la *liberté de pensée et de conscience*, qui entraîne la *liberté des cultes*, de la *presse*, de l'*enseignement*, libertés susceptibles d'être elles-mêmes restreintes, mais seulement dans la mesure où elles portent atteinte aux droits des autres. La liberté de pensée, par exemple, ne peut annuler le droit des autres à vivre ; le respect de cette liberté ne peut aller jusqu'à autoriser la prédication du meurtre.

Enfin l'homme vit aussi par le sentiment, il a le droit d'être respecté dans tout ce qui lui est un titre à la sympathie de ses semblables : son honneur, sa réputation.

La personne a encore des droits comme être social. Elle fait partie d'une famille, d'un état, elle a des droits comme père, mère, époux, épouse, fils, citoyen. Elle fait partie de groupements de tous ordres, et il y a autant de droits que de relations entre les hommes. D'où il résulte que les changements, survenus dans la société et dans les rapports sociaux, entraînent des transformations du droit. Ainsi le droit au produit de son travail varie avec le régime économique ; toutes les conventions ou contrats, toutes les formes d'association créent des droits entre les contractants ou associés.

C'est pourquoi, si le principe du droit primordial est clair et stable, la détermination des droits particuliers est très complexe et sujette à révision.

III

DROIT POSITIF

Les différents droits sont rendus *effectifs* ou *positifs* par la société. C'est elle qui, dans les pays civilisés, exerce, au nom de l'individu, le droit de contrainte qui fait respecter les droits. L'ensemble des droits reconnus, précisés et garantis ainsi par la force, constitue le droit positif.

Mais le droit positif ne peut être que la confirmation

toujours imparfaite du droit *idéal* ou *naturel*. D'abord la société ne peut garantir que l'observation des actes strictement nécessaires à la vie sociale; la contrainte, étant toujours un mal, doit être réduite au minimum indispensable au maintien de l'ordre : les règlements de détails, en admettant qu'ils fussent possibles, deviendraient vite tyranniques et par là odieux. De plus, l'autorité qui détermine les droits positifs, peut les méconnaître, ou n'en avoir qu'une connaissance incomplète, ou encore ignorer le meilleur moyen de les équilibrer. Et enfin, comme certains droits changent avec les formes de la vie sociale, la législation est sans cesse à modifier, à perfectionner. Le droit positif suit, d'assez loin, les progrès de la raison dans la connaissance du droit naturel.

Exercices.

Expliquer cette maxime de Kant : « Agis de telle sorte que tu traites l'humanité, tant en ta personne qu'en celle d'autrui, toujours comme une fin, et que tu ne la considères jamais comme un simple moyen ».

Citer des cas où l'être humain est considéré comme un moyen.

Condamner, au nom du droit, l'esclavage.

A-t-on le droit d'employer les autres, sans leur consentement libre, à une tâche très noble, très élevée?

Pourquoi reconnaissons-nous des droits à l'enfant?

Quelques esprits se plaignent de ce que l'on parle à l'enfant, au peuple, aux hommes en général, de leurs droits, jamais de leurs devoirs. Montrez que cette plainte est fondée, mais qu'on serait également fondé à dire d'ailleurs : Il ne faut pas parler à l'homme de ses devoirs sans lui parler en même temps de ses droits. — Solidarité du droit et du devoir. Solidarité des notions morales en général.

A LIRE : Sur la liberté de conscience : *Montaigne* : Le principe de la tolérance (pp. 139-140).
Voltaire : La tolérance (pp. 222-9).
Montesquieu : La tolérance (pp. 229-233).

DEUXIÈME PARTIE
LECTURES HISTORIQUES

I. — MORALISTES ANCIENS

CHAPITRE PREMIER
SOCRATE

Les lois non écrites. — La famille. — Le travail.
La Providence.

SOCRATE (469-399). — Né à Athènes, Socrate était d'humble condition; son père, Sophronisque, était sculpteur; sa mère, sage-femme. Il voua sa vie à l'instruction morale de la jeunesse; son enseignement consistait exclusivement en entretiens libres, familiers, roulant sur tous les sujets, mais aboutissant toujours à la *connaissance de soi-même* ou à la morale. Ses disciples furent : Xénophon et Platon, ses historiens, Criton, son ami dévoué, Alcibiade, Critias. Physionomie originale, nature faite de contrastes, visage d'une laideur vulgaire, esprit plein de bonhomie et de malice, âme ardente, enthousiaste, Socrate suscita des haines redoutables et des amitiés passionnées. Il avait attaqué et raillé les sophistes, les politiques, les rhéteurs, les poètes. Ses ennemis (Anytos, Mélétos, et Lycon) l'accusèrent d'introduire à Athènes des divinités nouvelles et de corrompre la jeunesse. Il dédaigna de se défendre; bien plus, il irrita ses juges par son attitude hautaine. Il déclara qu'il avait mérité, non une peine, mais une récompense, et se condamna ironiquement à être nourri au Prytanée aux frais de l'État. Les juges le condamnèrent à boire la ciguë. Voir dans Platon son procès (*Apologie*), son emprisonnement (*Criton*), sa mort (*Phédon*).

I. — LES LOIS ÉCRITES ET LES LOIS NON ÉCRITES

La distinction des lois écrites et des lois non écrites, ou des lois naturelles et des lois positives, apparaît pour la première fois chez Socrate, mais elle ne semble pas avoir chez lui tout son sens et toute sa portée [1]. Elle n'est pas posée, si on peut dire, à l'état aigu ; elle n'a pas le caractère net, tranché d'une opposition ou d'un conflit, au moins possible. La loi naturelle n'est présentée que comme le fondement de la loi écrite ou son appui divin.

Dans l'ordre moral en général, dans l'ordre de la justice en particulier, Socrate ne *séparait pas la pensée de l'action*. C'est ainsi qu'il répond au sophiste Hippias, qui le pressait de définir la justice.

« Je la définis, sinon par des paroles, du moins par des actes. Ne trouves-tu pas les actions plus convaincantes que les paroles ? — *Hippias*. Beaucoup plus, car beaucoup de gens disent des choses fort justes, et commettent de grandes injustices ; mais, en conformant à la justice toutes ses actions, il est impossible d'être injuste. — *Socrate*. Hé bien ! As-tu jamais appris que j'aie servi de faux témoin, que j'aie calomnié, brouillé des amis, excité des séditions dans l'État, ou commis quelque autre injustice ? — *H*. Non, jamais. — *S*. Et s'abstenir de l'injustice, n'est-ce donc pas être juste ? »

Puisque la justice véritable consiste, non à disserter sur la justice, mais à la pratiquer, il convient de tenir

---

[1] Cf. J. DENIS, *Histoire des théories et des idées morales dans l'antiquité*, t. I, p. 67-8. Paris, Thorin, 2ᵉ édit., 1879. « Nous sommes convaincu que la théorie des lois non écrites allait contre le but que se proposait Socrate », dépassait sa pensée en matière politique ; « mais elle n'en a que plus de valeur à nos yeux. Une seule vérité vraiment humaine vaut mieux que toutes les idées politiques d'un moment. »

compte ici de la vie de Socrate autant, sinon plus, que de son enseignement. Or nous savons que, dans sa conduite publique et privée, il fut toujours un fidèle observateur des lois, et non pas seulement des lois morales ou de la conscience, mais des lois de l'État. Il est mort pour ne pas donner l'exemple de la désobéissance aux lois d'Athènes. Il n'avait pas seulement le respect des lois, il poussait jusqu'au scrupule le souci de la légalité. C'est ce que montre XÉNOPHON (*Mémorables*, liv. IV, ch. IV, trad. Gail.)

« Socrate ne cachait pas ses sentiments sur la justice ; et d'ailleurs il les manifestait aussi par ses actions ; en public et en particulier, sa conduite était toujours conforme aux lois et utile aux autres. Soumis aux magistrats en tout ce que la loi commande, il leur obéissait également à la ville et dans les armées, en sorte qu'il se distinguait par son amour de l'ordre.

« Un jour même qu'il présidait l'assemblée en qualité d'épistate, il ne permit pas au peuple de consacrer par son suffrage un injuste décret ; et, d'accord avec la loi, il résista à la multitude effrénée, dont aucun autre que lui n'aurait, je crois, affronté la fureur[1]. »

« Quand les Trente lui commandèrent quelque chose d'injuste (*c'est-à-dire de contraire aux lois*) il refusa d'obéir. Ainsi, lorsqu'ils lui défendirent d'avoir des entretiens avec la jeunesse[2], lorsqu'ils lui enjoignirent, à lui et à d'autres

---

[1] Le peuple voulait condamner à mort Thrasylle, Érasinide et les autres généraux, vainqueurs aux Îles Arginuses, pour n'avoir pas enseveli les morts après la bataille. Cette condamnation était injuste, puisque les généraux n'avaient pu ensevelir leurs morts à cause de la tempête ; elle était de plus *illégale*, parce qu'il était défendu par la loi d'Athènes de mettre aux voix *par un seul scrutin* la condamnation de plusieurs accusés. Socrate s'est-il élevé contre l'injustice de l'accusation, ou contre son illégalité, ou n'a-t-il protesté contre une illégalité que pour défendre ou empêcher une injustice? Il est difficile de le dire. Le texte autorise toutes les hypothèses. Dans tous les cas, sa conduite reste noble et courageuse.

[2] Chariclès et Critias mandèrent auprès d'eux Socrate, coupable

citoyens, de condamner un homme à mort, lui seul résista parce que l'ordre était injuste[1].

« Il fut accusé par Mélétos. C'est la coutume des accusés de se rendre les juges favorables, de les flatter, de leur adresser des supplications *contrairement aux lois;* plusieurs se sont fait absoudre par ce manège; pour lui il ne voulut rien se permettre *d'illégal*. Cependant, s'il eût fait quelques démarches, il eût été facilement absous; mais il aima mieux mourir *en observant la loi que de vivre en la transgressant*[2]. »

Après avoir vu comment Socrate définit la justice, voyons comment il la définit.

« *Socrate*. Je dis que la justice est l'observation de la loi. — *Hippias*. Tu dis donc, Socrate, que *la loi et la justice ne font qu'un?* — *S*. Oui. — *H*. Je ne vois pas bien ce que tu appelles loi et ce que tu appelles justice. — *S*. Connais-tu les lois de l'État? — *H*. Oui. — *S*. Quelles sont-elles? — *H*. C'est ce que les citoyens, d'un commun accord, ont prescrit de faire et de s'interdire. — *S*. Hé bien! le citoyen qui se conforme à ces ordres n'est-il pas ami des lois; et celui qui leur résiste n'en est-il pas ennemi? — *H*. Cela est très vrai. — *S*. Ainsi celui qui est soumis aux lois observe la justice; et celui qui leur résiste se rend coupable d'injustice. »

Sous le nom de justice, c'est donc la légalité que Socrate

---

d'avoir comparé les Trente tyrans, qui faisaient mourir un grand nombre de citoyens, au gardien d'un troupeau qui égorgerait les animaux confiés à ses soins, et lui interdirent de converser avec les jeunes gens ou, tout au moins, de faire, dans ses conversations avec eux, des allusions politiques. Socrate refusa de leur obéir. Il semble ici en lutte ouverte contre la légalité. Mais, jugeant l'ordre injuste, il semble qu'il le jugeait par là même illégal. (*Mém.*, I, II.)

[1] Socrate, et quatre autres Athéniens, reçurent l'ordre d'aller chercher, pour le conduire à la mort, un citoyen d'Athènes, Léon, qui s'était réfugié à Salamine, son île natale, pour se soustraire aux fureurs et à la cupidité des Trente, lesquels convoitaient ses richesses. Socrate seul refusa d'exécuter cet ordre.

[2] Sur l'attitude de Socrate devant ses juges, sur sa fierté, voire son arrogance, voir l'*Apologie* de Platon; sur son attitude respectueuse à l'égard des lois, après sa condamnation, voir le *Criton*.

veut faire respecter. C'est la légalité encore qu'il défend contre les attaques des sceptiques. Ceux-ci dénoncent le caractère relatif et variable des lois écrites, et en tirent argument contre l'autorité des lois en général. Mais qu'importe, dit Socrate à Hippias, que les lois soient changeantes! Est-ce une raison pour n'y pas obéir? C'est comme si on disait que, la guerre ne devant pas durer toujours, les soldats ont tort de s'y exercer, d'en appliquer les règles, de « se tenir sur leurs gardes et en bon ordre ». Et il fait l'éloge des pays où la loi est observée, des législateurs qui, comme Lycurgue, ont su le mieux inspirer aux citoyens le respect des lois.

Toutefois Socrate ne s'arrête pas là. Il n'a garde de confondre la justice et la légalité, il ne réduit pas la première à la seconde. Il part de la légalité pour s'élever à la justice; il voit dans celle-ci le fondement de celle-là. S'il définit la justice l'observation des lois, c'est qu'il admet que les lois découlent des principes supérieurs de la sagesse divine ou de la conscience humaine. C'est ce qu'exprime le morceau capital que nous allons reproduire :

« *Socrate.* Connais-tu, Hippias, des lois non écrites? — *Hippias.* Sans doute, celles qui règnent dans tous les pays. — *S.* Diras-tu que ce sont les hommes qui les ont portées? — *H.* Et comment le dirais-je, puisqu'ils n'ont pu se rassembler tous en un même lieu et que d'ailleurs ils ne parlent pas la même langue? — *S.* Qui crois-tu donc qui ait porté ces lois? — *H.* Ce sont les dieux qui les ont prescrites aux hommes, et la première de toutes, reconnue dans le monde entier, ordonne de révérer les dieux.

S. N'est-il pas aussi partout ordonné d'honorer ses parents? — *H.* Sans doute; mais je vois des gens qui transgressent cette loi. — *S.* On en transgresse bien d'autres;

mais les hommes qui violent les lois non écrites subissent un juste châtiment, tandis qu'il y a des infracteurs des lois humaines qui échappent à la punition, ou parce qu'ils se cachent dans l'ombre, ou parce qu'ils bravent la peine qui leur est due. — *H.* Je suis encore ici de ton avis.

S. Dis-moi encore, n'existe-t-il pas une loi universellement reconnue, qui ordonne de payer de retour un bienfaiteur ? — *H.* Oui, et on la transgresse néanmoins. — *S.* Oui, mais les transgresseurs sont punis, car ils sont abandonnés d'amis précieux, et contraints de rechercher ceux qui les haïssent. L'amitié ne consiste-t-elle pas à faire du bien à ses amis ? Mais celui qui n'a pas reconnu un bienfait n'est-il pas, à cause de son ingratitude, haï de son bienfaiteur ? Et, comme il trouve son intérêt à le cultiver, ne lui fait-il pas bassement la cour ? — *H.* En vérité, Socrate, on reconnaît ici la justice des dieux. Que chaque loi porte avec elle la punition de celui qui l'enfreint, n'est-ce pas l'ouvrage d'un législateur supérieur à l'homme ?

S. Et crois-tu, Hippias, que les dieux ordonnent des choses justes, ou qu'ils prescrivent des lois étrangères à la justice ? — *H.* Et comment leurs lois y seraient-elles étrangères ? Qui pourrait même ordonner ce qui est juste, excepté les dieux ? — *S.* Les lois ont donc voulu, Hippias, que ce qui est juste soit en même temps conforme aux lois.

C'est ainsi que, par sa conduite et ses discours, Socrate imprimait de plus en plus l'amour de la justice dans le cœur de ceux qui le fréquentaient. »

Dégageons les idées essentielles de ce célèbre dialogue. La preuve de l'*existence* des *lois non écrites* est tirée de leur *universalité*. La *nature* de ces lois ressort de leur énumération même : la piété envers les dieux, le respect des parents, la reconnaissance pour les bienfaits ont un caractère plus *moral* que légal. Les lois portent avec elles leur *sanction* : c'est là la marque de leur origine divine. Elles représentent cette justice inéluctable, que les anciens appelaient la Fatalité, que les modernes appellent la *justice immanente* ou la loi, pour ne pas dire la force, des choses. Enfin leur *objet* est la justice. Socrate semble avoir eu en vue, non d'opposer les lois non écrites aux lois écrites, mais de superposer les premières aux secondes, comme Platon superpose les Idées aux choses sensibles, afin de relever d'autant les premières. Les lois écrites, en effet, apparaissent comme inviolables et sacrées, par là même qu'elles ont un fondement divin.

Ce serait méconnaître l'importance de la théorie socratique des lois non écrites que de ne pas tirer toutes les conséquences qu'elle renferme, même celles que Socrate n'a pas aperçues, que de ne pas indiquer le retentissement de cette théorie dans l'histoire de la philosophie et des idées morales.

Tout d'abord c'est la considération des lois naturelles qui a conduit Socrate « à relever la dignité de la femme, et, sinon à nier l'esclavage, du moins à reconnaître un homme dans l'esclave ». Il fallait en effet qu'il s'élevât au-dessus des lois d'Athènes pour soutenir que la femme est l'égale de l'homme.

« Capables également de prévoyance et de mémoire, de tempérance et de vertu, les deux sexes ont été faits l'un en vue de l'autre; et, comme leur nature n'est point propre aux mêmes fonctions, ils ont besoin de leurs services réciproques et se complètent mutuellement, l'un possédant les qualités dont l'autre est dépourvu. Tandis que l'homme est occupé au dehors, la femme est tout entière aux soins de la maison. Celui-là est destiné à veiller à la sûreté de la famille et à travailler sous le ciel; celle-ci, à veiller sur les enfants, sur les domestiques et sur tous les intérêts du ménage; de sorte qu'on ne saurait trop dire lequel a le plus de part à l'utilité commune. La femme n'est donc pas la servante ou l'esclave de l'homme, elle est son associée, sa compagne, son égale. L'un s'occupe des affaires publiques et défend les lois de l'État ; l'autre est la gardienne des lois domestiques. C'est à la femme qu'il appartient comme à une reine de commander dans la maison, de distribuer les récompenses et les punitions aux esclaves qui en méritent. Elle veille sur l'innocence et l'éducation de ses enfants ; elle soigne les serviteurs malades[1], elle apprend à travailler à ceux qui ne le savent pas ; elle leur distribue l'ouvrage et les rend utiles et modestes. Elle est dans la maison comme la reine abeille, qui commande à toutes les ouvrières et se les attache si bien que, lorsqu'elle sort de la ruche, toutes les autres sortent avec elles... Les soins domestiques et touchants sont de véritables plaisirs pour la femme qui voit croître le bien de sa famille avec l'affection des domestiques. Mais la plus grande de toutes ses jouissances, c'est lorsque, devenue plus parfaite et meilleure, elle trouve dans son mari le premier, et le plus soumis, de ses serviteurs. » J. Denis, *Histoire des théories et des idées morales dans l'antiquité*, t. I, p. 72, Thorin, édit.)

C'est une chose remarquable, et qui montre bien la solidarité ou la liaison logique des idées morales, que « dans la même conversation, où Socrate se plaît à glorifier la femme, il relève aussi l'esclave, cet autre opprimé de la famille antique » (*ibid.*).

Contentons-nous de signaler ici les vues particulières de Socrate sur la femme et sur l'esclave, comme inspirées du principe des lois naturelles.

Ce principe devait trouver son application dans la tra-

---

[1] « Une des fonctions de ton sexe, dit Ischomaque à sa femme (dans l'*Économique* de Xénophon, ch. vii), qui peut-être te plaira le moins, sera de donner tes soins à ceux des esclaves qui tomberont malades. — Que dis-tu ? répond celle-ci ; ce sera, au contraire, la partie la plus douce de mes devoirs ; car, bien soignés, ils en auront de la reconnaissance et nous serviront avec plus de zèle. »

gédie grecque. Sophocle oppose, dans Antigone, les *lois naturelles* aux *lois de l'État*. Créon devenu, par la mort d'Etéocle et de Polynice, roi de Thèbes, décrète que, Polynice ayant pris les armes contre sa patrie, son corps restera sans sépulture, « exposé aux outrages et à l'avidité des oiseaux de proie et des chiens » ; il fait publier « dans la ville, la défense de l'ensevelir et de le pleurer ». Antigone viole cet ordre, ensevelit son frère, et, interrogée par Créon, lui répond en ces termes :

« *Créon.* Toi, toi qui penches la tête vers la terre, conviens-tu d'avoir fait ce qu'on t'impute, ou le nies-tu ? — *Antigone.* Oui, je conviens de l'avoir fait ; je suis loin de le nier. — *C.* Réponds-moi sans détour, en peu de mots : connaissais-tu la défense que j'avais faite ? — *A.* Je la connaissais. Pouvais-je l'ignorer ? elle était publique. — *C.* Et cependant tu as osé transgresser cette loi. — *A.* C'est que Jupiter ne l'a pas publiée ; c'est que la justice, qui habite avec les dieux infernaux, n'a point imposé aux hommes de pareilles lois. Et je ne pensais pas que tes lois eussent assez de force pour faire prévaloir la volonté d'un mortel sur les *lois des dieux, qui ne sont pas écrites, mais immuables ; car elles ne sont ni d'aujourd'hui ni d'hier ; elles existent de toute éternité et personne ne sait quand elles ont pris naissance.* Devais-je, par crainte de froisser l'orgueil d'un mortel, m'exposer au juste châtiment des dieux ? »

Les lois de la conscience, élevées ici au-dessus des lois écrites et invoquées contre elles, ont été encore éloquemment définies par Cicéron (*Traité des Lois*, II, et *Traité de la République* liv. III, ch. XXII) :

« Il existe une loi conforme à la nature, commune à tous les hommes, raisonnable et éternelle, qui nous commande la vertu et nous défend l'injustice. Cette loi n'est pas de celles qu'il est permis d'enfreindre et d'éluder, ou qui peuvent être changées entièrement. Ni le peuple ni les magistrats n'ont le pouvoir de délier des obligations qu'elle impose. Elle n'est pas autre à Rome, autre à Athènes, ni différente aujourd'hui de ce qu'elle sera demain ; universelle, inflexible, toujours la même, elle embrasse toutes les nations et tous les siècles. Par elle, Dieu instruit et gouverne solennellement tous les hommes ; lui seul en est le père, l'arbitre et le vengeur. » *(Des Lois.)*

« Cette loi, on ne peut l'infirmer par d'autres lois, ni la rapporter en quelque partie, ni l'abroger en entier ; il n'est ni sénatus-consulte ni plébiscite qui puisse nous délier de l'obéissance que nous lui devons ; elle n'a pas besoin du secours d'un interprète qui l'explique et la commente à nos âmes ». *(De la République.)*

II. — LA FAMILLE

Socrate a recommandé et défini la *piété filiale* (Entretien avec Lamproclès, *Mémorables de Xénophon*, liv. II, c. II), — *l'amitié fraternelle* (Entretien avec Chérécrate, même ouvrage, II-III), — et traité des *devoirs réciproques de l'homme et de la femme* dans l'*Économique de Xénophon*.

1. — LA PIÉTÉ FILIALE

C'est à son propre fils Lamproclès que Socrate enseigne cette vertu. Xanthippe était, comme on sait, une femme acariâtre (Socrate disait en souriant qu'il l'avait épousée « pour exercer sa patience ») ; elle était aussi une mère dévouée, mais qui manquait d'indulgence et de tendresse. Lamproclès n'avait pas la philosophie de son père ; il en voulait à sa mère de son humeur difficile.

Socrate fait d'abord sentir à son fils qu'il n'y a pas de vice plus odieux, plus répréhensible, plus sévèrement puni par les lois que l'ingratitude ; il lui montre ensuite qu'il n'y a pas de bienfaits comparables à ceux que les enfants reçoivent de leurs parents : la mère en particulier donne à l'enfant tous ses soins ; elle lui témoigne une affection constante, un dévouement sans bornes.

« Elle cherche à deviner ce qui lui convient, ce qui peut lui plaire ; elle le nourrit longtemps, et les jours et les nuits ; elle se tourmente sans prévoir quelle reconnaissance paiera ses peines. Ce n'est pas tout ; dès que l'âge semble permettre aux enfants de recevoir quelque instruction, les parents leur enseignent ce qu'ils savent et ce qui pourra leur être utile un jour ; et, dans les parties de la science, où ils connaissent quelqu'un de plus capable, ils envoient leurs enfants recevoir ses leçons, et ne regrettent ni dépenses ni soins pour les rendre les meilleurs possible. »

Lamproclès convient de tout cela, mais croit avoir à se plaindre des rebuffades de sa mère, de ses duretés, de ses paroles violentes, de ses reproches injustes. Socrate va lui prouver que rien ne saurait justifier l'ingratitude d'un fils pour sa mère, rien, pas même les torts de celle-ci. On remarquera que Socrate ne songe pas à nier ni à pallier ces torts, qu'il les reconnaît avec franchise et sans embarras ni fausse honte, mais qu'il les juge en toute équité, les réduit à leur juste valeur, en détermine exactement le sens et la portée. La méthode qu'il pratique ici est l'*ironie*. Par cette méthode, le logicien relève les contradictions et dissipe les erreurs ; le moraliste, de même, démontre les fausses préventions et les injustices de la haine, laquelle est, au fond, une méconnaissance, un malentendu, c'est-à-dire une erreur. Ainsi c'est parce que Lamproclès se méprend sur les vrais sentiments de sa mère qu'il ne lui pardonne pas son humeur fâcheuse. Le dialogue, à la fin, change de ton et s'élève ; après avoir *réfuté*, si j'ose dire, ou dissipé les mauvais sentiments, Socrate fait appel aux bons; l'*ironie* fait place à la *maïeutique* (art de susciter, d'éveiller ou de suggérer la vertu dans les âmes, comme la connaissance dans les esprits, étymologiquement, art d'accoucher).

« Je veux, dit Lamproclès (répondant aux paroles de son père que nous avons citées) que ma mère ait fait tout cela, et même beaucoup plus encore ; mais personne ne peut souffrir sa mauvaise humeur. — S. Ne trouves-tu pas la colère d'une bête plus insupportable que celle d'une mère ? — L. Non, pas d'une mère comme celle-là. — S. As-tu éprouvé d'elle quelque morsure, quelque ruade, comme cela arrive de la part des bêtes ? — L. Elle dit, en vérité, des choses si dures qu'on voudrait ne pas les entendre même au prix de toute la vie. — S. Et toi, combien de désagréments insupportables lui as-tu causés durant ton enfance, et par tes cris et par tes actions ! Combien de peines et le jour et la nuit ! Combien d'afflictions dans tes maladies ! — L. Mais du moins je n'ai jamais rien dit, jamais rien fait dont elle ait eu à rougir.

« S.[1] Hé ! dois-tu trouver plus difficile d'entendre ce qu'elle te dit qu'il ne l'est aux comédiens de s'écouter réciproquement, lorsque, dans les rôles tragiques, ils en viennent aux plus sanglantes injures ? — L. Oui, mais, comme ils ne pensent pas que celui qui les menace ait le projet de leur faire du mal, ils montrent de la patience. — S. Et toi, qui sais que ta mère, quoi qu'elle dise, loin de t'en vouloir, ne souhaite à personne autant de bien qu'à toi, tu la vois de mauvais œil ! Penses-tu donc que ta mère soit ton ennemie ? — L. Non assurément. — S. Quoi donc ! une mère qui t'aime, qui, dans tes maladies, fait tout ce qu'elle peut pour te rendre la

---

[1] Ici commence ce qu'on pourrait appeler la *mise au point* des torts de Xanthippe. Socrate fait la critique de la conduite de la mère et démêle ses sentiments vrais à travers son attitude.

santé, qui a soin que rien ne te manque, qui, dans ses prières, demande pour toi les bienfaits des dieux et qui leur fait des offrandes, tu prétends que c'est une méchante mère ! Si tu ne peux supporter une telle mère, le bonheur t'est donc insupportable ?

« Dis-moi, crois-tu qu'il faille rendre des soins à quelqu'un ? ou bien entre-t-il dans ton plan de ne plaire à personne, de ne suivre personne, de n'obéir à personne, ni à un général ni à un magistrat ? — *L.* Je crois qu'il faut de la soumission. — *S.* Tu veux sans doute plaire à ton voisin, pour qu'il allume ton feu au besoin, qu'il te rende quelques services, qu'il te secoure avec un empressement amical, s'il te survient quelque malheur ? — *L.* Cela est vrai. — *L.* Est-il indifférent d'avoir pour amis ou pour ennemis ses compagnons de voyage, de navigation ou de toute autre société ? Ne crois-tu pas qu'il faille travailler à mériter leur bienveillance ? — *L.* Je le crois. — *S.* Quoi ! tu auras des égards pour ces gens-là, et tu ne crois pas en devoir à une mère qui t'aime si tendrement ?

« Ignores-tu que la république néglige toutes les autres sortes d'ingratitude, qu'elle ne donne point d'action contre ce vice et laisse impuni le mauvais cœur qui reçoit des bienfaits sans marquer sa reconnaissance, mais qu'elle frappe le citoyen qui n'honore pas ses parents, qu'elle l'exclut de l'archontat, persuadée qu'un sacrifice offert par des mains impies déplairait au dieu, qu'aucune action d'un tel homme ne peut être ni juste ni honnête ? Dans les épreuves relatives à l'archontat, elle recherche même si les candidats ont honoré les mânes de leurs pères. Si tu es sage, mon fils, tu prieras les dieux de te pardonner tes offenses envers ta mère. Crains qu'ils ne te refusent leurs faveurs, en te voyant ingrat ; crains que les hommes ne connaissent ton mépris pour tes parents ; ils te rejetteraient tous ; tu serais sans amis et dans un abandon universel ; car, si l'on te soupçonnait d'ingratitude envers tes parents, qui te croirait capable de payer de reconnaissance un bienfait ? »

II. — L'AMOUR FRATERNEL

Socrate entreprend de réconcilier Chérécrate avec son frère Chéréphon. L'entretien se déroule suivant le même plan que le précédent. Socrate fait l'éloge de l'amitié fraternelle en général ; puis il examine les motifs particuliers de brouille entre les deux frères et s'applique à les dissiper (*ironie*) ; enfin il fait appel à la générosité de Chérécrate (*maïeutique*) et le décide à faire les premiers pas vers la réconciliation (Xénophon, *Mémorables*, liv. II, ch. III, trad. Gail).

Chéréphon et Chérécrate se sont pris à rebours ; ils ne sont pas l'un pour l'autre ce qu'ils devraient être, et ils s'en dépitent, s'en irritent. Leur inimitié est un amour aigri. C'est ce que Socrate analyse finement ; c'est ce qu'il amène Chérécrate à avouer et à reconnaître.

« Quel bien plus précieux, lui dit-il, qu'un ami, et quel titre à l'amitié que d'être nés du même sang, que d'avoir été élevés ensemble !... — *Chérécrate*. Oui, Socrate, s'il n'y avait pas de graves motifs de désunion, il faudrait supporter son frère et ne pas s'en éloigner légèrement. En effet, comme tu le dis, c'est un grand bien qu'un frère qui se montre tel qu'il doit être ; mais, quand il manque à tous ses devoirs, et qu'il est tout le contraire de ce qu'on doit espérer, tentera-t-on l'impossible ?

« *S*. Mais, dit Socrate, Chéréphon, ton frère, déplaît-il à tout le monde comme à toi, Chérécrate ? N'y a-t-il pas des personnes qui s'en louent ? — *Ch*. Socrate, ce qui me le rend odieux, c'est précisément qu'il sait plaire aux autres et que, dès qu'il me rencontre, il ne dit rien, ne fait rien que pour me chagriner. — *S*. Mais, si tu as à te plaindre de ton frère, n'est-ce pas parce que tu ne sais pas t'accommoder à son humeur ? — *Ch*. Et comment mériterais-je ce reproche, si je sais répondre aux honnêtetés qu'on me fait, aux services qu'on me rend? Mais puis-je montrer de la bienveillance à un homme qui, dans ses actions et ses discours, prend à tâche de me désobliger? Je ne le tenterai même pas!

« *S.* Ce que tu dis là m'étonne, Chérécrate... Quoi! tu ne ferais rien pour te concilier ton frère, toi qui trouves qu'un frère est un grand bien quand il se comporte comme il doit, toi qui avoues que tu sais dire des choses honnêtes et rendre des services! — *Ch.* Je crains de n'être pas assez habile pour le ramener à des sentiments convenables. — *S.* Mais il me semble que tu n'as besoin pour cela ni d'artifice ni de moyens extraordinaires. Emploie ceux que tu connais et sûrement tu le gagneras, et il t'estimera. — *Ch.* Instruis-moi donc; te serais-tu aperçu que, sans m'en douter, je connusse quelque philtre[1]? » Il n'y a pas d'autres philtres à employer que les bons offices, les témoignages d'amitié. Use donc de ces moyens naturels de te faire aimer, et tu en verras l'effet. Et Socrate ajoute cette flatterie à l'adresse de son interlocuteur, pour achever de l'émouvoir et de le persuader.

« Si j'avais jugé Chérécrate plus capable que toi d'un rapprochement, j'eusse tâché de l'amener à te prévenir; mais je crois le succès assuré, si c'est toi qui commences. — *Ch.* En vérité, Socrate, le conseil que tu me donnes est indigne de toi, dit Chérécrate. Tu veux que je commence, moi le plus jeune! C'est à l'aîné que cet honneur appartient chez tous les peuples. — *S.* Comment! N'est-ce pas partout au plus jeune à céder le pas à l'aîné, à se lever pour le recevoir, à lui présenter le meilleur siège, à lui céder la parole? N'hésite pas, honnête jeune homme, essaie d'adoucir ton frère, et bientôt il se rendra. Vois comme il a l'âme grande et noble! Si l'on s'attache les petites âmes avec des présents, on se soumet les âmes généreuses en les prévenant d'amitié. — *Ch.* Mais, si je fais ce que tu dis et qu'il n'en devienne pas meilleur? — *S.* Que risques-tu? de montrer que tu es un bon, un tendre frère, et qu'il n'est qu'un mauvais cœur indigne de tendresse. Mais non, il ne s'en montrera pas indigne. A peine verra-t-il que tu le provoques

---

[1] *Philtre*, moyen magique, breuvage ou autre, pour se faire aimer.

à ce combat, qu'il s'efforcera de te vaincre en générosité. A la manière dont vous êtes ensemble à présent, je crois voir les deux mains, que les dieux ont faites pour s'entr'aider, oublier leur destination et chercher à se gêner l'une l'autre, ou les deux pieds, que la Providence a formés pour se donner des secours, s'embarrasser réciproquement. N'est-ce pas le comble de la démence et du malheur que de tourner à votre détriment ce qui était à votre avantage ? Il me semble que le ciel, en formant deux frères, a bien plus consulté leur intérêt mutuel que celui des pieds, des mains et des yeux, en les créant doubles[1], car les mains ne peuvent saisir à la fois deux choses éloignées de plus d'une brasse l'une de l'autre ; les pieds ne peuvent s'écarter d'une brasse ; les yeux, qui semblent découvrir de si loin, ne peuvent pas voir à la fois par devant et par derrière les objets même les plus voisins. Mais place à une grande distance l'un de l'autre deux frères qui s'aiment : ils se rendront des services mutuels ».

III. — LA PROVIDENCE

Entretien de Socrate avec Aristodème l'athée.

« Socrate savait qu'Aristodème ne sacrifiait jamais aux dieux, qu'il ne consultait pas les oracles, et que même il raillait ceux qui observaient les pratiques religieuses.—Réponds, Aristodème, lui dit-il ; y a-t-il quelques hommes dont tu admires le talent ? — A. Sans doute. — S. Nomme-les. — A. J'admire surtout Homère dans la poésie épique, Mélanippide dans le dithyrambe, Sophocle dans la tragédie, Polyclète dans la statuaire, Zeuxis dans la peinture. — S. Mais quels artistes trouves-tu les plus admirables, de ceux qui font des figures dénuées de pensée et de mouvement, ou de ceux qui produisent des êtres animés et doués de la faculté de penser et d'agir ? — A. Ceux qui créent des êtres

---

[1] Ces considérations, tirées de la fin, sont familières à Socrate ; on les retrouvera dans le morceau suivant.

animés, si toutefois ces êtres sont l'ouvrage de l'intelligence, et non pas du hasard. — S. Des ouvrages dont on ne reconnaît pas la destination, ou de ceux dont on aperçoit manifestement l'utilité, lesquels regarderas-tu comme la création d'une intelligence ou comme le produit du hasard? — A. Il est raisonnable d'attribuer à une intelligence les ouvrages qui ont un but d'utilité [1].

« S. Ne te semble-t-il donc pas que celui qui a fait les hommes dès le commencement leur a donné des organes parce qu'ils leur sont utiles : les yeux, pour voir les objets visibles, les oreilles, pour entendre les sons... N'est-ce pas une merveille de la Providence que nos yeux, organes faibles, soient munis de paupières qui, comme deux portes, s'ouvrent au besoin et se ferment durant le sommeil; que ces paupières soient garnies de cils qui, pareils à des cribles, les défendent contre la fureur des vents; que des sourcils s'avancent en forme de toits au-dessus des yeux, pour empêcher que la sueur ne les incommode en descendant du front; que l'ouïe reçoive tous les sons, sans se remplir jamais; que, chez tous les animaux, les dents de devant soient tranchantes, et les molaires propres à broyer les aliments reçus des incisives? Que dirai-je de la bouche qui, destinée à recevoir ce qui excite l'appétit de l'animal, est placée près des yeux et des narines? Comme les déjections inspirent le dégoût, n'en a-t-elle (la Providence) pas éloigné les canaux, qu'elle a placés aussi loin qu'il est possible des plus délicats de nos organes? Ces ouvrages faits avec un tel ordre, tu doutes s'ils sont le produit du hasard ou le fruit d'une intelligence [2]? — A. Je sais bien qu'en les considérant sous

---

[1] Voilà, très nettement formulé, le principe général, ou la majeure, du raisonnement : toute adaptation de moyens à une fin est marque ou preuve d'intelligence.

[2] On remarquera ce qui entre de fantaisie, de naïveté et de puérilité dans cette interprétation finaliste des phénomènes de l'univers. Sous ce rapport, Socrate reste cependant bien au-dessous de ses successeurs, notamment de Fénelon et de Bernardin de Saint-Pierre. Ce dernier voudra retrouver les marques d'un dessein providentiel dans la division en tranches du melon, dans la couleur noire des puces. Dieu a voulu que le melon fût découpé en tranches pour être mangé en famille, que

ce point de vue, il faut reconnaître l'œuvre d'un sage ouvrier animé d'un tendre amour pour ses créatures.

« *S*. Et n'a-t-il pas imprimé dans les pères le désir de se reproduire, et dans les mères, le plus tendre désir de nourrir ; dans tous les animaux, le plus grand amour de la vie, la plus grande crainte de la mort ? Sans doute, ce sont là les soins d'un ouvrier qui voulait que les animaux existassent [1].

« Toi-même crois-tu qu'il existe en toi une intelligence et que hors de toi il n'y en a plus ? Considère surtout que ton corps n'est qu'une faible portion de cette immense étendue de terre, qu'il ne contient qu'une des innombrables gouttes de ce grand amas d'eau, qu'une petite partie des vastes éléments. Crois-tu avoir le bonheur de ravir l'intelligence qui ne se trouve nulle part en particulier ? Et tant de choses magnifiques, si bien multipliées, si bien ordonnées, te semblent-elles l'ouvrage d'un aveugle hasard ? — *A*. Oui ; car enfin je ne vois pas les créateurs, comme je connais les artisans de ce qui est sur la terre. — *S*. Tu ne vois pas non plus ton âme qui est la souveraine de ton corps ; d'après ton raisonnement, dis donc aussi que tu fais tout par hasard, et rien avec intelligence [2].

« *A*. Au reste, Socrate, je ne méprise pas la Divinité, je lui crois seulement trop de grandeur pour qu'elle ait besoin de mon culte. — *S*. Plus elle daigne mettre de munificence dans ses bienfaits, plus il te convient de la révérer. — *A*. Sois persuadé que je ne négligerais pas les dieux, si je croyais qu'ils s'intéressassent aux hommes. — *S*. Quoi ! tu juges les dieux indifférents, eux qui premièrement ont créé, seul entre tous les animaux, l'homme droit, avantage précieux pour voir au loin, pour regarder au-dessus de nos têtes, pour prévenir les dangers ; eux, qui nous ont accordé la vue, l'ouïe, le goût ; eux qui ensuite ont attaché les animaux à la terre,

---

les puces fussent noires, pour que, se détachant sur la blancheur de la peau, elles fussent plus aisées à attraper.

[1] Nouvelle marque de finalité : les instincts.

[2] Argument par *analogie*. Tu crois que ton âme meut ton corps ; crois donc aussi que l'intelligence divine meut et conduit le monde.

tandis qu'à l'homme ils ont encore accordé les mains, qui lui procurent ce qui le rend plus heureux que la brute. Tous les animaux ont une langue; mais la nôtre seule, par ses divers mouvements, combinés avec ceux des lèvres, fait que nous articulons des sons et que nous nous communiquons réciproquement nos volontés. Dieu n'a pas borné ses soins à la conformation de nos corps ; mais, ce qui est bien plus important, il nous a donné l'âme la plus parfaite. Après l'homme, quel est l'animal dont l'âme connaisse l'existence des dieux, auteurs de tant de beautés et de merveilles ? Quel autre adore la Divinité ? Quel autre, par la force de son esprit, sait prévenir la faim, la soif, le froid, le chaud, guérir les maladies, augmenter ses forces par l'exercice, ajouter à ses connaissances par le travail, se rappeler ce qu'il a entendu, ce qu'il a vu, ce qu'il a appris ? N'est-il pas clair que les hommes vivent comme des dieux entre les autres animaux, qu'ils leur sont supérieurs par leur nature, par la conformation de leur corps, par les facultés de leur âme ? L'être qui aurait le corps d'un bœuf et l'intelligence de l'homme ne pourrait exécuter ses volontés. Accordez-lui les mains et privez-le de l'intelligence, il ne sera pas moins borné. Tu réunis ces dons si précieux et tu ne crois pas que les dieux s'intéressent à toi ? Que faut-il donc pour te convaincre ? »[1] (Xénophon, *Mémorables*, liv. I, c. IV, trad. Gail.)

Dans le morceau qui précède, Socrate considère simplement la Providence comme une puissance bienfaisante dans l'ordre matériel ; dans celui qui va suivre, il la considère du point de vue moral, comme postulée[2] par la justice et ayant

---

[1] La théorie que Socrate développe ici n'est pas celle de la Providence veillant sur le monde en général, mais celle d'une Providence particulière, qui s'exerce à l'égard de l'homme. Poussée logiquement, jusqu'à l'absurde, cette théorie aboutirait à *l'anthropocentrisme* (thèse d'après laquelle l'homme est le *centre* de l'univers). Pour la réfutation de l'anthropocentrisme, voir le discours de l'oie dans Montaigne.

[2] *Postulée* veut dire réclamée, exigée. Mot de la langue mathématique et philosophique. Un *postulat* est une vérité qu'on demande d'accorder, qu'on pose comme condition ou principe du raisonnement.

pour raison d'être ou pour fin la justice. Condamné à mort, il s'adresse à ses juges et s'efforce de leur prouver que la sentence qui le frappe ne saurait être un mal pour lui, s'il est innocent, et peut être un mal seulement pour eux si, en le condamnant, ils se rendent coupables d'injustice.

« Selon toute apparence, ce qui m'arrive maintenant est un bien », et ce qui me le donne à penser, « c'est que la mort est nécessairement l'une de ces deux choses : ou une extinction complète de l'être humain et du sentiment ou, comme on dit, un changement, un passage de l'âme d'un lieu dans un autre. Or si elle est une extinction du sentiment, et qu'elle ressemble au sommeil de celui qui dort sans rien voir, même en songe, la mort est alors un merveilleux avantage. Car, que quelqu'un choisisse une nuit ainsi passée sans aucun songe, et qu'il compare toutes les autres nuits et tous les autres jours de sa vie à cette nuit si tranquille; qu'il examine et dise combien de journées et de nuits plus douces et plus agréables il a dans toute sa vie; je suis persuadé que non seulement un simple particulier, mais que le grand roi lui-même les trouverait bien plus faciles à compter en comparaison des autres nuits et des autres jours. Si telle est la nature de la mort, j'affirme qu'elle est un avantage; car toute l'éternité n'est plus pour nous qu'une seule nuit. — Mais si la mort est un passage dans un autre lieu, et qu'il soit vrai, comme on le dit, que tous les morts se réunissent, quel bien plus grand peut-il y avoir, ô mes juges ! Si quelqu'un, arrivant dans le séjour de la mort, délivré des prétendus juges de la terre, trouvait là de véritables juges, chargés, dit-on, d'y rendre la justice, comme Minos, Rhadamanthe, Éaque, Triptolème, et tous les autres demi-dieux qui se sont montrés justes pendant leur vie, serait-ce donc un voyage si malheureux ? Que ne donnerait pas chacun d'entre vous pour s'entretenir avec Orphée, Musée, Hésiode, Homère ? Pour moi, si cela est véritable, je veux mourir mille fois...

C'est pourquoi, mes juges, soyez pleins d'espérance dans

la mort, et pensez seulement à cette vérité : c'est qu'il n'y a point de mal pour l'homme de bien, ni pendant sa vie, ni après sa mort, et que les dieux ne l'abandonnent jamais. Car ce qui m'arrive aujourd'hui n'est point l'effet du hasard ; mais il est évident que mourir dès à présent et être délivré des soins de la vie, c'est là pour moi ce qu'il y a de plus heureux. Aussi la voix habituelle ne s'est pas fait entendre [1], et je n'en veux nullement aux juges qui m'ont condamné [2] ni à mes accusateurs. »

(Platon, *Apologie de Socrate*, trad. Grou.)

[1] Allusion à la voix démonique, qui avertissait Socrate toutes les fois qu'il courait un danger ou allait entreprendre quelque action fâcheuse.

[2] Les Stoïciens devaient souvent citer et prendre à leur compte cette parole de Socrate : Rien que d'heureux ne peut arriver à l'homme de bien. Remarquons-en bien le sens. C'est une parole de *foi*, de confiance, sinon gratuite, au moins *a priori*. Socrate ne sait pas s'il y a une autre vie ou non, il ne connaît pas les voies de la Providence, il sait seulement qu'il faut être juste, bon, obéir à sa conscience, que cela ne trompe point, bien plus, que c'est là, en fin de compte, le meilleur calcul, car, s'il y a une Providence (et on doit croire qu'il y en a une), elle est au service des bons. Cette théorie nous paraît socratique, non proprement platonicienne. Elle est empruntée à un dialogue de Platon, auquel on s'accorde à reconnaître un caractère historique.

CHAPITRE II

PLATON

Le sentiment de l'idéal. — La justice. — Le châtiment.

PLATON (429-347). — Né à Athènes, d'une famille aristocratique, eut Socrate pour maître, et Aristote pour disciple. Fondateur de l'école, appelée Académie. Ses ouvrages sont des *dialogues*, dont l'interlocuteur principal est Socrate. Ils sont aussi remarquables par l'art dramatique, la poésie et l'éloquence que par la profondeur de la pensée. Ceux dans lesquels il expose ses théories morales sont : le *Gorgias*, la *République*, les *Lois*, etc.

I. — LE SENTIMENT DE L'IDÉAL

La philosophie de Platon repose sur la distinction de deux mondes : l'un, périssable et changeant, qui tombe sous les sens et que le vulgaire tient pour seul réel, l'autre, le monde des essences éternelles et immuables, appelées Idées, ou monde intelligible, que la raison découvre par delà les apparences sensibles, et dont elle fait l'objet propre de la science ou de la philosophie[1]. Cette distinction, transportée dans l'ordre moral, devient la distinction du *réel* et de l'*idéal*, du *fait* et du *droit*. Le *réel*, c'est ce à quoi le vulgaire s'attache, ce sont les biens matériels, sensibles, les richesses, les honneurs, le pouvoir ; l'*idéal*, ce

---

[1] Allégorie de la *Caverne* dans la *République*, liv. VI.

sont les biens de l'âme, la sagesse, la tempérance et la justice.

Pour le vulgaire, le bien consiste à être puissant, riche, redoutable à ses ennemis, secourable à ses amis, habile, éloquent, afin de se rendre maître de l'opinion et de gouverner les hommes par la persuasion, quand ce n'est pas par la crainte (Telle est aussi la morale des Sophistes). Pour les philosophes au contraire, et Socrate en particulier, les biens extérieurs et sensibles ne sont pas des biens; il n'y a qu'un bien, qui est de vivre selon la raison et la justice.

« Tu vois bien, dit Polus à Socrate, cet Archélaüs, fils de Perdiccas, roi de Macédoine ? — *Socrate*. Si je ne le vois, du moins j'en entends parler. — *Polus*. Qu'en penses-tu ? Est-il heureux ou malheureux ? — *S*. Je n'en sais rien, Polus ; je n'ai jamais eu d'entretien avec lui[1]. — *P*. Quoi donc ! Tu le saurais si tu avais conversé avec lui ; et tu ne peux connaître par une autre voie, d'ici même, s'il est heureux ! — *S*. Non, en vérité. — *P*. Évidemment tu diras de même que tu ignores si le grand roi est heureux. — *S*. Et je dirai vrai ; car j'ignore quel est l'état de son âme par rapport à la science et à la justice. — *P*. Eh quoi ? Est-ce que tout le bonheur consiste en cela ? — *S*. Oui, je le dis, Polus. Je prétends que quiconque a de la probité et de la vertu, soit homme, soit femme, est heureux, et que quiconque est injuste et méchant est malheureux. — *P*. Cet Archélaüs dont je parle est donc malheureux à ton compte ? — *S*. Oui, mon cher ami, s'il est injuste. — *P*. Et comment ne serait-il pas injuste ? (Et Polus énumère tous les crimes qu'Archélaüs a commis pour arriver au trône.)

(*Gorgias*, trad. Grou.)

---

[1] Socrate a besoin de s'entretenir avec les hommes pour connaître leurs dispositions intérieures, l'état de leur âme, et juger par là s'ils sont justes ou injustes, et partant heureux ou malheureux.

L'opposition de l'idéal et du réel s'exprime de la façon la plus forte dans ce paradoxe platonicien : Le tyran est malheureux, alors qu'il vit au milieu des délices ; le juste est heureux, même s'il est mis en croix.

Supposons, dit Platon, le pire méchant au comble de la fortune et le juste accompli accablé de malheurs.

N'ôtons au méchant aucune part de l'injustice, aucune part de la justice à l'homme de bien, mais supposons-les l'un et l'autre parfait dans le genre de vie qu'il a embrassé. Que le méchant, semblable à ces pilotes habiles ou à ces grands médecins qui voient tout d'un coup jusqu'où leur art peut aller, qui prennent sur-le-champ leur parti sur le possible et l'impossible, et qui, lorsqu'ils ont fait quelque faute, savent adroitement la réparer ; que le méchant, dis-je, conduise ses entreprises injustes avec tant d'adresse qu'il ne soit pas découvert ; car, s'il se laisse surprendre en faute, ce n'est plus un habile homme. Le chef-d'œuvre de l'injustice est de paraître juste sans l'être. Donnons-lui donc, comme j'ai dit, une injustice parfaite ; qu'en commettant les plus grands crimes, il sache se faire la réputation d'honnête homme ; et, s'il vient à faire un faux pas, qu'il puisse se relever aussitôt ; qu'il soit assez éloquent pour persuader son innocence à ceux devant qui ses crimes mêmes l'accuseront ; assez hardi et assez puissant, soit par lui-même, soit par ses amis, pour emporter par la force ce qu'il ne pourra obtenir autrement.

Mettons à présent vis-à-vis de lui l'homme de bien, dont le caractère est la franchise et la simplicité, l'homme, comme dit Eschyle :

Plus jaloux d'être bon que de le paraître[1].

Otons-lui même la réputation d'honnête homme ; car s'il passe pour tel, il sera en conséquence comblé d'honneurs et

---

[1] *Les Sept devant Thèbes*, v. 598.

de biens ; et nous ne pourrons plus juger s'il aime la justice pour elle-même, ou pour les honneurs et les biens qu'elle lui procure. En un mot, dépouillons-le de tout, hormis de la justice ; et, pour mettre entre lui et l'autre une parfaite opposition, qu'il passe pour le plus scélérat des hommes, sans avoir commis la moindre injustice ; de sorte que sa vertu soit mise aux plus rudes épreuves, et qu'elle ne soit ébranlée ni par l'infamie ni par les mauvais traitements ; mais que, jusqu'à la mort, il marche d'un pas inébranlable dans les sentiers de la justice, passant toute sa vie pour un méchant, tout juste qu'il est. C'est à la vue de ces deux modèles, l'un de justice, l'autre d'injustice consommée, que je veux que l'on prononce sur le bonheur du juste et du méchant.

Le juste, tel que je l'ai dépeint, sera fouetté, torturé, mis aux fers, on lui brûlera les yeux ; enfin, après lui avoir fait souffrir tous les maux, on le mettra en croix, et par là on lui fera sentir qu'il ne faut pas s'embarrasser d'être juste, mais de le paraître. C'est bien plutôt au méchant qu'on doit appliquer les paroles d'Eschyle, parce que, ne réglant pas sa conduite sur l'opinion des hommes, et s'attachant à quelque chose de réel et de solide, il ne veut point paraître méchant, mais l'être en effet :

> Son habileté féconde
> Enfante en abondance les plus beaux projets.

Avec la réputation d'honnête homme, il a toute autorité dans l'État ; il s'allie, lui et ses enfants, aux meilleures familles, il forme toutes les liaisons qu'il lui plaît. Outre cela, il tire avantage de tout, parce que le crime ne l'effraye point. A quelque chose qu'il prétende, soit en public, soit en particulier, il l'emporte sur tous ses concurrents. Il s'enrichit, fait du bien à ses amis, du mal à ses ennemis, offre aux dieux des sacrifices et des présents magnifiques, et se concilie la bienveillance des dieux et des hommes bien plus aisément et plus sûrement que le juste : d'où l'on peut conclure, avec vraisemblance, qu'il est aussi plus chéri des dieux. C'est ainsi, Socrate, que les partisans de l'injustice prétendent que la condition de l'homme injuste est plus heureuse que celle du juste, qu'on l'envisage du côté des dieux ou du côté des hommes.

(*La République*, liv. II, trad. Grou.)

À l'objection ainsi élevée contre la justice, et présentée dans toute sa force, Platon répond en remontant au principe même de la justice, à sa définition :

Socrate. La vertu est, si je puis ainsi parler, la santé, la beauté, la bonne disposition de l'âme ; le vice, au contraire, est la maladie, la difformité et la faiblesse. — *Glaucon.* Cela est ainsi. — *S.* Les actions honnêtes ne contribuent-elles pas à faire naître en nous la vertu et les actions déshonnêtes à y produire le vice ? — *Gl.* Sans doute. — *S.* Nous n'avons plus par conséquent qu'à examiner s'il est utile de faire des actions justes, de s'appliquer à ce qui est honnête et d'être juste, qu'on soit connu ou non pour tel, ou de commettre des injustices et d'être injuste, quand même on n'aurait point à craindre d'en être puni et d'être forcé de devenir meilleur par le châtiment. — *Gl.* Mais, Socrate, il me paraît ridicule de s'arrêter désormais à un pareil examen ; car si, lorsque le tempérament est entièrement ruiné, la vie devient insupportable, la passât-on dans la bonne chère, dans l'opulence et les honneurs, à plus forte raison doit-elle nous être à charge, lorsque l'âme, qui en est le principe, est altérée et corrompue, eût-on d'ailleurs le pouvoir de tout faire, excepté ce qui pourrait retirer l'âme de son injustice et de ses vices et lui procurer l'acquisition de la justice et des vertus. Cela me paraît évident surtout après le jugement que nous venons de porter sur la nature de la justice et de l'injustice.

(*République*, liv. IV, fin, trad. Grou.)

II. — LA JUSTICE

Chaque philosophe a une vertu, qu'il prise entre toutes les autres et à laquelle il veut ramener toutes les autres. Pour Socrate, la vertu fondamentale ou unique est la *sagesse*, ou connaissance du bien; pour Platon, c'est la *justice*. La justice, au sens platonicien, est une vertu à la foi *individuelle* et *sociale* : *individuelle*, en tant qu'elle règle les rapports des facultés entre elles, subordonne les appétits, irascible et concupiscible, à la raison, et établit ainsi l'harmonie dans l'âme, — *sociale*, en tant qu'elle règle les rapports des individus entre eux, subordonne les guerriers, d'une part, les artisans et laboureurs, de l'autre, à la classe des magistrats, et établit ainsi l'harmonie dans l'État. La justice règne dans l'âme, quand chaque faculté remplit sa fonction, quand la raison est éclairée (sagesse), quand la volonté est forte (courage), quand les désirs ou passions sont disciplinés, réglés (tempérance). La justice provient donc de la réunion des vertus particulières : sagesse, courage, tempérance ; ou, plus exactement, elle est le principe, le lien des vertus particulières, l'esprit qui préside à ces vertus, qui les inspire et les anime. Quand la justice réside dans les âmes, elle réside aussi par là même dans l'État. Elle n'est pas, en effet, simplement l'ordre matériel des sociétés, elle est aussi et avant tout une disposition d'âme, un état, ou mieux, un esprit de moralité.

De là cette conséquence qu'il faut aimer la justice pour elle-même, et d'un amour absolu, sans réserve. Il faut l'aimer, non pour les maux dont elle nous préserve, mais parce qu'elle est en elle-même un bien. De même il faut haïr l'injustice, non pour le mal qu'elle nous cause, mais parce qu'elle est en elle-même un mal.

Il ne faut pas s'autoriser de l'injustice des autres pour se rendre injuste soi-même. Condamnation de la loi du talion.

Socrate... Soit que la foule le reconnaisse ou non, soit qu'un sort plus rigoureux ou plus doux nous attende, n'est-il pas vrai qu'en toute occasion l'injustice est un mal et une honte ? Admettons-nous ce principe ou faut-il le rejeter ? — *Criton*. Nous l'admettons.

S. Il ne faut donc commettre l'injustice en aucune manière ? — *C*. Non sans doute. — *S*. Il ne faut donc pas, comme le pense le vulgaire, être injuste même envers celui qui l'a été à notre égard, puisqu'on ne peut l'être en aucune manière? — *C*. Il le semble. — *S*. Mais quoi, Criton, est-il permis de faire du mal à quelqu'un, ou ne l'est-il pas ? — *C*. Il ne l'est en aucune sorte, Socrate. — *S*. Mais rendre le mal pour le mal, est-ce juste, comme le prétend le vulgaire, ou est-ce injuste ? — *C*. C'est injuste. — *S*. Car il n'y a aucune différence entre faire le mal et être injuste ? — *C*. Tu dis vrai. — *S*. Il ne faut donc pas rendre injustice pour injustice ni faire de mal à personne, quel que soit le tort qu'on nous ait fait. Mais prends garde, Criton, qu'en m'accordant cela tu ne parles contre ton propre sentiment, car je sais qu'il y a peu de personnes qui admettent et qui admettront ce principe. Or il n'y a pas de discussion possible entre gens qui sont divisés sur ce point et la différence de leurs sentiments les conduit nécessairement à se mépriser les uns les autres. Réfléchis donc bien et vois si tu es d'accord avec moi et si tu acceptes comme point de départ ce principe, qu'il n'est permis en aucune circonstance d'être injuste ni de rendre injustice pour injustice, mal pour mal.
— Je l'accepte, répond Criton.

(Criton, trad. Grou).

Socrate fait l'application du principe ici posé à son propre cas: les lois d'Athènes l'ont injustement condamné à mort; cela ne l'autorise pas à leur désobéir, à échapper à sa condamnation par la fuite. En désobéissant aux lois de son pays, le citoyen, en effet, se rend coupable :

1° *d'injustice*, puisqu'il ne tend rien moins, par sa désobéissance, qu'à renverser l'État, car il est impossible « qu'un État subsiste et ne soit pas renversé, lorsque les jugements rendus n'y ont aucune force et sont foulés aux pieds par des particuliers ».

2° *d'ingratitude*, et l'ingratitude n'est qu'une injustice redoublée. En effet le citoyen doit à l'État et à ses lois sa naissance, son éducation, tous les biens qu'il possède ; la révolte du citoyen contre l'État est donc aussi odieuse que serait celle de l'enfant contre ses parents.

L'injustice est le plus grand des maux; et il vaut mieux souffrir que commettre une injustice. Le sort du tyran, c'est-à-dire du puissant injuste, n'est donc pas enviable.

Socrate. Le plus grand des maux est de commettre l'injustice. — *Polus.* Est-ce là le plus grand des maux? Souffrir une injustice, n'en est-ce pas un plus grand ? — *S.* Nullement. — *P.* Aimerais-tu donc mieux éprouver une injustice que la faire ? — *S.* Je ne voudrais ni l'un ni l'autre. Mais s'il fallait absolument commettre une injustice ou la souffrir, j'aimerais mieux la souffrir que la commettre. — *P.* Est-ce que tu n'accepterais pas la condition de tyran ? — *S.* Non, si par tyran tu entends la même chose que moi. — *P.* J'entends par là avoir dans l'État le pouvoir de faire tout ce qu'on juge à propos, de tuer, de bannir, en un mot, d'agir en tout à sa fantaisie.

S. Mon cher ami, fais attention à ce que je vais dire. Si, lorsque la place publique est pleine de monde, tenant un poignard sous le bras, je te disais : Polus, je me trouve en possession d'un pouvoir merveilleux et égal à celui d'un tyran : de tous ces hommes que tu vois, celui que je jugerai à propos de faire mourir mourra tout à l'heure ; s'il me semble que je dois casser la tête à quelqu'un, il l'aura cassée à l'instant; si je veux déchirer son habit, il sera déchiré; tant est grand le pouvoir que j'ai dans cette ville. Si donc tu refusais de me croire, et que je te montrasse mon poignard, peut-être dirais-tu en le voyant : Socrate, il n'est personne, à ce compte, qui n'eût un grand pouvoir; tu pourrais de la même façon brûler la maison de tel citoyen qu'il te plairait, mettre le feu aux arsenaux des Athéniens, à leurs galères et à tous les vaisseaux appartenant à l'État ou aux particuliers. Mais la grandeur du pouvoir ne consiste point précisément à faire ce qui nous plaît. Le crois-tu ? — P. Non assurément, de la manière que tu viens de dire. — S. Me dirais-tu bien la raison pour laquelle tu condamnes un semblable pouvoir? — P. Oui. — S. Dis-la donc. — P. *C'est qu'il est inévitable pour quiconque agit ainsi d'être puni.* — S. Être puni, n'est-ce point un mal ? — P. Sans doute.

(*Gorgias,* trad. Grou).

Ceci — les dernières lignes que je souligne — est le point de départ d'un nouveau paradoxe platonicien. La thèse morale du Platonisme peut se résumer dans la progression suivante :

Le plus grand des maux est l'injustice.

La pire injustice est celle qu'on commet, non celle qu'on subit.

La pire injustice, entre toutes celles qu'on commet, est celle que l'on commet impunément.

La dernière proposition se démontre ainsi : on pourrait croire que la supériorité du tyran n'est pas d'être injuste (être injuste est à la portée du premier venu, pourvu qu'il soit hardi et sans scrupules, ainsi qu'il vient d'être dit ci-dessus), mais de l'être impunément, sans courir aucun risque, aucun danger. C'est précisément là ce que Platon conteste, par sa théorie originale du châtiment ou de l'*expiation*.

III. — LE CHATIMENT

Ce n'est pas un mal, mais au contraire un bien de subir le châtiment mérité.

Socrate... Le coupable sera-t-il heureux si on lui fait justice, et s'il est puni ? — *Polus.* Point du tout ; au contraire, s'il était dans ce cas, il serait bien malheureux. — *S.* Si le coupable échappe à la punition qu'il mérite, il sera donc heureux, à ton compte ? — *P.* Assurément.

S. Et moi je pense, Polus, que l'homme injuste et criminel est malheureux en toute manière, mais qu'il l'est davantage, s'il ne subit aucun châtiment et que ses crimes demeurent impunis ; et qu'il l'est moins, s'il reçoit de la part des hommes et des dieux la juste punition de ses forfaits. — *P.* Tu avances là d'étranges paradoxes, Socrate. — *S.* Je vais pourtant essayer, mon cher, de te faire convenir que c'est la vérité, car je te tiens pour mon ami... J'ai dit tout à l'heure que commettre une injustice est un plus grand mal que la souffrir. — *P.* Cela est vrai. — *S.* Et toi, que c'est un plus grand mal de la souffrir. — *P.* Oui. — *S.* J'ai avancé que ceux qui agissent injustement sont malheureux, et tu m'as réfuté là-dessus. — *P.* Oui, assurément. — *S.* A ce que tu crois, Polus. — *P.* Et probablement j'ai raison de le croire. — *S.* De ton côté, tu tiens les méchants pour heureux, pourvu qu'ils ne portent pas la peine de leur injustice. — *P.* Sans contredit. — *S.* Et moi je soutiens qu'ils sont très malheureux et que ceux qui subissent le châtiment qu'ils méritent le sont moins. Veux-tu aussi réfuter cela ? — *P.* Voilà une assertion encore plus difficile à réfuter que la précédente, Socrate[1]. — *S.* Non, Polus ;

---

[1] Ironique, remarque un peu naïvement le Scholiaste.

mais dis impossible, car le vrai ne se réfute jamais. — *P.* Comment dis-tu ? Quoi ! Un homme que l'on surprend dans une tentative coupable d'usurper la tyrannie, qu'on met ensuite à la torture, qu'on déchire, à qui on brûle les yeux ; qui, après avoir souffert en sa personne des tourments sans mesure, sans nombre et de toute espèce, et en avoir vu souffrir autant à ses enfants et à sa femme, est enfin mis en croix, ou enduit de poix et brûlé vif ; cet homme sera plus heureux que si, échappant au péril, il se rendait tyran, et passait toute sa vie maître dans sa ville, faisant ce qu'il lui plaît, étant un objet d'envie pour ses citoyens et pour les étrangers, et regardé comme heureux par tout le monde ? Et tu prétends qu'il est impossible de réfuter de pareilles absurdités ?

S. Tu cherches à m'épouvanter par de grands mots, brave Polus, mais tu ne me réfutes point... Rappelle-moi une petite chose. As-tu supposé que cet homme aspirât injustement à la tyrannie ? — *P.* Oui. — *S.* Cela étant, l'un ne sera pas plus heureux que l'autre, ni celui qui a réussi à s'emparer injustement de la tyrannie, ni celui qui a été puni ; car, de deux malheureux, l'un ne saurait être plus heureux que l'autre ; mais le plus malheureux des deux est encore celui qui a échappé au châtiment et s'est mis en possession de la tyrannie. Qu'est-ce ceci, Polus ? Tu ris ? Est-ce encore une nouvelle manière de réfuter que de rire au nez d'un homme, sans alléguer aucune raison contre ce qu'il avance ? — *P.* Ne crois-tu pas être réfuté suffisamment, Socrate, quand tu énonces ainsi des propositions qu'aucun homme ne soutiendra jamais ? Interroge plutôt qui tu voudras des assistants.

S. Je ne suis point du nombre des politiques, Polus... Ne me parle point de recueillir les suffrages des assistants... Je ne sais produire qu'un seul témoin en faveur de ce que je dis ; c'est la personne même avec qui je discute, et je ne m'embarrasse point de la multitude.

(*Gorgias*, trad. Grou).

Autrement dit, Platon fait appel en dernier lieu à la

conscience ou à la raison individuelle contre l'opinion commune, les préjugés de la foule.

Utilité du châtiment.

Socrate. Est-ce une chose agréable d'être traité par les médecins, et le traitement qu'on fait aux malades leur cause-t-il du plaisir ? — *Polus.* Je ne le crois pas. — *S.* Mais c'est une chose utile, n'est-ce pas ? — *P.* Oui. — *S.* Car elle délivre d'un grand mal. En sorte qu'il est avantageux de souffrir la douleur et de recouvrer la santé. — *P.* Sans contredit. — *S.* La situation la plus heureuse, pour un homme, par rapport au corps, est-ce d'être dans les mains du médecin, ou bien de n'être pas du tout malade ? — *P.* Il est évident que c'est de n'être point malade. — *S.* En effet, le bonheur ne consiste pas, il semble, à être soulagé du mal, mais à n'y être pas du tout sujet. — *P.* Cela est vrai.
— *S.* Mais quoi ! de deux hommes malades, soit dans leur corps, soit dans leur âme, lequel est le plus malheureux, celui qu'on traite et qu'on délivre de son mal, ou celui qu'on ne traite point et qui le garde ? — *P.* Il me paraît que c'est celui qu'on ne traite point. — *S.* Ainsi être puni, n'est-ce pas le moyen d'être délivré du plus grand des maux, du mal de l'âme ? — *P.* J'en conviens. — *S.* La peine, en effet, rend sage, elle oblige à devenir plus juste, et elle est la médecine du mal de l'âme. — *P.* Oui. — *S.* L'homme le plus heureux par conséquent est celui qui n'a point de mal dans son âme, puisque nous avons vu que c'est le plus grand des maux. — *P.* Cela est évident. — *S.* Le plus heureux ensuite est celui qu'on en a délivré. — *P.* Vraisemblablement. — *S.* Celui-là, veux-je dire, qui a reçu des avis, des réprimandes, qui a subi la punition. — *P.* Oui. — *S.* Ainsi celui qui conserve son injustice et n'en est pas délivré mène la vie la plus malheureuse. — *P.* Selon toute apparence. — *S.* Hé bien, cet homme, n'est-ce pas celui qui, se rendant coupable des plus grands crimes et se permettant les plus grandes injustices, parvient à se mettre au-dessus des réprimandes, des corrections, des punitions, telle qu'est,

en effet, la situation d'Archélaüs dont tu as parlé, et celle de tant d'autres tyrans, orateurs et personnages puissants? — *P.* Il semble bien.

S. Et véritablement, mon cher Polus, tous ces gens-là ont fait à peu près la même chose que celui qui, étant attaqué des plus grandes maladies, trouverait le moyen de ne point subir de la part des médecins la correction des vices de son corps et de ne point passer par les remèdes, craignant comme un enfant qu'on ne lui applique le fer et le feu, parce que cela fait mal. Ne te semble-t-il pas que la chose est ainsi? — *P.* Oui. — *S.* La raison sans doute, c'est l'ignorance des avantages de la santé et du bon état du corps. Il y a grande chance, en effet, d'après ce que nous avons reconnu, que ceux qui fuient la punition se conduisent de la même manière. Ils voient ce qu'elle a de douloureux, mais ils sont aveugles sur son utilité; ils ignorent combien on est plus à plaindre d'habiter avec une âme qui n'est pas saine, mais corrompue, injuste et impie qu'avec un corps malade. C'est pourquoi ils mettent tout en œuvre pour échapper à la punition et n'être point délivrés du plus grand des maux; dans cette vue, ils amassent des richesses, ils se font des amis et s'étudient à acquérir le talent de la parole et de la persuasion. Mais si les choses dont nous sommes convenus sont vraies, Polus, vois-tu ce qui résulte de ce discours, ou veux-tu que nous en tirions ensemble les conclusions?

Une de ces conclusions est que la rhétorique peut nous servir, non pas à éviter le châtiment mérité, mais au contraire à aller au-devant.

En effet, « si on a commis une injustice, ou soi-même, ou quelque autre personne pour qui l'on s'intéresse, il faut aller se présenter au lieu où l'on recevra au plus tôt la correction convenable, et s'empresser de se rendre auprès du juge comme auprès d'un médecin, de crainte que la maladie de l'injustice, venant à s'invétérer dans l'âme, n'y engendre une corruption secrète et ne la rende incurable ».

Il suit de là que « la rhétorique ne nous est d'aucun usage pour nous défendre nous-mêmes sur le fait d'injustice, non plus que nos parents, nos amis, nos enfants, notre patrie, quand ils l'ont commise, à moins peut-être qu'on ne croie devoir s'en servir au contraire pour s'accuser soi-même le premier et ensuite les autres, parents et amis, dès qu'ils auront commis quelque injustice, et ne point tenir le crime secret, mais l'exposer au grand jour, afin que le coupable soit puni et recouvre la santé ; à moins enfin qu'on ne se fasse violence, ainsi qu'aux autres, pour s'élever au-dessus de toute crainte et s'offrir à la justice, les yeux fermés et de grand cœur, comme on s'offre au médecin, pour souffrir les incisions et les brûlures, s'attachant à la poursuite du bon et du beau, sans tenir aucun compte de la douleur ; en sorte que, si la faute qu'on a commise mérite des coups de fouet, on se présente pour les recevoir ; si les fers, on tende les mains aux chaînes ; si une amende, on la paie ; si le bannissement, on s'y condamne ; si la mort, on la subisse ; étant le premier à déposer contre soi-même et ses proches, et pour cela mettant la rhétorique en œuvre, afin que par la révélation de ses crimes on parvienne à être délivré du plus grand des maux, de l'injustice ».

(Gorgias, trad. Grou).

Le dialogue, d'où sont extraits les morceaux cités, a pour titre : *Gorgias ou la rhétorique*. Platon s'y propose d'y confondre la rhétorique, art mensonger, que les Sophistes opposent à la philosophie, ou de montrer que la rhétorique ne peut se défendre qu'autant qu'elle est subordonnée à la philosophie, qu'autant que l'on ne se sert, suivant le mot de Fénelon « de la parole que pour la pensée, et de la pensée que pour la vérité et pour la vertu ». Il ne faut pas cependant être dupe de la forme paradoxale que Platon donne à sa morale. « S'il a tant insisté, dit Brochard, sur les malheurs qui atteignent quelquefois l'homme vertueux, c'est par une sorte d'artifice dialectique et pour mieux défendre sa cause : scrupule honorable, mais dont la conséquence a été qu'on s'est quelquefois mépris sur le sens de sa doctrine ». Platon veut dire que la justice vaudrait mieux encore que l'injustice, je dis même au point de vue du bonheur, quand elle entraînerait la perte des biens extérieurs, mais tant s'en faut qu'il en soit toujours, ni même ordinairement ainsi. Au contraire « dans le cours ordinaire de la vie, dit Brochard[1], la pratique de la justice assure à l'homme de bien un grand nombre d'avantages, tels que la considération, la confiance et l'estime des autres, surtout les récompenses que les dieux accordent dans ce monde ou dans l'autre à ceux qui pratiquent la vertu. »

« Je te somme, au nom de la justice, dit Socrate, de lui restituer les honneurs qu'elle reçoit des hommes et des dieux et d'aider toi-même à la rétablir dans ses droits. Après t'avoir fait convenir des avantages qu'il y a à être juste et que la justice ne trompe point les espérances de ceux qui la pratiquent, je veux que tu conviennes encore qu'elle l'emporte indéfiniment sur l'injustice dans les biens que la réputation d'homme vertueux attire après soi. » (*Rép.* X, 612 D.) Cette réflexion n'infirme pas, mais atténue les paradoxes qui précèdent.

[1] *Année philosophique*, 1906. Paris, F. Alcan.

CHAPITRE III
ARISTOTE

La vertu et le bonheur. — L'amitié. — Les vertus pratiques. L'éducation.

ARISTOTE (384-322). — Né à Stagyre, en Thrace. Son père était médecin du roi de Macédoine Amyntas; il fut lui-même choisi par Philippe comme précepteur d'Alexandre. Il fut près de vingt ans le disciple de Platon. A la mort de son maître, il fonda le Lycée. Aristote est le génie le plus vaste et le plus encyclopédique de l'antiquité. Il a cultivé toutes les sciences connues de son temps; il en a créé de nouvelles : la logique, la métaphysique. Son principal ouvrage de morale est l'*Ethique à Nicomaque*, dont on ne peut guère séparer la *Politique*.

I. — LE BONHEUR

Entre tous les biens qui peuvent résulter de nos actes, quel est le bien suprême? Presque tout le monde, à vrai dire, est d'accord sur son nom; car les hommes instruits, aussi bien que le vulgaire, l'appellent le *bonheur*; et même tous admettent que bien vivre, bien agir et être heureux, c'est absolument la même chose. Mais qu'est-ce que le bonheur? Voilà la question, et le vulgaire ne la résout pas de la même manière que les sages; car les uns prétendent que le bonheur est quelqu'une de ces choses qui sont visibles et sensibles, comme la volupté, la richesse ou la considération, et les autres veulent que ce soit autre chose. Souvent l'opinion d'un même homme varie sur ce sujet; s'il est malade, il voit le bonheur dans la santé; s'il est pauvre, il le voit dans la richesse; et, quand il s'est aperçu de son ignorance en ce point, il voit avec regret les hommes instruits, qu'il est forcé d'admirer, se servir d'un langage imposant, qu'il ne saurait comprendre. Cependant il y a eu des personnes [1] qui

---

[1] C'est son maître Platon qu'Aristote a ici en vue. Platon admet l'exis-

pensent que, parmi les biens en si grand nombre, il en existe un qui est le *bien en soi*, et qui est la cause de tout ce que les autres ont de bon.

La méthode, constamment suivie par Aristote, est la suivante : il part des opinions reçues, en fait la critique, et n'expose sa doctrine qu'ensuite et comme conclusion. Ce qui suit est un exemple de l'application de cette méthode à la détermination du *bonheur*, ou du souverain bien.

Le vulgaire et les hommes les plus grossiers ont placé le bonheur dans la volupté ; aussi préfèrent-ils à tout la vie qui n'offre que des jouissances. En effet, il y a trois genres de vie qui se distinguent éminemment entre tous les autres : celui dont je viens de parler (la vie animale) — la vie politique et active, — la vie contemplative ou spéculative. On peut regarder comme tout à fait servile ce sentiment du vulgaire, qui donne la préférence à la vie purement animale, et il ne peut guère mériter qu'on en fasse mention qu'à cause de cette foule d'hommes qui, élevés à la puissance et aux dignités, se montrent asservis aux mêmes passions que Sardanapale. Au lieu que les hommes bien élevés, et qui ont quelque activité, préfèrent l'honneur et la consi-

---

tence d'un bien absolu ou en soi ; Aristote conteste l'existence d'un tel bien ; il soutient de plus que, quand le bien en soi existerait, ce n'est pas le bien en soi que la morale a pour but de déterminer ; elle recherche quel est le *bien propre à l'homme*, autrement dit quel est le *bonheur* qui convient à la nature de l'homme, et quelles sont les conditions de ce bonheur. Platon ne mérite pas entièrement le reproche que lui adresse ici Aristote, car il écrit : « Le plaisir, la peine et le désir, tel est le propre de la nature humaine : ce sont là les ressorts qui tiennent suspendu tout animal mortel. Ainsi, lorsqu'il s'agit de louer la vertu aux yeux des hommes, il ne suffit pas de leur montrer qu'elle est en soi ce qu'il y a de plus honorable, il faut encore leur faire voir que, si l'on veut y goûter dès ses premiers ans et n'y pas renoncer aussitôt après, elle l'emporte sur tout le reste par l'endroit même qui nous tient le plus à cœur, en ce qu'elle nous procure le plus de plaisirs et le moins de peines durant tout le cours de la vie ; on ne tardera point à l'éprouver d'une manière sensible, si on en veut faire l'essai, comme il convient. » (*Lois*, V, 732 C, cité par Brochard, *Année phil.*, 1905. *La morale de Platon.*)

dération; car c'est là communément le but de la vie politique. Cependant il semble trop superficiel, trop peu important pour satisfaire nos désirs, puisqu'il dépend plutôt de ceux qui accordent les honneurs que de celui qui les obtient, alors que le souverain bien nous paraît devoir être quelque chose de propre à celui qui le possède, et qu'il est difficile de lui ravir.

D'ailleurs il semble qu'on ne recherche les honneurs que pour se confirmer soi-même dans l'opinion qu'on a de son mérite ; aussi ambitionne-t-on la considération des hommes sensés, de qui l'on est connu, et comme un hommage qu'ils doivent à notre vertu; ce qui prouve évidemment que, même dans l'opinion de l'homme avide d'honneurs, c'est la vertu qui a la prééminence. On pourrait donc supposer que c'est plutôt elle qui est la fin, ou le but, de la vie politique ; mais elle semble encore insuffisante, car on peut supposer que celui qui la possède fût livré au sommeil, ou demeurât dans l'inaction pendant toute sa vie, et qu'outre cela il éprouvât de cruelles souffrances, et tombât dans de grandes infortunes; or, assurément personne, à moins que ce ne fût pour soutenir un paradoxe, n'oserait vanter le bonheur de celui qui vivrait ainsi[1].

(*Eth. à Nic.*, chap. v, trad. Thurot, Firmin-Didot, éd.).

Reprenons point par point cette discussion. On peut réduire tous les biens, recherchés par les hommes, à trois : la volupté, l'honneur, la vertu.

Or, 1° la volupté ne peut être la fin de l'homme, son *bonheur*, car elle ne lui appartient pas *en propre ;* elle lui est *commune* avec les animaux. Le bonheur de l'homme ne peut être que dans une activité qui n'appartient qu'à lui. Mais cette activité quelle est-elle?

Et d'abord *la vie* semble lui être commune même avec les plantes ; or, nous cherchons ce qu'il y a de propre ; il faut donc mettre de côté la vie de nutrition et celle d'accrois-

[1] Allusion au passage de Platon cité plus haut: *Utilité du châtiment.*

sement. Vient ensuite la *vie sensitive*; mais celle-ci encore est commune au cheval, au bœuf et à tous les animaux. Reste enfin *la faculté active de l'être qui a la raison en partage*, soit qu'on le considère comme se soumettant aux décisions de la raison, ou comme possédant cette raison même avec la pensée ». Ainsi donc « l'œuvre de l'homme est une activité de l'âme conforme à la raison, ou au moins qui n'en est pas dépourvue » et son bonheur résulte d'une telle activité. (*Eth. à Nic.*, I, vii, trad. Thurot).

2° Quant à l'*honneur*, il ne peut être la vraie fin de l'homme, par la raison qu'il n'est pas recherché pour lui-même, mais en vue d'une autre fin, ainsi qu'il est indiqué ci-dessus. Aristote distingue deux sortes de fins : les fins relatives et les fins absolues, les premières recherchées en vue d'autres choses, les secondes recherchées uniquement pour elles-mêmes. Ainsi la richesse est une fin relative, le bonheur, une fin absolue. L'honneur, rentrant dans les fins relatives, n'étant qu'*un moyen*, pour l'homme, de s'attester à lui-même et d'attester aux autres sa vertu ou son mérite, n'est donc pas le bien suprême ou souverain bien.

3° Reste que ce bien soit la *vertu*. Cependant Aristote ne va pas jusqu'à soutenir cette thèse absolue (qui sera celle des Stoïciens, qui est déjà celle de Platon), que la vertu se suffit à elle-même, est, à elle seule, le bonheur, tout le bonheur. — Sans doute la vertu est par elle-même un bien, si par là on entend la *vertu agissante*, car « le bonheur étant dans la vie active, il faudra nécessairement, pour être heureux, que l'on agisse et que l'on agisse bien.

Et, de même que, dans les jeux olympiques, ce ne sont pas les plus forts et les plus beaux qui reçoivent la couronne, mais seulement ceux qui combattent dans l'arène (car c'est parmi eux que se trouvent les vainqueurs); ainsi il n'y a que ceux qui agissent d'une manière conforme à la vertu qui puissent avoir part à la gloire et au bonheur de la vie. Au reste leur vie est par elle-même remplie de délices... Car tel est le caractère des actions conformes à la vertu qu'elles sont agréables par elles-mêmes et qu'elles charment ceux qui les font. Aussi leur vie n'a-t-elle aucun besoin du plaisir; c'est pour ainsi dire un talisman dont ils savent se passer; elle le renferme en elle-même. (Les hommes vertueux sont par définition tous ceux qui prennent plaisir à accomplir des actes de vertu [1]). Dire qu'un homme aime quelque chose, c'est dire que cette chose lui cause du plaisir; ainsi les chevaux, les spectacles sont des causes de plaisir pour celui qui les aime ; et, de même, quiconque aime la justice ou, en général, la vertu, y trouve de véritables jouissances.

Toutefois de ce que la vertu est une source de joies, la source des joies les plus pures et les meilleures, il ne s'ensuit pas que le bonheur ne renferme pas d'autres éléments, ne dépende pas par surcroît de conditions extérieures, ne soit pas en partie l'effet de la fortune ou de la chance. Ici apparaît la modération qu'Aristote apporte dans la sagesse même, le grand compte qu'il tient de l'expérience.

Le bonheur est dans l'activité de l'âme conforme à la vertu ; mais il ne laisse pas d'y avoir d'autres biens, nécessaires pour le rendre complet, y contribuant à titre d'accessoire ou d'appoint.

Il semble qu'au bonheur, défini l'activité vertueuse, il faille joindre encore les *biens extérieurs*[1]; car il est impossible, ou au moins fort difficile de bien faire, quand on est entièrement dépourvu de ressources ; il y a même beaucoup de choses pour l'exécution desquelles des amis, des richesses, une autorité politique sont comme des instruments néces-

---

[1] A cette théorie d'Aristote sur les biens extérieurs s'oppose celle des Stoïciens (v. plus loin, pp. 102-111) et de Descartes (pp. 142-6).

saires. La privation absolue de quelqu'un de ces avantages, comme la naissance, le manque d'enfants, de beauté, gâte et dégrade en quelque sorte le bonheur. Car ce n'est pas un homme tout à fait heureux que celui qui est d'une excessive laideur, ou d'une naissance vile, ou entièrement isolé et sans enfants. Celui qui a des amis ou des enfants tout à fait vicieux, ou qui en avait de vertueux que la mort a enlevés, est peut-être moins heureux encore. La jouissance de ces sortes de bien semble donc être, comme je l'ai dit, un accessoire indispensable ; aussi y a-t-il des personnes qui rangent dans la même classe, d'une part, le bonheur et la bonne fortune et de l'autre, la vertu...

... Les accidents de fortune étant aussi nombreux que différents par le degré de bien ou de mal qui les accompagne, il est clair que ces chances heureuses ou malheureuses, si elles sont de peu d'importance, n'ont pas une grande influence sur la vie. Mais les grandes prospérités la rendent réellement plus heureuse ; car naturellement elles sont faites pour l'embellir, et l'usage qu'on en fait donne un nouveau lustre à la vertu. Inversement les grandes infortunes diminuent et gâtent en quelque sorte le bonheur, car elles causent de vifs chagrins et sont, dans bien des cas, un obstacle aux actions vertueuses. Cependant c'est même alors que ce qu'il y a de grand et de noble dans notre nature brille de tout son éclat : lorsqu'on supporte ces grandes calamités avec résignation, non par insensibilité, mais par générosité et par grandeur d'âme. Au reste, si les actions des hommes décident, comme on l'a dit, de la destinée de leur vie, il est impossible qu'un homme heureux (au sens où nous l'entendons), soit jamais misérable, car jamais il ne fera des actions odieuses ou méprisables. Nous croyons en effet que l'homme véritablement vertueux et sage sait supporter avec dignité tous les revers de la fortune, et tire toujours le parti le plus avantageux de ce qui est à sa disposition, comme le grand capitaine emploie avec le plus de succès l'armée qui est actuellement sous ses ordres, comme l'habile cordonnier fait les meilleures chaussures avec le cuir qu'on lui donne, et ainsi des autres arts.

Si cela est vrai, il est impossible que l'homme vertueux soit jamais misérable. Mais on ne pourra non plus le dire heureux, s'il tombe dans la calamité de Priam. Du moins ne sera-t-il ni variable ni inconstant dans ses sentiments. Car des revers ordinaires n'altéreront pas facilement son bonheur : il faudra pour cela de nombreuses et grandes infortunes. Et, d'un autre côté, il ne pourra pas redevenir heureux en peu de temps; mais, en supposant qu'il retrouve le bonheur, ce ne sera que pour une durée ininterrompue de grandes et éclatantes prospérités. Pourquoi donc ne dirions-nous pas que l'homme heureux est celui qui agit d'une manière conforme à la vertu dans sa perfection, et qui, de plus, est suffisamment pourvu de biens extérieurs, non pas pour un temps indéterminé, mais dans une vie parfaite ?[1].

(*Eth. à Nic.*, liv. I, trad. Thurot, Firmin-Didot, éd.)

II. — La vertu

La vertu s'acquiert par l'exercice du bien ou est une habitude.

C'est en pratiquant la justice qu'on devient juste et en pratiquant la raison qu'on devient raisonnable ; et, si on néglige de s'exercer à cette pratique, on ne doit pas espérer de devenir jamais vertueux. Cependant la plupart des hommes ne s'appliquent point à agir de cette manière; mais ils se persuadent qu'il suffit, pour être philosophe et pour devenir vertueux, d'avoir recours à de vains raisonnements ; et, en cela, ils font comme des malades qui se contenteraient d'écouter fort attentivement ce que leur disent les médecins, sans rien faire de ce qu'ils leur prescrivent. Or, de

---

[1] Ce morceau où Aristote n'a pas en vue d'autre « félicité que celle que comporte la nature humaine » et où il ne laisse pas de s'élever à une très noble notion de cette félicité, peut être opposé au célèbre morceau de Platon sur le juste mis en croix, et au paradoxe des Stoïciens sur le sage heureux dans le taureau de Phalaris.

même que ceux-ci ne recouvreront jamais la santé du corps, en ne suivant pas d'autre traitement, de même les premiers ne recouvreront jamais la santé de l'âme, en philosophant de cette manière là.

(*Eth. à Nic.*, II, iv, trad. Thurot, Firmin-Didot, éd.).

La vertu morale[1] *est un milieu entre l'excès et le défaut.*

« On peut s'abandonner plus ou moins à la crainte, à la confiance, au désir, à l'aversion, à la colère, à la pitié, en un mot, être trop ou trop peu touché des sentiments de plaisir ou de peine, et à tort dans l'un et l'autre cas. Mais l'être lorsqu'il le faut, dans les circonstances convenables, pour les personnes et par les causes qui rendent ces sentiments légitimes, et l'être de la manière qui convient, voilà ce juste milieu en quoi consiste précisément la vertu.

« Il y a aussi excès, défaut et milieu par rapport aux actions ; or la vertu s'applique à celles-ci aussi bien qu'aux passions...

« La vertu est donc une habitude de se déterminer, conformément au milieu convenable à notre nature, par l'effet d'une raison exacte et telle qu'on la trouve dans tout homme sensé[2]. Ce milieu se rencontre entre deux vices, l'un par excès, l'autre par défaut. » Toutefois si « la vertu, considé-

---

[1] Aristote oppose la vertu *morale* ou *pratique* à la vertu spéculative ou théorique. La première a trait à nos *actions* et à nos *passions*.

[2] La notion de vertu est essentiellement *relative*. C'est ce qu'indique l'expression : *milieu convenable à notre nature*. Le mot *milieu* n'a pas un sens mathématiquement rigoureux. En effet supposons « que ce soit beaucoup de consommer dix mines d'aliments et que ce soit peu d'en consommer deux ; il ne suit pas de là que le maître de gymnastique doive prescrire d'en consommer six (ce qui serait mathématiquement la moyenne); car il peut y avoir tel individu pour qui cette quantité d'aliments serait trop forte, et tel autre pour qui elle serait insuffisante. Elle le serait sans doute pour Milon, tandis qu'elle serait trop considérable pour celui qui commence à s'exercer aux combats athlétiques. Ainsi donc le milieu à atteindre « n'est pas le milieu par rapport à la chose elle-même, mais le milieu par rapport à nous ». Ce milieu variable, il appartient à chacun de l'établir, en chaque cas particulier, usant pour cela de sa raison, ou, si l'on veut, de son flair, au lieu de se référer à une règle fixe et immuable (*Eth. à Nic.*, II, vi).

rée quant à son essence ou à sa définition, est une sorte de moyen terme, considérée dans ce qu'elle a de bon ou même d'excellent, elle est, pour ainsi dire, un extrême » (c'est-à-dire un sommet, un point culminant).

(*Eth. à Nic.*, II, vi, trad. Thurot).

III. — LES VERTUS PRATIQUES

... Mais cela ne doit pas se dire seulement de la vertu en général ; il faut aussi qu'on puisse appliquer le même principe à chaque vertu en particulier. Car les raisonnements qui ont nos actions pour objet, quand ils sont très généraux, ne peuvent pas être d'une grande utilité ; et il y a toujours plus de vérité dans ceux qui s'appliquent aux détails, puisque les actions n'ont pour objet que des choses particulières et que c'est avec elles que les raisonnements doivent être d'accord. C'est donc celles-ci qu'il s'agit maintenant de considérer... Et d'abord entre la crainte et l'audace, le vrai milieu, c'est le *courage*... L'excès dans l'audace s'appelle témérité ; l'excès contraire dans la crainte, ou dans le défaut d'audace, se nomme lâcheté. Par rapport aux plaisirs et aux peines, le milieu, c'est la *tempérance*, et l'excès, la débauche... A l'égard du penchant à donner et à recevoir de l'argent ou des présents, le juste milieu s'appelle *libéralité;* et l'on désigne par les noms de prodigalité et d'avarice l'excès et le défaut relatifs à ce penchant... Contentons-nous pour le moment de cette esquisse imparfaite et sommaire.

Les vertus pratiques peuvent se diviser en vertus *individuelles* et *sociales*. Les vertus *individuelles* sont celles qu'on vient de dire (courage, tempérance, sagesse) et d'autres encore, d'un caractère tout relatif, à la portée seulement de quelques-uns, comme la *libéralité*, la *magnificence* et la *magnanimité*. Les vertus *sociales* sont la *justice* et l'*amitié*. Les vertus pratiques ont toutes pour caractère commun d'être un milieu entre deux extrêmes, et par là même d'être en un sens indéterminées. C'est à chacun de s'inspirer de sa raison et des circonstances pour découvrir en chaque cas ce qui est *juste*, *sage*, *libéral*, etc. Comme l'a dit souvent Aristote, il ne faut pas apporter dans l'étude des choses plus de rigueur que n'en comporte la nature de ces choses. « Des choses indéterminées la règle elle-même doit être indéterminée. »

Étudions en particulier une vertu pratique, l'*amitié*.

IV. — L'AMITIÉ

Les pages d'Aristote sur l'amitié sont parmi les plus belles que l'antiquité nous ait laissées ; suivant la remarque de Zeller, elles font aimer le philosophe qui les a écrites. Elles attestent la bonté et l'élévation de ses sentiments autant que la profondeur de son esprit [1].

L'amitié est une vertu et un bienfait.
Son rôle dans la vie privée et dans la vie publique.

L'amitié est une vertu ou du moins ne va pas sans la vertu. Elle est en outre ce qu'il y a de plus nécessaire à la vie. Personne n'accepterait de vivre sans amis, eût-il par ailleurs tous les biens. C'est quand on est riche, qu'on possède le pouvoir et l'autorité, qu'on sent principalement le besoin d'amis. A quoi servirait en effet toute cette prospérité, si la bienfaisance ne venait s'y joindre, laquelle s'exerce surtout et de la manière la plus louable envers les amis ? Et puis comment entretenir et garder tous ces biens sans amis ? Plus la richesse est grande, plus elle est exposée. D'un

---

[1] Voir dans notre livre : l'*Amitié antique* (Paris, F. Alcan, 1894), l'exposé de la théorie péripatéticienne de l'amitié, ainsi qu'une étude sur le rôle et la place de l'amitié dans la vie et la philosophie antiques.
Signalons, à titre de rapprochement, les pages célèbres de Montaigne sur l'amitié, un Essai d'Emerson (dans les *Forces Éternelles et autres Essais*, Paris, Mercure de France, 1912) et l'opuscule d'E. Faguet sur l'*Amitié*, dans les *Dix Commandements* (Paris, Sansot).

autre côté, si l'on est dans la misère, ou quelque autre infortune, on croit n'avoir de refuge que dans l'amitié. A la jeunesse elle épargne des fautes ; à la vieillesse elle prodigue ses secours et ses soins et remédie à la faiblesse de l'âge; dans la maturité, quand il s'agit de concevoir et d'exécuter les actions d'éclat *deux hommes qui marchent unis* (expression d'Homère) se sentent bien plus forts...

L'amitié est encore le vrai lien des États, et les législateurs l'ont en vue plus encore que la justice ; car la concorde est quelque chose d'analogue à la justice, et c'est la concorde qu'ils ont pour objet d'établir, tandis que la discorde est le fléau qu'ils s'efforcent le plus de détruire. Si les hommes étaient amis, ils n'auraient pas besoin de la justice, tandis qu'en les supposant justes, ils auraient encore besoin de l'amitié, et la justice portée à son haut degré paraît tenir de la nature de l'amitié[1].

Mais l'amitié n'est pas seulement nécessaire; elle est encore belle. Aussi louons-nous ceux qui sont sensibles à l'amitié ; et tenons-nous pour honorable d'avoir beaucoup d'amis. Il y a même des gens qui pensent que savoir aimer revient à être vertueux et bon.

(*Eth. à Nic.*, VIII, 1, trad. Thurot).

Nature de l'amitié. Son objet ou ses causes. Ses espèces:
L'amitié véritable ou parfaite.

Il n'y a que trois choses qu'on puisse aimer : le *bon*, l'*agréable* et l'*utile*, et ces trois choses se réduisent même à deux : le bon et l'agréable, puisque l'utile n'est qu'un moyen de se procurer ou le bien ou le plaisir. De là trois sortes d'amitié : les amitiés *intéressée*, *agréable* et *vertueuse*. La première n'a de l'amitié que le nom. Elle est sujette à se rompre : rien de plus extérieur et de plus variable, pourtant rien de moins solide que le lien de l'in-

---

[1] L'amitié, considérée ainsi comme vertu sociale, c'est ce que les modernes ont appelé la *fraternité*.

térêt. La seconde, la liaison fondée sur le *plaisir*, sur la communauté des goûts, sur l'attrait réciproque, est une amitié réelle, mais fragile encore : les goûts, en effet, changent, les plaisirs s'épuisent vite (type de cette amitié : la camaraderie, les amitiés de jeunesse). Reste donc qu'il n'y a qu'une amitié parfaite ou proprement dite, celle des gens de bien, et ainsi se trouve établie la thèse énoncée ci-dessus : l'amitié est une vertu ; elle a pour condition d'existence et de durée, pour cause et pour garant, la vertu.

Il y a trois espèces d'amitié, correspondant aux trois formes de l'aimable; dans chaque catégorie il peut y avoir réciprocité d'affection avec connaissance des dispositions mutuelles[1] ; mais la manière dont les amis se veulent mutuellement du bien est en rapport avec la nature de leur amitié. S'aimant par le motif de l'intérêt, ils s'aiment, non pour eux-mêmes, mais à cause du bien qui leur peut revenir de leur mutuel commerce. De même quand le motif d'aimer est le plaisir ; ce qui nous rend chères les personnes d'humeur enjouée, ce ne sont point leurs qualités, c'est l'agrément qu'elles nous procurent. Ainsi, aimer par la vue de l'utilité, c'est s'attacher en autrui à son bien personnel ; aimer par la vue du plaisir, c'est s'attacher en autrui à son plaisir propre ; et c'est aimer son ami, non parce qu'il est *lui*, mais parce qu'il sert ou plaît : de telles amitiés s'arrêtent donc aux circonstances accidentelles ; la personne n'est point aimée en tant qu'elle est ce qu'elle est, on l'aime en tant qu'elle procure ici quelque bien et là du plaisir.

Ces amitiés se rompent aisément, des amis de cette

---

[1] La réciprocité d'affection est, suivant Aristote, une condition sans laquelle il ne peut y avoir amitié : ainsi l'amour que nous avons pour les choses ne mérite pas le nom d'amitié, parce qu'à cet amour que nous avons pour les choses (ex : les richesses), ne répond pas un amour des choses pour nous.

sorte ne demeurant guère semblables à eux-mêmes : en effet, qu'ils cessent d'être agréables ou utiles, on cessera d'aimer.

L'amitié parfaite est celle des bons, de ceux que rapproche et lie leur commune vertu. C'est dans le même sens qu'ils se veulent mutuellement du bien, puisque c'est en tant qu'ils sont bons : or, leur bonté est chose à eux, essentielle et personnelle ; mais vouloir du bien à ses amis en vue de leur personne même, c'est le souverain degré de l'amitié, puisque c'est être unis entre amis par le fond même de l'être, et non par de simples accidents : une telle amitié persiste donc tant que ceux qui s'aiment sont bons, et la vertu est chose stable. En outre, chacun des deux amis est à la fois bon absolument parlant et bon pour son ami ; car c'est le propre des bons d'être bons absolument parlant et utiles les uns aux autres ; et de même pour le plaisir : c'est le propre des bons d'être dignes de plaire et de se plaire en effet mutuellement ; chacun trouve son plaisir dans les actions qui sont dans son caractère ou qui y ont du rapport, et précisément les bons se donnent entre eux le spectacle des mêmes actions ou d'actions semblables. On comprend qu'une telle amitié soit solide, car en elle se trouve réuni tout ce qui est requis pour faire des amis...

Cette sorte d'amitié est comme le type auquel les autres sont plus ou moins conformes, et c'est la seule où se trouvent ce qui est bon et ce qui plaît, pris absolument. C'est donc là qu'il y a le plus proprement objet aimable, et c'est là qu'on aime le plus, et qu'il y a le plus véritablement amitié et l'amitié la plus excellente. Rares sont de telles liaisons, cela va de soi, car peu de personnes en sont capables. Et puis, il y faut du temps et un long commerce : le proverbe a raison, l'on ne peut se connaître mutuellement avant d'avoir consommé ensemble les boisseaux de sel dont il parle ; et il ne faut pas s'accepter ni être amis avant d'avoir vu des deux parts qu'on est digne d'être aimé et avant que la confiance soit entière. Aller vite en besogne, en fait d'amitié, c'est prendre le désir pour la réalité ; l'amitié demande que des deux côtés on soit digne d'être aimé et qu'on le sache. La volonté de devenir ami peut donc naître en un moment, mais non l'amitié.

Seule aussi l'amitié des bons est au-dessus des méchants propos : on ne prête pas foi aisément à des rapports sur un ami longuement éprouvé ; et c'est chez les bons que se trouvent et la mutuelle confiance et l'assurance que l'ami serait incapable de faire jamais tort et tout ce qui est requis dans l'amitié véritable. Dans les autres amitiés, rien n'empêche les troubles de cette sorte de se produire.

(*Ethic. à Nic.*, trad. Ollé-Laprune, BELIN, éd.).

L'amitié a, comme on voit, tous les caractères de la vertu : elle est, comme la vertu, acquise, ou le produit de l'habitude ; elle est en outre désintéressée.

Aristote distingue trois degrés dans l'amitié : 1° on recherche l'amitié pour l'*honneur* qu'il y a à être aimé ; 2° pour la *joie* d'être aimé ; 3° pour la *joie* ou le *plaisir* d'aimer. *Être aimé* vaut mieux qu'*être honoré*, et *aimer* vaut mieux qu'*être aimé*.

Être aimé cause de la joie par soi-même : aussi y-a-t-il lieu de penser que cela vaut mieux que d'être honoré et que l'amitié est recherchée pour elle-même. Il semble qu'elle consiste plutôt à aimer qu'à être aimé ; nous en avons une preuve dans les mères : c'est à aimer qu'elles mettent leur joie ; il en est qui donnent leurs enfants à nourrir, et qui les aiment, elles qui les connaissent, sans chercher à être aimées en retour, si la réciprocité est impossible ; on dirait que c'est assez pour elles de les voir heureux, et elles sont seules à aimer, bien qu'elles ne puissent recevoir de ces enfants dont elles sont inconnues rien de ce qui est dû à une mère.

(*Ethic. à Nic.*, trad. Ollé-Laprune, BELIN, éd.).

Aristote cependant ne place pas l'amitié dans le pur dévouement, dans l'abnégation ou le sacrifice. Il cherche à établir ce qu'on pourrait appeler le code de l'amitié, à régler les conditions de l'*égalité* entre amis. Mais nous ne pouvons le suivre dans cette casuistique ; il nous suffit d'indiquer les principes, les idées maîtresses de sa théorie.

V. — L'ÉDUCATION

De ce que la vertu est, selon Aristote, une *habitude*, il suit qu'il ne suffit pas de la prescrire, qu'il faut encore l'inculquer, la faire passer dans les *mœurs*. D'où l'importance de l'*éducation*.

L'acquisition d'habitudes morales doit suppléer chez quelques-uns et précéder chez tous l'étude de la morale.

N'a-t-on pas raison de dire, quand il est question des facultés actives, que le but qu'on doit se proposer n'est pas de connaître et de considérer simplement chaque espèce d'actions, mais bien plutôt de se mettre en état de les pratiquer ? Car il ne suffit pas de savoir ce que c'est que la vertu, il faut la posséder et s'efforcer d'en faire usage. Ou bien y aurait-il quelque autre manière de devenir homme de bien ? Assurément, si les discours suffisaient pour nous rendre vertueux, ils auraient droit à de grandes et magnifiques récompenses, comme dit Théognis, et il ne faudrait pas les leur refuser. Mais malheureusement ils n'ont de force que pour encourager et exciter les jeunes gens doués d'un esprit libéral, d'un caractère généreux, et qui sont véritablement épris de l'amour du beau, et pour les attacher invariablement à la vertu. Il semble que d'ailleurs ils soient impuissants à la faire naître dans les âmes vulgaires. Car celles-ci ne sont pas naturellement disposées à obéir à la voix de l'honneur ; elles cèdent plutôt à la crainte ; c'est le châtiment plus que le sentiment de la honte qui peut les forcer à s'abstenir de ce qui est honteux et méprisable. La plupart des hommes vivent sous l'empire des passions, poursuivent avec ardeur les plaisirs propres à chacune d'elles, ou les moyens de se les procurer, et fuient les peines qui y sont opposées ; mais, n'ayant jamais connu par expérience ce que c'est que le beau, et le plaisir véritable, ils n'en ont pas même l'idée. Quel raisonnement pourrait donc ramener à la règle des hommes de ce caractère ?...

On croit qu'il y a des hommes qui sont naturellement vertueux, que d'autres le deviennent par habitude, et d'autres par l'effet de l'instruction. Mais il est évident qu'il ne dépend pas de nous de l'être par nature et que c'est un privilège que quelques hommes véritablement favorisés de la fortune tiennent d'une cause divine. Quant à la raison et à l'instruction, on peut craindre qu'elles n'aient pas la même force ou la même influence sur tous les hommes, et peut-être faut-il que l'âme de celui qui doit recevoir leurs préceptes, comme une terre destinée à recevoir la semence qu'on lui confie, ait été formée d'avance, par de bonnes habitudes, à concevoir des sentiments d'amour ou d'aversion conformes à la vertu.

(*Eth., à Nic.*, X, ix, trad. Thurot).

Nécessité d'une éducation publique.

... Peut être n'est-ce pas assez de donner aux jeunes gens une bonne éducation, mais, puisqu'il faut qu'ils s'exercent eux-mêmes et qu'ils s'accoutument, quand ils seront devenus hommes, à pratiquer le bien, on peut encore avoir besoin, pour cela, du secours des lois, et, en général, pour tout le temps de la vie ; car le grand nombre se soumet plutôt à la nécessité qu'à la raison et aux punitions qu'à l'honneur. Voilà pourquoi plusieurs sont persuadés que les législateurs doivent sans doute exhorter les hommes à la vertu, et les y exciter par des motifs d'honneur, parce que ceux qui y seront préparés par de bonnes habitudes sauront entendre un pareil langage ; mais il faut aussi imposer des peines et des châtiments à ceux qui sont rebelles à la loi et qui ont des disposilions naturelles moins heureuses. Quant aux hommes d'une incurable perversité, il n'y a qu'à les bannir entièrement. En effet celui qui vit en honnête homme et qui a des sentiments vertueux saura se montrer docile à la voix de la raison; mais l'homme vicieux, adonné aux voluptés, doit être châtié comme un vil animal; et pour cela, dit-on, on doit employer de préférence les peines qui sont les plus opposées aux plaisirs que recherche le coupable.

Au reste si, comme je viens de le dire, il faut que l'homme, destiné à devenir vertueux, ait été élevé sagement et ait contracté de bonnes habitudes; s'il doit, de plus, continuer à mener une vie sage et réglée, sans jamais se permettre, à dessein ou malgré lui, aucune action répréhensible, cela ne peut se faire qu'autant que sa conduite sera assujettie aux lois de l'intelligence ou de l'esprit et à un certain ordre, appuyé de la force convenable. Or l'autorité paternelle n'a point cette force irrésistible, qui ressemble à la nécessité; elle ne se trouve pas même dans l'autorité d'un seul individu, à moins qu'il ne soit roi, ou quelque chose de semblable; il n'y a que la loi qui soit revêtue de cette puissance coercitive. De plus, en général, on hait ceux qui s'opposent à nos désirs, même quand ils ont de justes motifs pour le faire, au lieu que la loi n'excite aucun sentiment de haine, en prescrivant ce qui est honnête et sage.

(*Eth., à Nic.,* trad. Thurot).

L'éducation privée doit suppléer à l'insuffisance de l'éducation publique.

Une surveillance commune, un système d'éducation publique est donc ce qu'il y a de meilleur, et surtout de pouvoir le mettre à exécution. Mais, quand cette partie a été négligée dans les institutions publiques, il est convenable que chaque citoyen s'applique à rendre vertueux ses enfants et ses amis, ou au moins qu'il en ait l'intention; et c'est à quoi il pourra, il semble, réussir le mieux, d'après ce que nous venons de dire, en devenant lui-même capable de se faire législateur. Car les institutions communes s'établissent par des lois, et elles ne seront utiles et sages qu'autant que les lois elles-mêmes (écrites ou non écrites) seront bonnes... Et, de même que dans les républiques, ce sont les mœurs et les institutions légales qui ont une véritable force, ainsi, dans les familles, ce sont les mœurs et les préceptes paternels. Les liens du sang et les bienfaits leur donnent même encore plus d'autorité ; car la nature a préparé, pour ainsi dire, les enfants à chérir la puissance paternelle, et à s'y rendre dociles.

(*Eth.*, *à Nic.*, trad. Thurot).

CHAPITRE IV

LES STOÏCIENS : EPICTÈTE, MARC-AURÈLE

Le devoir. — La liberté.
La force d'âme. — L'amour des hommes.

Stoïciens. — L'École stoïcienne ou du Portique a eu pour fondateur Zénon (vers 300 avant J.-C.), marchand de Cittium, qu'un « heureux naufrage » fit échouer à Athènes, où il suivit les leçons du cynique Cratès. Zénon eut pour disciples Cléanthe et Chrysippe. Le Stoïcisme passa d'Athènes à Rhodes, puis à Rome. A Rome, il eut pour représentants Sénèque, Epictète et Marc-Aurèle.

Le rapprochement de ces deux derniers noms est significatif. Epictète fut esclave, Marc-Aurèle, empereur. Epictète montra, dans la pauvreté, les plus grandes vertus morales : la fierté, la dignité, l'indépendance du caractère, et Marc-Aurèle, dans l'exercice du pouvoir, fut humble, modeste, appliqué à sa tâche, plein de douceur, d'humanité et de bonté. Le Stoïcisme inspira ainsi les vertus les plus hautes dans les conditions les plus diverses. Epictète est né à Hiérapolis, en Phrygie, dans le premier siècle de l'ère chrétienne. Son disciple Arrien a recueilli ses *Entretiens* et rédigé le *Manuel* ou recueil de pensées d'Epictète.

Marc-Aurèle (né à Rome en 121) devint empereur à la mort d'Antonin (161). Il écrivit sous la tente, pendant ses campagnes contre les Quades, les Marses, des *Pensées* empreintes de noblesse d'âme, de mélancolie et de douceur envers les hommes.

Le point de départ de la morale stoïcienne est la distinction « des *choses qui dépendent de nous* et de *celles qui n'en dépendent pas* », posée par Epictète, au début du *Manuel*. Les premières sont « l'opinion, le vouloir, le désir, l'aversion », ce que Descartes appellera, d'un mot, nos « pensées » ; les secondes sont, par exemple « le corps, les richesses, la réputation, les dignités ». Cette distinction revient à celle des *biens et des maux*, d'une part, et des *choses indifférentes*, de l'autre. En effet, il n'y a qu'un bien, la vertu, et qu'un mal, le vice ; or la vertu et le vice sont en notre pouvoir ; il dépend de nous d'acquérir l'une et d'éviter l'autre. Tout ce qui n'est ni vertu ni vice doit être regardé par nous comme *indifférent;* la richesse, la réputation ne sont pas des biens ; la pauvreté, le déshonneur ne sont pas des maux. S'attacher à la vertu, et se rendre indifférent à l'égard de tout ce qui n'est pas elle, voilà donc en quoi consiste le *devoir*. Mais alors le devoir revient à fonder sa *liberté* : faire consister le bien dans ce qui dépend de nous, se détacher des choses extérieures, les tenir pour *indifférentes*, c'est là en effet s'affranchir, se rendre *libre*. Ce n'est pas assez de s'élever à cette vue, il faut s'y tenir, y conformer ses actes ; et cela suppose la fermeté du caractère, la *force d'âme*. On voit comment se déduisent les unes des autres les notions morales du stoïcisme : *devoir — liberté — force d'âme*, ou plutôt à quel point elles sont solidaires. On verra comment s'y rattache de même l'*amour des hommes*.

Nous classerons, sous les différents chefs inscrits au programme, les idées et théories morales du stoïcisme, sans distinguer entre Epictète et Marc-Aurèle, pris comme représentants de cette doctrine. Il n'y a pas en effet de différence essentielle entre ces deux philosophes ; ils s'inspirent des mêmes idées, mais les interprètent et les expriment, chacun avec un accent personnel : l'esclave Epictète fait surtout ressortir les mâles vertus stoïciennes : la liberté, la force d'âme ; l'empereur Marc-Aurèle s'attache plutôt au côté humain de la doctrine, aux vertus sociales, à la bienveillance, à l'indulgence et au pardon.

I. — LE DEVOIR

Le devoir comprend : ce qu'*il ne faut pas vouloir* et ce qu'*il faut vouloir*. *Il ne faut pas vouloir* ce que la plupart des hommes désirent : la richesse, la santé, les honneurs, plus généralement les choses qui ne dépendent pas de nous ; et *il faut vouloir* la justice, le courage, les vertus, toutes choses qui dépendent de nous.

A. *Conception négative du devoir* : les choses qu'*il ne faut pas vouloir*, ou *choses indifférentes*. Ces choses sont de deux sortes : *favorables* (exemple : la santé, la fortune, etc.), et *contraires* (exemple : la maladie, la pauvreté). Il faut s'abstenir de désirer les premières, et prendre en patience les secondes. D'où la double maxime stoïcienne : *Abstiens-toi* et *supporte*.

Parmi les choses, les unes dépendent de nous, les autres n'en dépendent pas. Celles qui dépendent de nous, c'est l'opinion, le vouloir, le désir, l'aversion, en un mot, tout ce qui est notre œuvre. Celles qui n'en dépendent pas, c'est le corps, les biens, la réputation, les dignités, en un mot tout ce qui n'est pas notre œuvre.

Et les choses qui dépendent de nous sont par nature libres ; nul ne peut les empêcher, rien ne peut les entraver ; mais celles qui ne dépendent pas de nous sont impuissantes, esclaves, sujettes à empêchement, étrangères à nous.

Souviens-toi donc que, si tu crois libres ces choses qui de leur nature sont esclaves, et propres à toi celles qui te sont étrangères, tu seras entravé, affligé, troublé, tu accuseras dieux et hommes. Mais si tu crois tien cela seul qui est tien, et étranger ce qui en effet t'est étranger, nul ne te forcera jamais à faire une chose, nul ne t'en empêchera ; tu ne te plaindras de personne, tu n'accuseras personne ; tu ne feras pas involontairement une seule action ; personne ne te nuira, et tu n'auras pas d'ennemis, car tu ne pourras même souffrir rien de nuisible...

Devant toute imagination pénible, exerce-toi à dire : Tu es imagination et apparence, nullement l'objet que tu parais être. Ensuite, sonde-la, juge-la avec les règles que tu possèdes : la première et la principale, c'est de voir s'il s'agit des choses qui dépendent de nous ou de celles qui n'en dépendent pas. S'agit-il de ces dernières, sois prêt à dire : Il n'y a rien là qui me regarde, moi.

(Epictète, *Manuel*. I, trad. Guyau, DELAGRAVE, éd.).

La distinction des deux domaines de la *volonté* et de la *fatalité* est, en morale « ce qu'a été l'invention de la balance pour les poids, l'invention du fil à plomb pour les lignes droites ou courbes ». Elle est le criterium, la pierre de touche, la norme, ou le *mètre* (au sens étymologique du terme, la *mesure*).

N'y a-t-il pas, demande Epictète, un moyen de discerner la vérité de l'apparence ? « Eh ! comment se pourrait-il que ce qu'il y a de plus nécessaire à l'homme fût impossible à découvrir et à reconnaître ? Ce moyen existe donc.

« Pourquoi alors ne pas nous mettre à le chercher, à le trouver, pour nous en servir après l'avoir trouvé, sans plus nous tromper désormais, car nous n'étendrons même plus le doigt sans recourir à lui ? Or, ce moyen, le voici, je crois : — Désormais nous ne partirons que de principes bien reconnus et bien déterminés, et nous commencerons par bien éclaircir nos notions premières avant de les appliquer aux faits particuliers[1].

Quel objet se présente donc à notre examen en ce moment ? Le plaisir. Applique-lui la règle ; mets-le dans la balance.

---

[1] Ici apparaît le caractère tout rationaliste de la morale stoïcienne.

Le bien doit-il être de nature à nous donner toute sécurité et à nous inspirer toute confiance ? — Nécessairement. — Or, peut-on être sûr de ce qui est instable ? — Non. — Le plaisir est-il stable ? — Non. — Enlève-le donc ; ôte-le de la balance ; jette-le loin de la place des vrais biens.

Si tu n'as pas la vue bonne, et si une seule balance ne te suffit pas, en voici une autre. A-t-on le droit d'être fier de ce qui est bien ? — Oui. — La présence du plaisir nous donne-t-elle donc le droit d'être fiers ? Prends garde de répondre qu'elle nous le donne ; sinon, je ne te croirai plus de droit à te servir de la balance. Voilà comme on apprécie et comme on pèse les choses, quand on s'est fait des règles de jugement. Philosopher n'est autre chose qu'examiner et consolider ces règles. Et appliquer celles qui sont reconnues est la tâche du sage.

(Épictète, *Entretiens*, trad. Courdaveaux, PERRIN, édit.)[1].

La sagesse consiste à se conformer à la raison ou à la nature. Notre premier devoir est donc de cultiver notre raison, de régler nos représentations ou images, de nous faire des choses une idée juste, conforme à la nature ou à l'ordre des choses ; or se faire des choses une idée juste, c'est savoir que les unes dépendent de nous, les autres, non, et régler là-dessus sa conduite, ses désirs.

La matière sur laquelle le sage travaille, c'est sa partie maîtresse, tandis que son corps est la matière du médecin et du maître de gymnastique, et son champ, celle du cultivateur. Sa tâche est d'user des représentations conformément à la nature.

C'est là le terrain sur lequel il faut s'exercer avant tout. Lorsque tu es sorti dès le matin, quelque chose que tu voies ou que tu entendes, examine-la, et réponds comme à une

---

[1] Nous suivons la traduction de Guyau pour le *Manuel*, celle de Courdaveaux pour les *Entretiens* d'Épictète, la traduction d'A. Pierron pour les *Pensées* de Marc-Aurèle.

interrogation. « Qu'as-tu vu ? — Un homme qui pleurait la mort de son fils. — Applique ta règle. La mort ne relève pas de notre libre arbitre. Enlève de devant nous. — J'ai rencontré un des consuls. — Applique ta règle. Qu'est-ce que le consulat ? Une chose qui relève de notre libre arbitre ou qui n'en relève pas ? — Une chose qui n'en relève pas. — Enlève encore ; ce n'est pas là une monnaie de bon aloi ; rejette-la, tu n'en as que faire. » Si nous faisions cela, si nous nous exercions ainsi depuis le matin jusqu'à la nuit, il en résulterait quelque chose, de par tous les Dieux ! Mais maintenant tout ce qui s'offre à nos sens nous saisit aussitôt, et nous tient bouche béante. Ce n'est qu'à l'école que nous nous réveillons un peu, et encore ! Puis quand nous en sommes hors, si nous apercevons un homme qui pleure, nous disons : « Il est perdu ! » Si nous apercevons un consul, nous disons : « L'heureux homme ! » un exilé, « Le malheureux ! » un pauvre, « L'infortuné ! Il n'a pas de quoi manger ! » Faux jugements qu'il faut retrancher de notre esprit...

L'âme est comme un bassin plein d'eau, et les représentations sont comme les rayons qui tombent sur cette eau. Lorsque l'eau est en mouvement, il semble que les rayons aussi soient en mouvement, quoiqu'ils n'y soient réellement pas. De même, quand une âme est prise de vertige, ce n'est ni dans ses connaissances ni dans ses facultés qu'est le trouble, mais dans l'esprit même qui les a en lui. Qu'il reprenne son assiette, ils reprendront la leur.

(Épictète, *Entretiens*, trad. Courdaveaux, PERRIN, édit.).

Ce qui trouble les hommes, ce ne sont pas les choses, mais leurs opinions sur les choses. Par exemple, la mort n'est rien de terrible, car Socrate aussi l'aurait trouvée terrible ; mais notre opinion sur la mort, qui nous la fait regarder comme terrible, voilà ce qui est terrible. Lors donc que nous sommes entravés, ou troublés, ou affligés, n'accusons jamais autrui, mais nous-mêmes, c'est-à-dire nos opinions.

(Épictète, *Manuel*, trad. Guyau, DELAGRAVE, édit.).

La maladie est pour le corps un obstacle, mais pour le libre arbitre nullement, s'il ne le veut lui-même. Boiter est pour la jambe un obstacle, mais nullement pour le libre arbitre. Sur tout ce qui arrive, dis de même. Tu trouveras que c'est un obstacle pour quelque autre chose, mais pour toi, non.

(Épictète, *Manuel*.)

Il suit de là que le sage est toujours heureux et libre. Les événements n'ont pas de prise sur lui, d'où qu'ils viennent, de la force aveugle des choses ou de la malignité des hommes. Le sage ne peut être atteint par les autres hommes; il ne peut non plus être atteint en eux.

Si tu veux que tes enfants, ta femme et tes amis vivent toujours, tu es fou; car tu veux que des choses qui ne dépendent pas de toi en dépendent; et que celles qui te sont étrangères soient tiennes. De même, si tu veux que ton esclave ne fasse pas de fautes, tu es un sot; car tu veux que le vice ne soit pas le vice, mais autre chose. Au contraire, si tu ne veux pas être frustré dans tes désirs, tu le peux. Applique-toi donc à ce que tu peux.

(Épictète, *Manuel*.)

Nous retrouvons les mêmes idées chez Marc-Aurèle, mais avec un autre accent.

Souviens-toi que ce qui commande en toi devient inexpugnable, quand il se ramasse en lui-même, qu'il se contente de soi, ne faisant jamais que sa volonté. C'est là ce qui fait une citadelle d'une âme libre de passions.

Ce ne sont pas les objets qui viennent à toi quand tu es troublé par le désir ou la crainte; c'est toi en quelque sorte qui t'avances vers eux : mets donc en paix ton esprit à leur sujet, et les objets resteront en repos eux-mêmes, et l'on ne te verra plus ni les désirer ni les craindre.

Sois semblable à un promontoire contre lequel les flots viennent sans cesse se briser ; le promontoire demeure immobile et dompte la fureur de l'onde qui bouillonne autour de lui. — Que je suis malheureux que telle chose me soit arrivée ! — Ce n'est point cela ; il faut dire : Que je suis heureux, après ce qui m'est arrivé, de vivre exempt de douleur, insensible au coup qui me frappe aujourd'hui, inaccessible à la crainte de celui qui peut me frapper plus tard !

———

Tu peux vivre exempt de toute violence, dans la plus profonde paix du cœur, quand même tous les hommes vociféreraient contre toi tous les outrages imaginables ; quand même les membres de cette masse corporelle qui t'enveloppe seraient mis en pièces par les bêtes sauvages. Car qui empêche, dans toutes ces conjectures, que la pensée ne se maintienne dans un plein calme, jugeant au vrai ce qui se passe autour d'elle et se servant, comme elle le doit, de ce qui tombe sous ses mains ?

———

Ils tuent, ils massacrent, ils maudissent. Qu'y a-t-il là qui empêche ton âme de rester pure, sage, modérée, juste ? C'est comme si un passant blasphémait contre une source d'eau limpide et douce : elle ne cesserait point pour cela de faire jaillir un breuvage salutaire ; y jetât-il de la boue, du fumier, elle aurait bientôt fait de le dissiper, de le laver ; jamais elle n'en serait souillée.

———

Quelqu'un me méprise : c'est son affaire. Pour moi, je prendrai garde de ne rien faire ou dire qui soit digne de mépris.

———

Laissons la faute d'autrui là où elle est.

(Marc-Aurèle, *Pensées*, passim., trad. Pierron, Charpentier, édit.)

La liberté consiste à se résigner, à acquiescer à la nécessité, à accepter les choses et les hommes comme ils sont, à acclamer l'ordre du monde, la volonté des dieux.

Ne demande pas que ce qui arrive arrive comme tu le veux, mais veux ce qui arrive comme il arrive, et tu couleras une vie heureuse.

(Épictète, *Manuel*.)

Tout ce qui arrive est aussi habituel, aussi ordinaire que la rose dans le printemps, que les fruits pendant la moisson : ainsi la maladie, la mort, la calomnie, les conjurations, enfin tout ce qui réjouit ou afflige les sots.

(Marc-Aurèle.)

La terre aime la pluie ; l'air divin aime aussi la pluie. Le monde aime à faire ce qui doit arriver. Je dis donc au monde : J'aime ce que tu aimes.

(*Ibid.*)

O nature, donne-moi ce que tu veux, reprends-moi ce que tu veux.

(*Ibid.*)

Tout ce qui t'accommode, ô monde, m'accommode moi-même. Rien n'est pour moi prématuré ni tardif, qui est de saison pour toi. Tout ce que m'apportent les heures est pour moi un fruit savoureux, ô nature !

Tout vient de toi ; tout est dans toi ; tout rentre dans toi.

Un personnage de théâtre dit : *Bien-aimée cité de Cécrops!* Mais toi, ne peux-tu pas dire : O bien-aimée cité de Jupiter !

(*Ibid.*)

II. — LA LIBERTÉ

Mais la conception de la liberté, telle qu'on vient de l'exposer, est toute *négative*; or il ne suffit pas de dire quels sont les obstacles dont la volonté doit s'affranchir, il faut indiquer encore quelle est la matière sur laquelle la volonté s'exerce, et quel est l'exercice ou l'usage de la volonté. De là une conception nouvelle, la conception *positive* du devoir.

Tout d'abord, les *obstacles* à la volonté humaine deviennent, en un sens, la matière même sur laquelle cette volonté s'exerce. La volonté ne peut être entravée; elle s'applique, comme le rayon de lumière, à l'obstacle qu'elle rencontre; elle se fait de cet obstacle un moyen d'action.

Vois ce que c'est qu'un rayon, quand la lumière du soleil pénètre à nos yeux par une ouverture étroite dans un appartement obscur. Il s'allonge en ligne droite, puis s'applique, pour ainsi dire, contre le solide quelconque qui s'oppose à son passage et forme une barrière au-devant de l'air qu'il pourrait éclairer plus loin; là, il s'arrête, sans glisser, sans tomber. C'est ainsi que ton âme doit se verser, s'épancher au dehors. Jamais d'épuisement, mais seulement une extension; point de violence, point d'abattement, quand les obstacles l'entravent; qu'elle ne tombe pas, qu'elle s'arrête, qu'elle éclaire ce qui peut recevoir sa lumière : on se privera soi-même de cette lumière quand on négligera de s'en laisser pénétrer. (Marc-Aurèle.)

De l'obstacle qui se présente, la volonté fait la matière même de son action : c'est ainsi que le feu se rend le maître de ce qui lui tombe dedans : une petite lampe en eût été éteinte; mais le feu resplendissant s'approprie bientôt les matières entassées, les consume, et par elles s'élève plus haut encore. (Marc-Aurèle.)

La baguette de Mercure.

Comme la baguette de Mercure changeait tout en or, la volonté peut prendre pour matière les *choses indifférentes* et les changer en *bien*.

« La santé est-elle un bien? La maladie est-elle un mal? » Non, mortel! « Qu'est-ce qui est donc un bien ou un mal? » User bien de la santé est un bien; en mal user, est un mal; de sorte qu'il y a un profit à tirer même de la maladie. Et par le ciel, n'y en a-t-il pas un à tirer de la mort? un à tirer de la privation d'un membre? Crois-tu que la mort ait été un petit profit pour Ménœcée? Et celui qui est de notre avis ne peut-il pas, lui aussi, tirer de la mort un profit semblable à celui qu'en a tiré Ménœcée? O homme, n'a-t-il pas sauvé ainsi son patriotisme? sa grandeur d'âme? sa loyauté? sa générosité? En vivant, ne les eût-il pas perdus? N'aurait-il pas eu leurs contraires en partage? la lâcheté? le manque de cœur? la haine de la patrie? l'amour de la vie? Eh bien! te semble-t-il qu'il ait peu gagné à mourir? Non, n'est-ce pas? Et le père d'Admète, a-t-il beaucoup gagné à vivre si lâche et si misérable? N'a-t-il pas fini par mourir? Cessez donc, par tous les Dieux, d'admirer ce qui n'est que la matière de nos actes; cessez de vous faire vous-mêmes esclaves, des choses d'abord, puis, pour l'amour d'elles, des hommes qui peuvent vous les donner ou vous les enlever.

— Ne peut-on donc en tirer profit? — On peut tirer profit de tout. — Même de l'homme qui nous injurie? — Est-ce que celui qui exerce l'athlète ne lui est pas utile? — Très utile. — Et bien! cet homme qui m'injurie, m'exerce, lui aussi; il m'exerce à la patience, au calme, à la douceur. Cela ne serait-il pas vrai? Et, tandis que celui qui me saisit par le cou, qui place comme il convient mes hanches et mes épaules, m'est utile; tandis que mon maître de gymnastique fait bien de me dire: « Enlève ce pilon des deux mains; » tandis que, plus ce pilon est lourd, mieux il vaut pour moi, faudrait-il dire que celui qui m'exerce à être calme ne m'est pas utile ? Ce ne serait pas savoir tirer parti des hommes. Mon voisin est-il méchant ? C'est pour lui qu'il l'est ; pour moi il est bon. Il m'exerce à la modération, à la douceur. Mon père est-il méchant ? Il l'est pour lui ; pour moi il est bon [1].

C'est là la baguette de Mercure. « Touche ce que tu voudras, me dit-il, et ce sera de l'or. » Non pas ; mais apporte ce que tu veux et j'en ferai un bien. Apporte la maladie, apporte la mort, apporte l'indigence, apporte les insultes et la condamnation au dernier supplice ; grâce à la baguette de Mercure, tout cela tournera à notre profit.

(Épictète, *Entretiens*.)

Ainsi le devoir consiste, non seulement à ne pas donner prise sur soi aux événements, mais encore à tirer parti des événements, à s'en servir pour développer ses vertus. Quelles sont donc les vertus que le sage doit cultiver en lui ?

LIBERTÉ INTÉRIEURE

C'est d'abord la *liberté*, j'entends *intérieure*, qui consiste dans l'affranchissement des passions, des désirs déraisonnables et dans la réforme des opinions, le bon usage des représentations.

L'homme libre est celui qui vit comme il le veut. Or, est-il quelqu'un qui veuille vivre en faute ? Personne. Est-il quelqu'un qui veuille vivre dans l'erreur, à l'étourdie, injuste, dissolu, se plaignant toujours de son sort, n'ayant que des sentiments bas ? Personne. Il n'est donc pas un pervers qui vive comme il le veut ; et pas un, par conséquent, qui soit libre.

---

[1] Cf. ce qu'on a dit plus de Xanthippe, femme de Socrate. Quoiqu'elle fût une mégère, elle était bonne pour lui, puisqu'elle l'exerçait à la patience.

L'homme libre n'est pas non plus le puissant, le roi ou l'ami du roi.

La liberté est la science du bien.

Qui est-il donc ? Cherche, et tu le trouveras ; car la nature t'a donné plus d'une voie pour découvrir la vérité.

— Crois-tu que la liberté soit une chose d'importance, une noble chose, une chose de prix ? — Comment non ? — Se peut-il donc qu'un homme, qui possède une chose de cette importance, de cette valeur, de cette élévation, ait le cœur bas ? — Cela ne se peut. — Lors donc que tu verras quelqu'un s'abaisser devant un autre, et le flatter contre sa conviction, dis hardiment que celui-là n'est point libre, non pas seulement quand c'est pour un dîner qu'il agit ainsi, mais encore lorsque c'est pour un gouvernement ou pour le consulat. Appelle petits esclaves ceux qui se conduisent ainsi pour un petit salaire ; mais ces autres, appelle-les de grands esclaves ; ils le méritent bien. — Soit pour ceci encore. — Crois-tu, d'autre part, que la liberté soit l'indépendance et la pleine disposition de soi-même ? — Comment non ? — Tous ceux donc aussi qu'il est au pouvoir d'un autre d'entraver ou de contraindre, dis hardiment qu'ils ne sont pas libres. Ne regarde pas aux pères et aux grands-pères, ne cherche pas si l'on a été acheté ou vendu ; mais, dès que tu entendras quelqu'un dire « maître, » sérieusement et de cœur, appelle-le esclave, alors même que douze faisceaux marcheraient devant lui. Plus simplement, qui que ce soit que tu voies pleurer, se plaindre, se trouver malheureux, appelle-le esclave, quand même il porterait la robe bordée de pourpre.

Alors même encore que l'on ne ferait rien de tout cela, ne dis pas qu'on est libre ; examine auparavant les déterminations des gens ; vois s'il n'y a pour elles ni contrainte, ni empêchement, ni mauvais succès. Si tu trouves les gens dans ce cas, dis que ce sont des esclaves qui ont un jour de congé aux Saturnales ; dis que leur maître est en voyage ; mais il arrivera, et tu verras alors quelle est leur condition. Quel est donc ce maître qui doit arriver ? Tous ceux qui ont le pouvoir de leur procurer ou de leur enlever quelqu'un des objets qu'ils désirent. Avons-nous donc, en effet, tant de maîtres ? Oui, car avant ceux-là nous avons les objets mêmes pour maîtres ; dès que nous aimons, haïssons, ou redoutons ainsi quelque chose, tous ceux qui l'ont en leur pouvoir sont forcément nos maîtres, eux aussi. De là vient encore que nous les honorons comme des dieux. Nous croyons, en effet, que les choses les plus utiles sont aux mains des Dieux ; et nous ajoutons à tort : « Cet homme a dans ses mains les choses les plus utiles ; donc, il est un Dieu. » Une fois que nous avons ajouté à tort : « Cet homme a dans ses mains les choses les plus utiles, » il faut forcément en arriver à une conclusion fausse.

Qu'est-ce donc qui fait de l'homme un être sans entraves et maître de lui ? Ce n'est pas la richesse, ce n'est pas le consulat, ce n'est pas le gouvernement d'une province ; ce n'est pas même la royauté. Il nous faut trouver autre chose.

Or, qu'est-ce qui fait que, lorsque nous écrivons, il n'y a pour nous ni empêchements ni obstacles ? — La science de l'écriture. — Et quand nous jouons de la harpe ? — La science de la harpe. — Donc, quand il s'agira de vivre, ce sera la science de la vie.

Tout ce qu'il n'est pas en ton pouvoir de te procurer ou de conserver dès que tu le veux, tout cela n'est pas vraiment tien. Éloigne de tout cela non seulement les mains, mais tes désirs bien plutôt encore ! Sinon, tu te mets toi-même dans les fers, tu présentes ta tête au joug. — Ma main n'est-elle donc pas mienne ? — Elle est une de tes parties ; boue de sa nature, elle peut être arrêtée et contrainte, et elle est en la puissance de quiconque est plus fort. Mais que vais-je te parler de ta main ? Ton corps tout entier doit n'être à tes yeux qu'un ânon qui porte les fardeaux, pendant le temps où il lui est possible de le faire, pendant le temps où cela lui est donné. Survient-il une réquisition, un soldat met-il la main sur lui, laisse-le aller, ne résiste pas, ne murmure pas. Sinon, tu recevras des coups, et tu n'en perdras pas moins ton ânon. Or, si c'est là ce que tu dois être vis-à-vis de ton corps, vois ce qu'il te reste à être vis-à-vis de toutes les choses qu'on n'acquiert qu'à cause de son corps. Si ton corps est un ânon, tout le reste n'est que brides, bâts, fers pour les pieds, orge et foin à l'usage de l'ânon. Laisse donc tout cela, et défais-t'en plus vite et plus gaîment que de ton ânon même.

Ainsi préparé, et exercé à distinguer les choses qui ne sont pas tiennes de celles qui le sont, quel homme peux-tu redouter encore? Comment, en effet, un homme peut-il être redoutable pour un autre homme, soit qu'il se trouve devant lui, soit qu'il lui parle, soit même qu'il vive avec lui? Il ne peut pas plus l'être qu'un cheval pour un cheval, un chien pour un chien, une abeille pour une abeille. Ce que chacun redoute, ce sont les choses; et c'est quand quelqu'un peut nous les donner ou nous les enlever, qu'il devient redoutable à son tour.

Le véritable homme libre. Diogène et Socrate.

« Toi donc, me dit-on, es-tu libre? » Je le voudrais, de par tous les Dieux, et je fais des vœux pour l'être; mais je n'ai pas encore la force de regarder mes maîtres en face, je fais encore cas de mon corps, et j'attache un grand prix à l'avoir intact, bien que je ne l'aie pas tel! Mais je puis du moins te faire voir un homme libre, pour que tu cesses d'en chercher un exemple : Diogène était libre. Et d'où lui venait sa liberté? Non pas de ce qu'il était né de parents libres (il ne l'était pas), mais de ce qu'il était libre par lui-même : il s'était débarrassé de tout ce qui donne prise à la servitude; on n'aurait su par où l'attraper ni par où le saisir pour en faire un esclave. Il n'avait rien dont il ne pût se détacher sans peine; il ne tenait à rien que par un fil. Si vous lui aviez enlevé sa bourse, il vous l'aurait laissée plutôt que de vous suivre à cause d'elle; si sa jambe, sa jambe; si son corps tout entier, son corps tout entier; et si ses parents, ses amis, ou sa patrie, même chose encore. Il savait, en effet, d'où il tenait tout cela, de qui il l'avait reçu, et à quelles conditions. Quant à ses vrais parents, les Dieux, et quant à sa véritable patrie, jamais il n'y aurait renoncé; jamais il n'aurait permis qu'un autre fût plus obéissant et plus soumis à ces Dieux; et personne ne serait mort plus volontiers que lui pour cette patrie.

Afin que tu ne dises pas que je te montre comme exemple un homme dégagé de tout lien social, un homme n'ayant ni femme, ni enfant, ni patrie, ni amis, ni parents pour le faire plier ou dévier, prends-moi Socrate, et vois-le ayant une femme et des enfants, mais comme des choses qui n'étaient pas à lui; ayant une patrie, mais dans la mesure où il le fallait, et avec les sentiments qu'il fallait; ayant des amis, des parents, mais plaçant au-dessus d'eux tous la loi et l'obéissance à la loi. Aussi, quand il fallait aller à la guerre, il y partait le premier, et s'y épargnait au danger moins que personne; mais, lorsque les tyrans lui ordonnèrent d'aller chez Léon, convaincu qu'il se déshonorerait en y allant, il ne se demanda même pas s'il irait[1]. Ne savait-il pas bien, en effet, qu'il lui faudrait toujours mourir, quand le moment en serait venu? Que lui importait la vie? C'était autre chose qu'il voulait sauver: non pas sa carcasse, mais sa loyauté et son honnêteté. Et sur ces choses-là personne n'avait prise ni autorité. Puis, quand il lui faut plaider pour sa vie, se conduit-il comme un homme qui a des enfants? Comme un homme qui a une femme? Non, mais comme un homme qui est seul. Et quand il lui faut boire le poison, comment se conduit-il? Il pouvait sauver sa vie, et Criton lui disait: « Pars d'ici, pour l'amour de tes enfants. » Que lui répondit-il? Voit-il là un bonheur inespéré? Il examine ce qui est convenable, et il n'a ni un regard ni une pensée pour le reste. C'est qu'il ne voulait pas, comme il le dit, sauver son misérable corps, mais ce quelque chose qui grandit et se conserve par la justice, qui décroît et périt par l'injustice. Socrate ne se sauve pas par des moyens honteux, lui qui avait refusé de donner son vote, quand les Athéniens le lui

[1] Sur ce trait de la vie de Socrate, voir plus haut, page 52, note 1.

commandaient, lui qui avait bravé les tyrans[1], lui qui disait de si belles choses sur la vertu et sur l'honnêteté. Un tel homme ne peut se sauver par des moyens honteux ; c'est la mort qui le sauve, et non pas la fuite. — « Mais que feront les enfants ? » (lui dit-on.) — « Si je m'en allais en Thessalie, répondit-il, vous prendriez soin d'eux. Eh bien ! n'y aura-t-il aucun de vous pour en prendre soin quand je serai parti pour les Enfers ? » Vois comme il adoucit l'idée de la mort, et comme il en plaisante. Si nous avions été à sa place, toi et moi, nous aurions prétendu doctoralement tout de suite qu'il faut se venger de ceux qui vous ont fait du mal en leur rendant la pareille ; puis nous aurions ajouté : « Si je me sauve, je serai utile à bien des gens ; je ne le serai à personne, si je meurs. » Nous serions sortis par un trou, s'il l'avait fallu, pour nous échapper. Mais comment aurions-nous été utiles à personne ? Aujourd'hui que Socrate n'est plus, le souvenir de ce qu'il a dit ou fait avant de mourir n'est pas moins utile à l'humanité (que ne lui eût été sa vie même).

Voilà les principes, voilà les paroles qu'il te faut méditer.

(Épictète, *Entretiens*.)

III. — La force d'ame

Celui qui est *libre*, au sens où il vient d'être dit, ne peut manquer d'être *courageux*. Il échappe au pouvoir des rois, il ne craint donc pas les rois. Il remplit son devoir, sans que rien l'en détourne, ni les dangers ni les menaces.

— Vous enseignez donc, philosophes, à mépriser les rois ? — À Dieu ne plaise ! Car qui de nous enseigne à leur disputer ce qui est en leur pouvoir ? Prends mon corps, prends ma fortune, prends ma réputation, prends les miens. Si je conseille à quelqu'un de s'attacher à ces objets, accuse-moi alors à bon droit. — Oui, mais je veux aussi

---

[1] Voir plus haut, pp. 49 et 68.

commander à tes convictions. — Qu'est-ce qui t'en a donné le pouvoir? Comment pourrais-tu triompher des convictions d'un autre? — J'en triompherai bien, dis-tu, en lui faisant peur. — Ignores-tu qu'elles triomphent d'elles-mêmes, mais que personne ne triomphe d'elles? Nul ne peut triompher de notre libre arbitre, si ce n'est lui-même. C'est à cause de cela que Dieu a établi cette loi toute-puissante et toute juste : « Que le plus fort l'emporte toujours sur le plus faible. » Dix sont plus forts qu'un seul. Mais quand il s'agit de quoi? Quand il s'agit de garrotter, de tuer, d'entraîner de force où l'on veut, d'enlever aux gens ce qu'ils possèdent. Dix triomphent donc d'un seul sur le terrain où ils sont plus forts que lui. — Mais est-il un terrain où ils soient les plus faibles? — Oui, celui des convictions, si les siennes sont fondées, et les leurs, non.

— Socrate a-t-il bien pu être traité par les Athéniens comme il l'a été? — Esclave! que parles-tu de Socrate? Dis la chose comme elle est : « Se peut-il que le corps de Socrate ait été conduit et traîné en prison par ceux qui étaient plus forts que lui? Se peut-il qu'on ait donné de la ciguë à ce corps de Socrate, et qu'on l'ait ainsi fait mourir? » Que trouves-tu là qui t'étonne? Qu'y trouves-tu de contraire à la justice? Vas-tu en faire des reproches à Dieu? Est-ce que Socrate n'a rien eu en échange? Où était à ses yeux le bien réel? C'est la loi de la nature et de Dieu, que celui qui vaut le plus ait toujours le dessus sur celui qui vaut le moins. Mais le dessus en quoi? Dans ce pour quoi il vaut le plus. Un corps est plus fort qu'un autre corps; dix corps sont plus forts qu'un seul; un voleur est plus fort que celui qui n'est pas voleur. J'ai perdu ma lampe, parce que, en fait de guet, le voleur vaut mieux que moi. Mais voici ce que lui a coûté ma lampe : pour une lampe, il est devenu voleur; pour une lampe, malhonnête homme ; pour une lampe, une sorte de bête fauve. Et il a cru qu'il y gagnait!

— Soit! mais quelqu'un me saisit par mon vêtement, et m'entraîne sur la place publique. Puis d'autres me crient : « Philosophe, de quoi t'ont servi tes principes? Voici qu'on te traîne en prison! Voici qu'on va te trancher la tête! » —

Eh ! quelles idées aurais-je pu me faire qui eussent empêché qu'un plus fort que moi ne m'entraînât, quand il a mis la main sur mon manteau ? Mais n'y a-t-il pas quelque chose que j'aie appris en échange ? J'ai appris que tout ce que je vois se produire ne m'est de rien, s'il ne dépend pas de mon libre arbitre. — Et qu'y as-tu gagné pour la circonstance présente ? — Pourquoi chercher le profit de la science ailleurs que dans la science même ?

Ceci répondu, je m'assieds dans ma prison.

Mais voici qu'on me dit : « Sors de prison. » — Si vous n'avez plus besoin de moi dans cette prison, j'en partirai. Si vous en avez besoin de nouveau, j'y reviendrai. — Jusques à quand ? — Tant que la raison voudra que je reste uni à mon corps. Quand elle ne le voudra plus, emportez-le, et soyez heureux.

Il faut que je meure. Eh bien ! faut-il que ce soit en pleurant ? Il faut que je sois enchaîné. Faut-il donc que ce soit en me lamentant ? Il faut que je parte pour l'exil. Eh ! qui m'empêche de partir en riant, le cœur dispos et tranquille ? — « Dis-moi tes secrets. — Je ne te les dis pas, car cela est en mon pouvoir. — Mais je t'enchaînerai. — O homme, que dis-tu ? m'enchaîner, moi ! tu enchaîneras ma cuisse ; mais ma faculté de juger et de vouloir, Jupiter lui-même ne peut en triompher. — Je te jetterai en prison. — Tu y jetteras mon corps. — Je te couperai la tête. — Quand t'ai-je dit que j'étais le seul dont la tête ne pût être coupée ? » Voilà ce que devraient méditer les philosophes, ce qu'ils devraient écrire tous les jours, ce à quoi ils devraient s'exercer.

Vespasien avait envoyé dire à Helvidius Priscus de ne pas aller au sénat : « Il est en ton pouvoir, lui répondit-il, de ne pas me laisser être du sénat ; mais, tant que j'en serai, il faut que j'y aille. — Eh bien ! Vas-y, lui dit l'empereur, mais tais-toi. — Ne m'interroge pas, et je me tairai. — Mais il faut que je t'interroge. — Et moi, il faut que je dise ce qui me semble juste. — Si tu le dis, je te ferai mourir. — Quand t'ai-je dit que j'étais immortel ? Tu rempliras ton rôle, et je remplirai le mien. Ton rôle est de faire mourir ; le mien est de mourir sans trembler. Ton rôle est d'exiler, le mien est de partir sans chagrin. »

(Épictète, *Entretiens*.)

IV. — LE DEVOIR SOCIAL : L'AMOUR DES HOMMES

Pour les Stoïciens, la notion de devoir est *dérivée*, non *primitive*. Le devoir est, pour chacun, la *fonction* qui lui est assignée, ou le *rôle* qui lui est attribué, en vertu de sa nature. Partons donc de l'idée de *nature* pour définir le *devoir*.

Tout d'abord, si le devoir consiste à obéir à la loi de sa nature, il n'est donc pas volontaire, en ce sens qu'on ne choisit pas sa nature, mais il l'est seulement en ce sens qu'on remplit volontairement sa tâche, qu'on accepte sa destinée et sa loi.

« Souviens-toi que tu es acteur dans une comédie, celle qui plaît au maître : s'il la veut longue, joue-la longue ; si courte, joue-la courte; s'il veut que tu joues le rôle d'un pauvre, joue-le avec grâce; de même, si c'est celui d'un boiteux, d'un magistrat, d'un plébéien. Car c'est ton fait de bien jouer le rôle qui t'est donné ; mais le choisir, c'est le fait d'un autre ».

(Épictète, *Manuel*.)

L'homme, sous ce rapport, ne diffère pas des autres êtres. Tout être en effet a son rôle dans le monde, est nécessaire à l'ordre du monde.

« Ne vois-tu pas les plantes, les passereaux, les fourmis, les araignées, remplissant chacun sa fonction et servant, selon leur pouvoir, à l'harmonie du monde ? Et après cela tu refuses de faire ta fonction d'homme. »

(Marc-Aurèle.)

L'homme remplit son devoir, comme l'abeille fait son miel, comme la vigne donne sa grappe, avec cette seule différence qu'il prend conscience de sa fonction, et la remplit volontairement. Il fait par choix, par décision de son libre arbitre, ce que les autres êtres font par la nécessité de leur nature.

La nature de l'homme, c'est : 1° ce qu'il est en lui-même ; 2° ce qu'il est par rapport aux autres êtres et en particulier par rapport à ses semblables. De là deux sortes de devoirs : *personnels* et *sociaux*.

Examine qui tu es. Avant tout, un homme, c'est-à-dire un être chez qui rien ne prime le libre arbitre. En plus, tu es citoyen du monde, dont tu es une partie ; et non pas une des parties destinées à servir, mais une partie destinée à commander ; car tu peux comprendre le gouvernement de Dieu, et te rendre compte de l'enchaînement des choses. Quel est donc le devoir du citoyen ? De ne jamais considérer son intérêt particulier ; de ne jamais calculer comme s'il était un individu isolé. C'est ainsi que le pied ou la main, s'ils pouvaient réfléchir et se rendre compte de la construction du corps, ne voudraient ou ne désireraient jamais rien qu'en le rapportant à l'ensemble. Aussi les philosophes ont-ils raison de dire que, si l'homme de bien prévoyait l'avenir, il coopérerait lui-même à ses maladies, à sa mort, à sa mutilation, parce qu'il se dirait que ce sont là les lois qui lui reviennent dans la distribution de l'ensemble, et que le tout est plus important que la partie, l'état que le citoyen.

Rappelle-toi après cela que tu es fils et frère. Quels sont les devoirs de ces rôles ?

Après cela, si tu es sénateur dans une ville, songe que tu es sénateur ; si jeune homme, que tu es jeune homme ; si vieillard, que tu es vieillard ; si père, que tu es père. Car chacun de ces noms, chaque fois qu'il se présente à notre pensée, nous rappelle sommairement les actes qui sont en rapport avec lui. Si tu vas dehors blâmer ton frère, je te dirai : « Tu as oublié qui tu es, et quel est ton nom. » Si, forgeron, tu te servais mal de ton marteau, c'est que tu aurais oublié ton métier de forgeron. Eh bien ! si tu oubliais ton rôle de frère, si tu devenais un ennemi au lieu d'un frère, crois-tu que ce ne serait pas là pour toi échanger avec perte une chose contre une autre ?

(Épictète, *Entretiens*.)

Ce qui commande nos devoirs envers les autres, c'est le *lien naturel* qui nous unit à eux. Ce lien est ce qu'il est ; fût-il contraire à nos désirs, il faut l'accepter tel qu'il est, ou plutôt il ne faut pas désirer qu'il soit autre qu'il n'est.

Les devoirs se mesurent en général aux relations où nous nous trouvons placés. Tu as un père ; il t'est ordonné d'en avoir soin, de lui céder en tout, de supporter qu'il t'injurie, qu'il te frappe. — Mais j'ai un mauvais père. — Est-ce donc que tu es lié naturellement à un bon père ? Non, mais à un père. — Mon frère me fait injustice. — Conserve à son égard ton rang de frère ; et n'examine pas ce qu'il fait, mais ce que tu dois faire pour conformer ta volonté à la nature. Nul autre que toi, en effet, ne te lésera, si tu ne le veux, et tu ne seras lésé que si tu crois l'être. De même à l'égard d'un voisin, d'un concitoyen, d'un général, tu trouveras quel est ton devoir, si tu examines les relations que tu soutiens avec eux.

(Épictète, *Manuel*).

Ce qui détermine nos devoirs envers les autres, c'est la relation que la nature a établie entre eux et nous ; de même, ce qui doit régler nos sentiments envers eux, c'est la considération de leur vraie nature.

« Devant chacun des objets qui attirent l'âme ou qui apportent avec eux une utilité, ou qui se font chérir, souviens-toi de te demander quelle est la nature de cet objet. Commence par les petites choses et, si tu aimes un vase d'argile, dis :

« C'est un vase d'argile que j'aime », car, s'il se brise, tu n'en seras pas troublé. Si tu embrasses ton enfant ou ta femme, dis : « C'est un être humain que j'embrasse », car, s'il meurt, tu n'en seras pas troublé ».

(Epictète, Manuel).

Ainsi la nature, l'ordre des choses, ou la raison qui n'est que l'interprétation de l'ordre des choses, crée nos devoirs, les dicte, les formule. S'il y a des devoirs sociaux, c'est que l'homme est un être sociable par nature, c'est que la société est un fait naturel.

Ce qui n'est pas utile à l'essaim n'est pas non plus utile à l'abeille.

(Marc-Aurèle.)

Le bien de l'être raisonnable est dans la société humaine, car il y a longtemps qu'on a démontré que nous sommes nés pour la société. N'est-il pas évident que les êtres inférieurs existent en vue des êtres supérieurs, que les êtres supérieurs existent les uns pour les autres ?

(Id.)

La nature, qui a voulu que les hommes vivent en société, a voulu aussi qu'ils observent les vertus sociales : l'indulgence, le pardon, la fraternité et l'amour.

Les hommes sont faits les uns pour les autres ; corrige-les donc, ou supporte-les.

(Id.)

La meilleure manière de se venger, c'est de ne se pas rendre semblable aux méchants.

(Id.)

Les Dieux, qui sont immortels, se résignent sans colère à supporter toujours, pendant des siècles innombrables, un si grand nombre d'hommes, et si méchants : bien mieux, ils prennent d'eux toutes sortes de soins. Mais toi, qui vas bientôt cesser de vivre, tu te fatigues, et cela, quand tu es un de ces méchants !

(Marc-Aurèle.)

La bienveillance est invincible, pouvu qu'elle soit sincère, sans dissimulation et sans fard. Car que pourrait te faire le plus méchant des hommes, si tu persévérais à le traiter avec douceur? Si, dans l'occasion, tu l'exhortais paisiblement, et lui donnais sans colère, alors qu'il s'efforce de te faire du mal, des leçons comme celle-ci : « Non, mon enfant ! nous sommes nés pour autre chose. Ce n'est pas moi qui éprouverai le mal ; c'est toi qui t'en fais à toi-même, mon enfant ! »

(*Id.*)

La société humaine rentre elle-même dans le concert universel des êtres, et l'homme, qui contribue au bien social, contribue au bien universel, prend la place qui lui revient dans l'ordre des choses.

Nous concourons tous à l'accomplissement d'une seule et même œuvre; les uns savent et comprennent ce qu'ils font, les autres l'ignorent : ainsi ceux qui dorment, dit Héraclite, je crois, sont des ouvriers, et qui concourent à l'accomplissement des affaires du monde. L'un contribue d'une façon, l'autre d'une autre, et singulièrement celui-là même qui en murmure, qui lutte avec effort contre le courant pour l'arrêter, s'il était possible ; car le monde avait besoin d'une tel homme. Vois donc au reste avec quels ouvriers tu veux te ranger : car celui qui gouverne l'univers se servira toujours de toi comme il est bon ; il te mettra toujours dans le nombre de ses coopérateurs, des êtres qui aident à son œuvre.

(*Id.*)

II. — MORALISTES MODERNES

CHAPITRE PREMIER

MONTAIGNE

I. Montaigne (1533-1592). — Né au château de Montaigne, dans le Périgord, apprit le latin dès le berceau ; grand érudit à sa manière, enfermé tout le jour dans sa « librairie » (bibliothèque), mêlé pourtant à la vie commune, observateur des mœurs de son temps, voyageur, maire de Bordeaux, il a laissé un livre étrange, tout farci d'érudition, et très personnel, qui est à la fois un commentaire des doctrines de l'antiquité et une autobiographie.

Montaigne est, au point de vue moral, un représentant de l'humanité moyenne : il s'est peint au naturel dans les *Essais* avec ses défauts, ses travers et ses vices. Son livre n'est rien moins qu'édifiant ; il a fort scandalisé, au XVIIe siècle, Pascal, Port-Royal et Malebranche. Cependant on y trouve des leçons de morale élevées et profondes : d'abord une analyse pénétrante des vertus et des vices, une peinture admirable de l'âme humaine, ensuite une critique vigoureuse des paradoxes et préjugés moraux, des fausses vertus, des hypocrisies sociales, des dogmatismes sectaires, enfin, — comme si c'était le propre des natures moyennes de sentir et de comprendre par contraste les vertus héroïques, — un bel hommage aux vertus les plus hautes, à celle d'un Caton par exemple, en même temps que la prescription de vertus alors nouvelles, et toujours rares et précieuses, auxquelles Montaigne était par tempérament enclin, comme la modération, la tolérance, le respect de la liberté des opinions en général, de la liberté de conscience en particulier.

C'est ce qu'on a eu en vue de faire voir par les extraits qui suivent. Dans ces extraits, nous n'avons pas reproduit l'orthographe archaïque des *Essais*. Il nous a paru qu'il ne fallait pas ajouter artificiellement à la difficulté réelle que présente déjà, pour le lecteur, la langue du xvi° siècle.

Nos pages choisies de Montaigne se classent ainsi :

1° L'Épicurisme de Montaigne (extraits I et II);

2° Analyse de la notion de vertu (I et II);

3° Critique des préjugés moraux et sociaux : la *coutume* (IV). Éloge de la *tolérance* (V) et de la *modération*.

I. — LA VRAIE NOTION DU PLAISIR

De vrai, ou la raison se moque, ou elle ne doit viser qu'à notre contentement, et tout son travail tendre, en somme, à nous faire bien vivre, et à notre aise, comme dit la sainte Écriture. Toutes les opinions du monde en sont là, que le plaisir est notre but, quoiqu'elles en prennent divers moyens; autrement on les chasserait d'arrivée; car qui écouterait celui qui, pour sa fin, établirait notre peine et mésaise ?[1] Les dissensions des sectes philosophiques en ce cas sont verbales; *transcurramus solertissimas nugas*[2]; il y a plus d'opiniâtreté et de picoterie qu'il n'appartient à une si sainte profession[3]; mais, quelque personnage que homme entreprenne, il joue toujours le sien parmi[4].

« Quoi qu'ils disent, en la vertu même, le dernier but de votre visée, c'est la volupté. Il me plaît de battre leurs oreilles de ce mot, qui leur est si fort à contre cœur; et, s'il signifie quelque suprême plaisir et excessif contentement, il est mieux dû à l'assistance de la vertu qu'à nulle autre assistance. Cette volupté[5], pour être plus gaillarde, nerveuse, robuste, virile, n'en est que plus sérieusement voluptueuse; et lui devions donner le nom de plaisir, plus favorable, plus

---

[1] Cf. Pascal plus loin.

[2] « Ne nous arrêtons pas à de subtiles frivolités ».

[3] La philosophie.

[4] La faiblesse de l'homme apparaît toujours dans la « profession » qu'il exerce ou le « rôle » qu'il joue. C'est ainsi que celui qui prétend à la dignité ou au rang de philosophe se montre un vain discoureur ou subtil ergoteur, un philosophe en paroles, et non en actes.

[5] Celle qui réside en la vertu.

doux et naturel, non celui de la vigueur[1], duquel nous l'avons dénommée. Cette autre volupté plus basse[2], si elle méritait ce beau nom, ce devait être en concurrence, non par privilège ; je la trouve moins pure d'incommodités et detraverses que n'est la vertu ; outre que son goût[3] est plus momentané, fluide et caduc, elle a ses veilles, ses jeûnes et ses travaux, et la sueur et le sang, et en outre particulièrement ses passions tranchantes de tant de sortes, et à son côté une satiété si lourde, qu'elle équipolle[4] à pénitence. Nous avons grand tort d'estimer que ces incommodités lui servent d'aiguillon, et de condiment à sa douceur (comme en nature le contraire se vivifie par son contraire) ; et de dire, quand nous en venons à la vertu, que pareilles suites et difficultés l'accablent, la rendent austère et inaccessible[5] ; là où, beaucoup plus proprement qu'à la volupté, elles anoblissent, aiguisent et rehaussent le plaisir divin et parfait qu'elle nous moyenne. Celui-là certes est bien indigne de son accointance qui contrepoise son goût à son fruit, et n'en connaît ni les grâces ni l'usage. Ceux qui nous vont instruisant que sa queste[6] est scabreuse et laborieuse,

[1] Le mot « vigueur » est la traduction exacte du mot *virtus*, *vertu*, force ou énergie *virile*.

[2] Celle qui réside dans les vices ou du moins en dehors de la vertu, et qu'on a regardée à tort comme étant la seule, qu'on a appelée communément et uniquement *volupté*.

[3] Non pas le *goût*, la saveur qu'elle a, mais la *dégustation*, la jouissance qu'on en a.

[4] Équivaut à châtiment ou expiation.

[5] La distinction du plaisir, qui réside en la vertu, et du plaisir vulgaire, attaché à nos vices, est le point de départ de ce raisonnement : ce qui est vrai du premier doit l'être, et même l'est *a fortiori*, du second. Les incommodités, jointes au plaisir vulgaire, en sont, dit-on, comme l'assaisonnement ; elles le relèvent, en ôtent la fadeur : pourquoi cela ne s'applique-t-il pas également au plaisir inhérent à la vertu, ou plutôt, combien cela ne s'y applique-t-il pas mieux ?

[6] *Queste, recherche, poursuite*. La pensée développée ici est celle de Pascal : le plaisir est dans la chasse, non dans la prise, dans l'effort qui tend à un but, non dans le résultat obtenu, où le but atteint. Montaigne dit cependant quelque chose de plus : en ce qui regarde la vertu, la distinction du but visé et du résultat atteint est artificielle et fausse ; l'un rejoint l'autre, est *consubstantiel* à l'autre. Vue juste et profonde.

sa jouissance agréable, que nous disent-ils par là, sinon qu'elle est toujours désagréable ? Car quel moyen humain arrive jamais à sa jouissance ? Les plus parfaits se sont bien contentés d'y aspirer et de l'approcher, sans la posséder. Mais ils se trompent, vu que, de tous les plaisirs que nous connaissons, la poursuite même en est plaisante; l'entreprise se sent de la qualité de la chose qu'elle regarde; car c'est une bonne portion de l'effet, et consubstantielle. L'heur et la béatitude qui reluit en la vertu remplit toutes ses appartenances et avenues, jusques à la première entrée et extrême barrière.

(*Essais* I, xix.)

II. — La vraie philosophie ou sagesse

C'est grand cas que les choses en soient là en notre siècle que la philosophie soit, jusques aux gens d'entendement, un nom vain et fantastique, qui se trouve de nul usage et de nul prix, par opinion et par effet. Je crois que ces ergotismes en sont cause, qui ont saisi ses avenues. On a grand tort de la peindre inaccessible aux enfants, et d'un visage renfrogné, sourcilleux et terrible. Qui me l'a masquée de ce faux visage, pâle et hideux ? Il n'est rien plus gai, plus gaillard, plus enjoué, et à peu que je ne die folâtre ; elle ne prêche que fête et bon temps ; une mine triste et transie montre que ce n'est pas là son gîte... L'âme qui loge la philosophie doit, par sa santé, rendre sain encore le corps ; elle doit faire luire jusques au dehors son repos et son aise, doit former à son moule le corps extérieur, et l'armer par conséquent d'une gracieuse fierté, d'un maintien actif et allègre, et d'une contenance contente et débonnaire. La plus expresse marque de la sagesse, c'est une éjouissance constante : son état est, comme des choses au-dessus de la lune, toujours serein ; c'est *Baroco et Baralipton*[1] qui rendent

---

[1] Termes de logique, mots forgés pour désigner des modes du syllogisme. Pascal s'est souvenu de ce passage, et a dit : « Ce n'est pas *Baroco* ni *Baralipton* qui servent à former l'esprit » — Le *baroco* des scolastiques a donné naissance à notre mot français *baroque*.

leurs suppôts[1] ainsi crottés et enfumés ; ce n'est pas elle ;
ils ne la connaissent que par ouï-dire. Comment ? Elle fait
état de sereiner les tempêtes de l'âme, et d'apprendre la
faim et les fièvres à rire, non par quelques épicycles imaginaires, mais par raisons naturelles et palpables ; elle a
pour but la vertu, qui n'est pas, comme dit l'Ecole, plantée
à la tête d'un mont coupé, rabotteux et inaccessible ; ceux
qui l'ont approchée la tiennent, au rebours, logée dans une
belle plaine fertile et fleurissante, d'où elle voit bien sous
soi toutes choses ; mais si[2] peut-on y arriver, qui en sait
l'adresse, par des routes ombrageuses, gazonnées et doux
fleurantes, plaisamment, et d'une pente facile et polie,
comme est celle des voûtes célestes. Pour n'avoir hanté
cette vertu suprême, belle, triomphante, amoureuse, déli-
cieuse pareillement et courageuse, ennemie professe et irré-
conciliable d'aigreur, de déplaisir, de crainte et de contrainte, ayant pour guide nature, fortune et volupté pour
compagnes, ils sont allés, selon leur faiblesse, feindre
cette sotte image, triste, querelleuse, dépite, menaceuse,
mineuse, et la placer sur un rocher à l'écart, emmi[3] des
ronces ; fantôme à étonner les gens.

(Essais I, xxv.)

III. — LA VERTU ET SES DEGRÉS : LA VERTU DE TEMPÉRAMENT. — LA LUTTE CONTRE LES PENCHANTS INFÉRIEURS ET DISPOSITIONS VICIEUSES — L'HABITUDE DU BIEN, DEVENUE UNE SECONDE NATURE.

Il me semble que la vertu est chose autre, et plus noble,
que les inclinations à la bonté qui naissent en nous. Les

---

[1] *Suppôts.* En langage scolastique, suppôt veut dire ce qui gît sous le nom, ce qui en est l'idée, le fondement. Ex. : *L'humanité est le suppôt de l'homme.* Suppôt se dit aussi pour partisan, et s'emploie généra- lement en mauvaise part. Ex. : *Suppôt de Satan.* Contrairement à ce que pense Littré, suppôt nous paraît pris ici en ce dernier sens : Ceux qui tiennent pour *baroco*, ceux qui parlent le langage de la philosophie, et se croient pour cela des sages.

[2] *Si,* pourtant.

[3] *Emmi,* parmi.

âmes réglées d'elles-mêmes et bien nées, elles suivent même train et représentent, en leurs actions, même visage que les vertueuses ; mais la vertu sonne je ne sais quoi de plus grand et de plus actif que de se laisser, par une heureuse complexion, doucement et paisiblement conduire à la suite de la raison. Celui qui, d'une douceur et facilité naturelle, mépriserait les offenses reçues, ferait chose très belle et digne de louange ; mais celui qui, piqué et outré jusques au vif d'une offense, s'armerait des armes de la raison contre ce furieux appétit de vengeance et, après un grand conflit, s'en rendrait enfin maître, ferait sans doute beaucoup plus. Celui-là ferait bien ; celui-ci, vertueusement ; l'une action se pourrait dire bonté ; l'autre, vertu ; car il semble que le nom de la vertu présuppose de la difficulté et du contraste, et qu'elle ne se peut exercer sans partie. C'est à l'aventure pourquoi nous nommons Dieu bon, fort et libéral, et juste, mais nous ne le nommons pas *vertueux* ; ses opérations sont toutes naïves et sans effort......[1]

Je suis venu jusques ici bien à mon aise ; mais, au bout de ce discours, il me tombe en fantaisie que l'âme de Socrate, qui est la plus parfaite qui soit venue à ma connaissance, serait, à mon compte, une âme de peu de recommandation ; car je ne puis concevoir en ce personnage aucun effort de vicieuse concupiscence ; au train de sa vertu, je ne n'y puis imaginer aucune difficulté ni aucune contrainte ; je connais sa raison si puissante et si maîtresse chez lui qu'elle n'eût jamais donné moyen à un appétit vicieux seulement de naître ; il me semble la voir marcher d'un victorieux pas et triomphant, en pompe et à son aise, sans empêchement ne destourbier. Si la vertu ne peut luire que par le combat des appétits contraires, dirons-nous donc qu'elle ne se puisse passer de l'assistance de vice, et qu'elle lui doive cela, d'en être mise en crédit et en honneur ? Que deviendrait aussi

---

[1] Dans tout ce paragraphe, le mot *vertu* est pris comme synonyme de *mérite*, et la difficulté de l'action, ou la victoire remportée sur soi-même, est présentée comme le criterium du mérite. *Cf.* un raisonnement identique chez Kant, pp. 236-8.

cette brave et généreuse volupté épicurienne, qui fait état de nourrir mollement en son giron et y faire folâtrer la vertu, lui donnant, pour ses jouets, la honte, les fièvres, la pauvreté, la mort et les géhennes? Si je présuppose que la vertu parfaite se connaît à combattre et porter patiemment la douleur, à soutenir les efforts de la lutte, sans s'ébranler de son assiette; si je lui donne pour son objet nécessaire l'âpreté et la difficulté, que deviendra la vertu qui sera montée à un tel point que de non seulement mépriser la douleur, mais de s'en éjouir, et de se faire chatouiller aux pointes d'une forte colique; comme est celle que les Épicuriens ont établie, et de laquelle plusieurs d'entre eux nous ont laissé par leurs actions des preuves très certaines? Comme ont bien d'autres que je trouve avoir surpassé par effet les règles mêmes de leur discipline; témoin le jeune Caton. (*Suit le récit de la mort de Caton, mis en parallèle avec celle de Socrate, et Montaigne reprend*): On voit, aux âmes de ces deux personnages et de leurs imitateurs (car, de semblables je fais grand doute qu'il y en ait eu), une si parfaite habitude à la vertu qu'elle leur est passée en complexion. Ce n'est plus vertu pénible, ni des ordonnances de la raison, pour lesquelles maintenir il faut que leur âme se raidisse; c'est l'essence même de leur âme, c'est son train naturel et ordinaire; ils l'ont rendu telle par un long exercice des préceptes de la philosophie, ayant rencontré une belle et riche nature; les passions vicieuses, qui naissent en nous, ne trouvent plus où faire entrée en eux; la force et raideur de leur âme étouffe et éteint les concupiscences aussitôt qu'elles commencent à s'ébranler[1].

---

[1] Dans ce second paragraphe, la vertu est définie, non la lutte contre les mauvais penchants, mais la victoire définitive, remportée par l'âme sur ses passions, la moralité triomphante, l'habitude du bien, devenue une seconde nature. C'est la définition d'Aristote.

Montaigne reprend la même idée, la développe et la précise, dans le chapitre XXIX du même livre des Essais, intitulé : *de la Vertu*.

« Je trouve, par expérience, qu'il y a bien à dire entre les boutées et saillies de l'âme, ou une résolue et constante habitude: et vois bien qu'il n'est rien que nous ne puissions, voire jusques à surpasser la divinité même, dit quelqu'un, d'autant que c'est plus de se rendre

Or qu'il ne soit plus beau, par une haute et divine résolution d'empêcher la naissance des tentations, et de s'être formé à la vertu de manière que les semences mêmes des vices en soient déracinées, que d'empêcher de vive force leurs progrès, et, s'étant laissé surprendre aux émotions premières des passions, s'armer et se bander pour arrêter leur course et les vaincre ; et que ce second effet ne soit encore plus beau que d'être simplement garni d'une nature facile et débonnaire, et dégoûtée par soi-même de la débauche et du vice, je ne pense point qu'il y ait doute ; car cette tierce et dernière façon, il semble bien qu'elle rende un homme innocent, mais non pas vertueux, exempt du mal faire, mais non assez apte à bien faire ; joint que cette condition est si voisine à l'imperfection et à la faiblesse que je ne sais pas bien comment en démêler les confins et les distinguer ; les noms mêmes de *bonté* et d'*innocence* sont à cette cause aucunement noms de mépris. Je vois que plusieurs actes, comme la chasteté, sobriété et tempérance, peuvent arriver à nous par défaillance corporelle ; la fermeté aux dangers (si fermeté il la faut appeler), le mépris de la mort, la patience aux infortunes, peuvent venir et se trouvent sou-

impassible, de soi, que d'être tel, de sa condition originelle ; et jusques à pouvoir joindre à l'imbécillité de l'homme une résolution et assurance de Dieu ; mais c'est par secousses ; et ès vies de ces héros du temps passé, il y a quelquefois des traits miraculeux, et qui semblent de bien loin surpasser nos forces naturelles ; mais ce sont traits, à la vérité ; il est dur de croire que de ces conditions ainsi élevées, on en puisse teindre et abreuver l'âme en manière qu'elles lui deviennent ordinaires et comme naturelles. Il nous échoit à nous-mêmes, qui ne sommes qu'avortons d'hommes, d'élancer parfois notre âme, éveillée par les discours ou exemples d'autrui, bien loin au-delà de son ordinaire ; mais c'est une espèce de passion, qui la pousse ou agite, et qui la ravit aucunement hors de soi ; car. ce tourbillon franchi, nous voyons que, sans y penser, elle se débande et relâche d'elle-même, sinon jusques à la dernière touche, du moins jusqu'à n'être plus celle-là ; de façon que lors, à toute occasion, pour un oiseau ou un verre cassé, nous nous laissons émouvoir à peu près comme l'un du vulgaire. Sauf l'ordre, la modération et la constance, j'estime que toutes choses soient faisables par un homme bien manque et défaillant en gros. A cette cause, disent les sages, il faut, pour juger bien à point d'un homme, principalement contrerôler ses actions communes, et le surprendre en son à tous les jours. »

vent aux hommes par faute de bien juger de tels accidents, et ne les concevoir tels qu'ils sont ; les fautes d'appréhension et la bêtise contrefont ainsi parfois les effets vertueux ; comme j'ai vu souvent advenir qu'on a loué des hommes de ce qu'ils méritaient du blâme... Pour dire un mot de moi-même, j'ai vu quelquefois mes amis appeler prudence en moi ce qui était fortune, et estimer avantage de courage et de patience ce qui était avantage de jugement et opinion, et m'attribuer un titre pour autre, tantôt à mon gain, tantôt à ma perte.

(*Essais*, II, xi)

IV. — LA COUTUME

Les lois de conscience, que nous disons naître de nature, naissent de la coutume : chacun, ayant en vénération interne les opinions et mœurs approuvées et reçues autour de lui, ne s'en peut déprendre sans remords ni s'y appliquer sans applaudissement. Quand ceux de Crète voulaient, au temps passé, maudire quelqu'un, ils priaient les dieux de l'engager en quelque coutume. Mais le principal effet de sa puissance c'est de nous saisir et empiéter de telle sorte qu'à peine soit-il en nous de nous ravoir de sa prise et de rentrer en nous, pour discourir et raisonner de ses ordonnances. De vrai, parce que nous les humons avec le lait dès notre naissance, et que le visage du monde se présente en cet état à notre première vue, il semble que nous soyons nés à la condition de suivre ce train ; et les communes imaginations, que nous trouvons en crédit autour de nous et infuses en notre âme par la semence de nos pères, il semble que ce soient les générales et naturelles : par où il advient que ce qui est hors les gonds de la coutume, on le croit hors des gonds de la raison, Dieu sait combien déraisonnablement le plus souvent !...

Qui voudra se défaire de ce violent préjudice de la coutume, il trouvera plusieurs choses reçues d'une résolution indubitable, qui n'ont appui qu'en la barbe chauve et rides de l'usage qui les accompagne ; mais, ce masque arraché, rapportant les choses à la vérité et à la raison, il sentira son jugement comme tout bouleversé, et remis pourtant en bien plus sûr état. Pour exemple, je lui demanderai lors, quelle chose peut être plus étrange que de voir un peuple obligé à suivre les lois qu'il n'entendit oncques ; attaché en tous ses affaires domestiques, mariages, donations, ventes et achats à des règles qu'il ne peut savoir, n'étant ni écrites ni publiées en sa langue et desquelles, par nécessité, il lui faille acheter l'interprétation et l'usage...

Qu'est-il plus farouche que de voir une nation où, par légitime coutume, la charge de juger se vende, et les jugements soient payés à purs deniers comptants, et où légitimement la justice soit refusée à qui n'a de quoi la payer ; et ait cette marchandise si grand crédit qu'il se fasse en une police un quatrième état de gens maniant les procès, pour le joindre aux trois anciens, de l'Église, de la noblesse et du peuple ; lequel état, ayant la charge des lois et souveraine autorité des biens et des vies, fasse un corps à part de celui de la noblesse, d'où il advienne qu'il y ait doubles lois, celles de l'honneur et celles de la justice, en plusieurs choses fort contraires ; aussi rigoureusement condamnent celles-là un démenti souffert, comme celles-ci un démenti revenché ; par le devoir des armes, celui-là soit dégradé d'honneur et de noblesse, qui souffre une injure, et par le devoir civil, celui qui s'en venge encoure une peine capitale ; qui s'adresse aux lois pour avoir raison d'une offense faite à son honneur, il se déshonore, et qui ne s'y adresse, il en est puni et châtié par les lois...

Quant aux choses indifférentes, comme vêtements, qui les voudra ramener à leur vraie fin, qui est le service et commodité du corps, d'où dépend leur grâce et bienséance originelle, pour les plus fantastiques à mon gré qui se puissent imaginer, je lui donnerai entre autres nos bonnets carrés, cette longue queue de velours plissé qui pend aux têtes de nos femmes avec nos attirails bigarrés...

Ces considérations ne détournent pourtant pas un homme d'entendement de suivre le style commun ; ains au rebours, il me semble que toutes façons écartées et particulières partent plutôt de folie ou d'affectation ambitieuse que de vraie raison, et que le sage doit au dedans retirer son âme de la presse, et la tenir en liberté et puissance de juger librement des choses, mais, quant au dehors, qu'il doit suivre entièrement les façons et formes reçues[1]. La société publique n'a que faire de nos pensées; mais le demeurant, comme nos actions, notre travail, nos fortunes et notre vie, il la faut prêter et abandonner à son service et aux opinions communes; comme ce bon et grand Socrate refusa de sauver sa vie par la désobéissance du magistrat, voire d'un magistrat très injuste et très inique; car c'est la règle des règles et générale loi des lois, que chacun observe celle du lieu où il est...

Je suis dégoûté de la nouvelleté, quelque visage qu'elle porte; et ai raison, car j'en ai vu des effets très dommageables : celle qui nous presse depuis tant d'ans, elle n'a pas tout exploité, mais on peut dire avec apparence, que par accident elle a tout produit et engendré, voire et les maux et ruines qui se font depuis, sans elle et contre elle... Il y a grand amour de soi et présomption d'estimer ses opinions jusque là que, pour les établir, il faille renverser une paix publique, et introduire tant de maux inévitables, et une si horrible corruption de mœurs que les guerres civiles apportent, et les mutations d'État en choses de tel poids, et les introduire en son pays propre. Est-ce pas mal ménagé d'avancer tant de vices certains et connus, pour combattre des erreurs contestées et débattables ?

(*Essais*, I, XXII.)

V. — LA VERTU STOÏQUE. LE FAUX IDÉAL DE L'IMPASSIBILITÉ

J'ai toujours trouvé ce précepte cérémonieux, qui ordonne si rigoureusement et exactement de tenir bonne contenance et un maintien dédaigneux et posé, à la souffrance des maux.

---

[1] Distinction capitale. Montaigne fait bon marché de la conduite extérieure, pourvu que la liberté d'esprit soit assurée et demeure entière. Ce grand frondeur a l'esprit éminemment conservateur. Et il n'y a point là contradiction. On retrouve la même thèse conservatrice, et en partie les mêmes arguments chez Descartes (*Discours de la méthode*, 3ᵉ partie, 1ʳᵉ règle de la morale). Cf. La Bruyère : « Le philosophe se laisse habiller par son tailleur. »

Pourquoi la philosophie, qui ne regarde que le vif et les effets, se va elle amusant à ces apparences externes ? Qu'elle laisse ce soin aux farceurs et maîtres de rhétorique, qui font tant d'état de nos gestes ; qu'elle condonne[1] hardiment au mal cette lâcheté voyelle[2], si elle n'est ni cordiale ni stomacale, et prête ces plaintes volontaires au genre des soupirs, sanglots, palpitations, pâlissements que nature a mis hors de notre puissance ; pourvu que le courage soit sans effroi, les paroles sans désespoir, qu'elle se contente. Qu'importe que nous tordions nos bras, pourvu que nous ne tordions nos pensées ? Elle nous dresse pour nous, non pour autrui ; pour être, non pour sembler ; qu'elle s'arrête à gouverner notre entendement, qu'elle a pris à instruire ; qu'aux efforts de la colique, elle maintienne l'âme capable de se reconnaître, de suivre son train accoutumé, combattant la douleur et la soutenant, non se prosternant honteusement à ses pieds ; émue et échauffée du combat, non abattue et renversée ; capable de commerce, capable d'entretien, et d'autre occupation jusqu'à certaine mesure. En accidents si extrêmes, c'est cruauté de requérir de nous une démarche si composée ; si nous avons beau jeu, c'est peu que nous ayons mauvaise mine ; si le corps se soulage en se plaignant, qu'il le fasse ; si l'agitation lui plaît, qu'il se tourneboule et tracasse à sa fantaisie ; s'il lui semble que le mal s'évapore aucunement (comme aucuns médecins disent que cela aide à la délivrance des femmes enceintes), pour pousser hors la voix avec plus grande violence, ou s'il en amuse son tourment, qu'il crie tout à fait. Ne commandons point à cette voix qu'elle aille, mais permettons-le lui. Epicurus ne pardonne pas seulement à son sage de crier aux tourments, mais il le lui conseille. *Pugiles etiam, cum feriunt, in jactandis cæstibus gemiscunt, quia profundenda voce omne corpus intenditur, venitque plaga vehementior*[3].

---

[1] *Condonne*, pardonne.

[2] *Lâcheté voyelle*, lâcheté qui est dans la *voix*, non dans le cœur et au ventre.

[3] « Les athlètes, lorsqu'ils frappent, ahanent en lançant leurs poings gantelés, parce que tout le corps se tend par l'émission de la voix et que le coup en est plus fort. »

Nous avons assez de travail du mal sans nous travailler à ces règles superflues.

(Essais, II, xxxvii)

VI. — LA LARGEUR D'ESPRIT CONSISTE A CONCEVOIR ET A ADMETTRE DES NATURES, DES FAÇONS DE VIVRE, DES RÈGLES DE CONDUITE DIFFÉRENTES DES NÔTRES. ELLE EST LE PRINCIPE DE LA TOLÉRANCE.

Je n'ai point cette erreur commune de juger d'un autre selon qui je suis; j'en crois aisément des choses diverses à moi. Pour me sentir engagé à une forme, je n'y oblige pas le monde, comme chacun fait; et crois et conçois mille contraires façons de vie; et, au rebours du commun, reçois plus facilement la différence que la ressemblance en nous. Je décharge, tant qu'on veut, un autre être de mes conditions et principes, et le considère simplement en lui même, sans relation, l'étoffant sur son propre modèle. Pour n'être continent, je ne laisse d'avouer sincèrement la continence des Feuillants et des Capuchins, et de bien trouver l'air de leur train; je m'insinue par l'imagination fort bien en leur place; et les aime et les honore d'autant plus qu'ils sont autres que moi. Je désire singulièrement qu'on nous juge chacun à part soi, et qu'on ne me tire en conséquence des communs exemples. Ma faiblesse n'altère aucunement les opinions que je dois avoir de la force et vigueur de ceux qui le méritent. *Sunt qui nihil suadent quam quod se imitari non posse confidunt*[1]. Rampant au limon de la terre, je ne laisse de remarquer jusque dans les nues la hauteur d'aucunes âmes héroïques[2]. C'est beaucoup pour moi d'avoir

---

[1] « Il en est qui ne conseillent rien que ce qu'ils se sentent eux-mêmes incapables d'imiter ».

[2] Trait remarquable. Montaigne, comme Rousseau, comme tels moralistes qui comptent parmi les plus grands, a, à défaut du caractère vertueux ou du tempérament moral, la liberté d'esprit, la justesse du jugement, et ce tour d'imagination, qui lui permet de s'éprendre de la vertu la plus haute, et d'entrer dans les sentiments et la pensée des

le jugement réglé, si les effets ne le peuvent être, et maintenir au moins cette maîtresse partie exempte de corruption ; c'est quelque chose d'avoir la volonté bonne, quand les jambes me faillent.

(*Essais*, I, xxxvi)

VII. — De la modération

Comme si nous avions l'attouchement infect, nous corrompons par notre maniement les choses qui d'elles-mêmes sont belles et bonnes. Nous pouvons saisir la vertu de façon qu'elle en deviendra vicieuse, si nous l'embrassons d'un désir trop âpre et violent. Ceux qui disent qu'il n'y a jamais d'excès en la vertu, d'autant que ce n'est plus vertu, si l'excès y est, se jouent des paroles :

> Insani sapiens nomen ferat, æquus iniqui,
> Ultra quam satis est, virtutem si petat ipsam[1].

C'est une subtile considération de la philosophie. On peut et trop aimer la vertu et se porter excessivement en une action trop juste. A ce biais s'accommode la parole divine : *Ne soyez pas plus sages qu'il ne faut, mais soyez sobrement sages.* J'ai vu tel grand blesser la réputation de sa religion, pour se montrer religieux outre tout exemple des hommes de sa sorte. J'aime des natures tempérées et moyennes ; l'immodération vers le bien même, si elle ne m'offense, elle m'étonne et me met en peine de la baptiser. Ni la mère de Pausanias, qui donna la première instruction, et porta la première pierre, à la mort de son fils, ni le dictateur Posthumius, qui fit mourir le sien, que l'ardeur de jeunesse avait heureusement poussé sur les ennemis un peu avant son rang, ne me semble si juste comme étrange ; et n'aime ni à conseiller ni à suivre une vertu si

---

« âmes héroïques ». Et cela est « beaucoup », même moralement. — Cette profession de foi peut être regardée comme l'expression heureuse et brillante de ce qu'on appelle l'*individualisme moral.*

[1] « Que le sage soit appelé fou et le juste, injuste, s'il poursuit la vertu même, au delà de ce qui est nécessaire. »

sauvage et si dure. L'archer qui outrepasse le blanc, fault comme celui qui n'y arrive pas; et les yeux me troublent à monter vers une grande lumière également comme à dévaler à l'ombre. Calliclès, en Platon, dit l'extrémité de la philosophie être dommageable, et conseille de ne s'y enfoncer outre les bornes du profit; que, prise avec modération, elle est plaisante et commode[1], mais qu'enfin elle rend un homme sauvage et vicieux, dédaigneux des religions et lois communes, ennemi de la conversation civile, ennemi des voluptés humaines, incapable de toute administration publique, et de secourir autrui et de se secourir soi-même, propre à être impunément souffleté. Il dit vrai; car, en son excès, elle enclave notre naturelle franchise, et nous dévoie, par une importune subtilité, du beau et plein chemin que nature nous trace.

(*Essais*, I, xxiv.)

DESCARTES

II. Descartes (1596-1650). — Né à la Haye, en Touraine, mort en Suède (la reine Christine, qui se piquait de bel esprit et de philosophie, l'avait appelé à sa cour). Grand savant et grand philosophe, Descartes n'a point traité expressément de la morale, sauf dans le *Discours de méthode* (3ᵉ partie) et dans ses *Lettres* à la Princesse Elisabeth et à Christine de Suède. Nos citations sont tirées, non du *Discours*, où Descartes donne les règles d'une *morale provisoire*, mais des *Lettres*, où la morale de Descartes est exposée sous sa forme développée et achevée et

---

[1] Montaigne est revenu maintes fois sur l'éloge de la modération. C'est sa vertu de prédilection : « Moi qui ai tant adoré, dit-il, et si universellement, cet ἄριστον μέτρον du temps passé, et qui ai tant pris pour la plus parfaite la moyenne mesure » (*Ess.* III, xiii). Il a toujours demandé que la vertu restât naturelle et humaine : « La grandeur de l'âme n'est pas tant tirer à mont, et tirer avant, comme savoir se ranger et circonscrire; elle tient pour grand tout ce qui est assez; et montre sa hauteur à aimer mieux les choses moyennes que les éminentes » (*Ibid*).

du traité des *Passions de l'âme*. Voici sur quoi portent ces citations.

Le souverain bien. — Distinction du bonheur et de la béatitude, l'un qui dépend de la fortune, l'autre qui dépend de nous. — Le souverain bien ne peut être qu'en nous. Il réside dans le bon usage de la liberté et de la raison, ce que Descartes appelle la *générosité*, ou la vraie noblesse morale.

LE SOUVERAIN BIEN

Sénèque dit fort bien : « *Vivere omnes beate volunt, sed ad pervidendum quid sit quod beatam vitam efficiat, caligant* ; il n'y a personne qui ne désire vivre heureux, mais on se trompe, lorsqu'il s'agit de choisir ce qui doit rendre la vie heureuse. »

Il est donc besoin de savoir ce que c'est que *vivere beate*, vivre heureusement. Il y a de la différence entre la béatitude, le souverain bien, et la dernière fin ou le but auquel doivent tendre nos actions ; car la béatitude n'est pas le souverain bien, mais elle le présuppose, et elle est le contentement ou la satisfaction d'esprit qui vient de ce qu'on le possède. Mais par la fin de nos actions on peut entendre l'un et l'autre ; car le souverain bien est sans doute la chose que nous devons nous proposer pour but en toutes nos actions, mais le contentement d'esprit qui en revient, étant l'attrait qui fait que nous le recherchons, est aussi à bon droit nommé notre fin.

(*Le Souverain bien*, par René Descartes, œuvre inédite, publiée par Ph. Simon.)

LE BONHEUR ET LA BÉATITUDE
(*Lettre à la princesse Élisabeth*)

... Il y a de la différence entre le bonheur et la béatitude, en ce que le bonheur ne dépend que des choses qui sont hors de nous [1], d'où vient que ceux-là sont estimés plus

---

[1] Descartes commente le traité de la *Vie heureuse* de Sénèque, et en particulier la phrase de ce traité, citée plus haut. Il précise à cette

heureux que sages, auxquels il est arrivé quelque bien qu'ils ne se sont pas procuré ; au lieu que la béatitude consiste, ce me semble, en un parfait contentement d'esprit et une satisfaction intérieure, que n'ont pas d'ordinaire ceux qui sont les plus favorisés de la fortune, et que les sages acquièrent sans elle. Ainsi *vivere beate*, vivre en béatitude, ce n'est pas autre chose qu'avoir l'esprit parfaitement content et satisfait. Considérant après cela ce que c'est *quod beatam vitam efficiat*, c'est-à-dire quelles sont les choses qui nous peuvent donner ce souverain contentement, je remarque qu'il y en a de deux sortes, à savoir de celles qui dépendent de nous, comme la vertu et la sagesse, et de celles qui n'en dépendent point, comme les honneurs, les richesses et la santé. Car il est certain qu'un homme bien né, qui n'est point malade, qui ne manque de rien, et qui, avec cela, est aussi sage et aussi vertueux qu'un autre qui est pauvre, malsain et contrefait, peut jouir d'un plus parfait contentement que lui[1]. Toutefois, comme un petit vaisseau peut être aussi plein qu'un plus grand, encore qu'il contienne moins de liqueur[2], ainsi, prenant le contentement d'un chacun pour la plénitude et l'accomplissement de ses désirs réglés selon la raison, je ne doute point que les plus pauvres et les plus disgraciés de la fortune ou de la nature ne puissent être entièrement contents et satisfaits aussi bien que les autres, encore qu'ils ne jouissent pas de tant de biens[3]. Et ce n'est que de cette sorte de contente-

---

occasion sa propre doctrine, indiquant en quoi elle diffère du stoïcisme, avec lequel on l'a parfois confondue.

[1] Cette concession de Descartes aux idées communes tend à ruiner sa doctrine philosophique. Il ressemble en cela aux Stoïciens, lesquels, après avoir dit que les biens extérieurs (richesses, honneurs, santé) ne sont pas des biens, sont obligés de reconnaître qu'ils sont au moins des avantages, ou, comme ils disent, des choses *préférables*, des choses qu'il vaut mieux avoir que ne pas avoir. Cf. plus haut, les Stoïciens.

[2] *Vaisseau, liqueur*, pour : *vase, liquide*.

[3] Par cette ingénieuse comparaison Descartes reprend la concession qu'il a faite, ou plutôt montre que cette concession était plus apparente que réelle, en limite la portée.

ment¹ dont il est ici question; car, puisque l'autre n'est aucunement en notre pouvoir, la recherche en serait superflue. Or il me semble qu'un chacun se peut rendre content de soi-même, et sans rien attendre d'ailleurs, pourvu seulement qu'il observe trois choses auxquelles se rapportent les trois règles de morale que j'ai mises dans le *Discours de la Méthode* :

« La première est qu'il tâche toujours de se servir, le mieux qu'il lui est possible, de son esprit, pour connaître ce qu'il doit faire ou ne pas faire en toutes les occurences de la vie.

La seconde est qu'il ait une ferme et constante résolution d'exécuter tout ce que sa raison lui conseillera, sans que ses passions ou ses appétits l'en détournent; et c'est la fermeté de cette résolution que je crois devoir être prise pour la vertu, bien que je ne sache point que personne l'ait jamais ainsi expliquée; mais on l'a divisée en plusieurs espèces à qui l'on a donné divers noms, à cause des divers objets auxquels elle s'étend².

« La troisième, qu'il considère que, pendant qu'il se conduit ainsi autant qu'il peut selon la raison, tous les biens qu'il ne possède point sont aussi entièrement hors de son pouvoir les uns que les autres, et que, par ce moyen, il s'accoutume à ne les point désirer, car il n'y a rien que le désir et le regret ou le repentir qui nous puisse empêcher d'être contents. Mais, si nous faisons toujours ce que nous dicte notre raison, nous n'aurons jamais aucun sujet de nous repentir, encore que les événements nous fissent voir par après que nous nous sommes trompés, pour ce que ce n'est point par notre faute. Et ce qui fait que nous ne désirons point d'avoir, par exemple, plus de bras ou plus de langues que nous n'en avons, mais que nous désirons

---

¹ Le contentement intérieur, qui vient de nous-mêmes, non celui que nous apportent les biens du dehors.

² Pour Descartes, comme pour Kant, la vertu est la *bonne volonté*, et la bonne volonté *tire sa valeur d'elle-même*, non de *son objet*; elle est la « résolution ferme » d'obéir à la raison, ou la volonté d'être raisonnable, mais non pas nécessairement la volonté raisonnable, ou conforme à la raison, la volonté infaillible.

d'avoir bien plus de santé ou de richesses, c'est seulement que nous imaginons que ces choses-ci pourraient être acquises par notre conduite, ou bien qu'elles sont dues à notre nature, et que ce n'est pas le même des autres. De laquelle opinion nous pouvons nous dépouiller en considérant que, puisque nous avons toujours suivi le conseil de notre raison, nous n'avons rien omis de ce qui était en notre pouvoir, et que les maladies ne sont pas moins naturelles à l'homme que les prospérités et la santé[1]. Au reste toutes sortes de désirs ne sont pas incompatibles avec la béatitude, il n'y a que ceux qui sont accompagnés d'impatience et de tristesse. Il n'est pas nécessaire aussi que notre raison ne se trompe point. Il suffit que notre conscience nous témoigne que nous n'avons jamais manqué de résolution et de vertu pour exécuter toutes les choses que nous avons jugé être les meilleures, et ainsi la vertu seule est suffisante pour nous rendre contents en cette vie.

Mais néanmoins, pour ce que notre vertu, lorsqu'elle n'est pas suffisamment éclairée par l'entendement, peut être fausse, c'est-à-dire que la résolution et la volonté de bien faire nous peut porter à des choses mauvaises quand nous les croyons bonnes, le contentement qui en revient n'est pas solide, et, pour ce qu'on oppose ordinairement cette vertu aux plaisirs, aux appétits et aux passions, elle est très difficile à mettre en pratique; au lieu que le droit usage

---

[1] La princesse Elisabeth, à qui cette lettre est adressée, n'admet pas que la bonne volonté exempte du repentir, qu'on puisse se consoler d'avoir manqué le bien, parce qu'on l'ignorait. « Se repentir me semble inévitable, dit-elle, sans que la connaissance, que de faiblir est naturel à l'homme, comme d'être malade, nous en puisse défendre, car on n'ignore pas aussi qu'on se pouvait exempter de chaque faute particulière... Vous me direz qu'on ne laisse pas d'être satisfait quand la conscience témoigne qu'on s'est servi de toutes les précautions possibles, mais cela n'arrive jamais lorsqu'on ne trouve point son compte. Car on se ravise toujours des choses qui restaient à considérer. » Enfin il lui semble dangereux de considérer le repentir comme une faiblesse et de lui refuser toute valeur morale. « En fuyant le repentir des fautes commises comme un ennemi de la félicité, on pourrait courir hasard de perdre l'envie de s'en corriger. » (*Lettres de la princesse Elisabeth à Descartes*, IX, XI et XII édit. Foucher de Careil).

de la raison donnant une vraie connaissance du bien empêche que la vertu ne soit fausse, et même, l'accordant avec les plaisirs licites, il en rend l'usage si aisé et, nous faisant connaître la condition de notre nature, il borne tellement nos désirs qu'il faut avouer que la plus grande félicité de l'homme dépend de ce droit usage de la raison, et par conséquent que l'étude qui sert à l'acquérir est la plus utile occupation qu'on puisse avoir, comme elle est aussi la plus agréable et la plus douce.

(Descartes, *Œuvres phil.*, édit. Ad. Garnier, t. III, p. 180, Hachette édit., 1835).

Dans cette lettre se marquent deux tendances opposées de la morale cartésienne : l'une, intellectualliste, qui aboutirait à la thèse socratique : la vertu est la science du bien ; l'autre, proprement morale, d'origine stoïcienne et chrétienne, selon laquelle la vertu se réduirait à la résolution de bien faire. La seconde thèse semble prévaloir, mais elle se concilie finalement avec la première. En effet, si la vertu consiste uniquement dans la « résolution ferme et constante d'exécuter tout ce que la raison conseille », cette résolution elle-même ne laisse pas d'être, en un sens, subordonnée à la raison, et elle est avant tout la résolution de cultiver la raison. Descartes est donc fondé à dire qu'« il suffit de bien penser pour bien faire », mais aussi qu'il suffit « de juger le mieux qu'on puisse pour faire aussi tout son mieux, c'est-à-dire pour acquérir toutes les vertus et ensemble tous les autres biens qu'on puisse acquérir ; et, lorsqu'on est certain que cela est, on ne saurait manquer d'être content » (*Disc. de la méth.* 3ᵉ partie). Les mêmes idées sont reprises, développées et précisées dans la lettre qui suit, adressée à la reine Christine de Suède.

LE SOUVERAIN BIEN EST DANS L'USAGE DE LA LIBERTÉ ET DE LA RAISON

... On peut considérer la bonté de chaque chose en elle-même sans la rapporter à autrui, auquel sens il est évident que c'est Dieu qui est le souverain bien, pour ce qu'il est incomparablement plus parfait que les créatures; mais on peut aussi la rapporter à nous, et en ce sens je ne vois rien que nous devions estimer bien, sinon ce qui nous appartient en quelque façon et qui est tel que c'est perfection pour nous de l'avoir [1]... Je considère que nous ne devons estimer biens à notre égard que ceux que nous possédons ou bien que nous avons pouvoir d'acquérir; et, cela posé, il me semble que le souverain bien de tous les hommes ensemble est un amas ou un assemblage de tous les biens, tant de l'âme que du corps et de la fortune, qui peuvent être en quelques hommes, mais que celui d'un chacun en particulier est tout autre chose et qu'il ne consiste qu'en une ferme volonté de bien faire et au contentement qu'elle produit [2]. Dont la raison est que je ne remarque aucun autre bien qui me semble si grand ni qui soit entièrement au pouvoir d'un chacun. Car, pour les biens du corps et de la fortune, ils ne dépendent point absolument de nous; et ceux de l'âme se rapportent tous à deux chefs, qui sont : l'un, de connaître et l'autre, de vouloir ce qui est bon. Mais la connaissance est souvent au delà de nos forces; c'est pourquoi il ne reste que notre volonté dont nous puissions absolument disposer [3]. Et je ne vois point qu'il soit possible d'en dispo-

---

[1] Distinction du *bien absolu* ou *en soi* et du bien *relatif* à nous, et criterium du bien, entendu au sens relatif.

[2] Nouvelle distinction qui porte exclusivement sur les biens relatifs, et qui revient à celle du point de vue de la *quantité* et du point de vue de la *qualité*. Du point de vue de la *quantité*, le souverain bien c'est la *totalité* des biens de toute sorte qui peuvent se rencontrer chez des hommes; du point de vue de la *qualité* ou de l'excellence, le bien, c'est la *bonne volonté* et la *béatitude*, qu'il appartient à chacun de posséder et qu'il ne tient qu'à nous d'avoir.

[3] Descartes énonce ici la thèse dite du *primat* de la volonté sur l'intelligence.

ser mieux que si l'on a toujours une ferme et constante résolution de faire exactement toutes les choses que l'on jugera être les meilleures et d'employer toutes les forces de son esprit à les bien connaître ; c'est en cela seul que consistent toutes les vertus ; c'est cela seul qui, à proprement parler, mérite de la louange ou de la gloire ; enfin c'est de cela seul que résulte toujours le plus grand et le plus solide contentement de la vie. Ainsi j'estime que c'est en cela seul que consiste le souverain bien ; et par ce moyen je pense accorder les deux plus contraires et plus célèbres opinions des anciens, à savoir celle de Zénon, qui l'a mis en la vertu ou en l'honneur, et celle d'Épicure qui l'a mis au contentement, auquel il a donné le nom de volupté. Car, comme tous les vices ne viennent que de l'incertitude et de la faiblesse qui suit l'ignorance et qui fait naître les repentirs, ainsi la vertu ne consiste qu'en la résolution et la vigueur avec laquelle on se porte à faire les choses qu'on croit être bonnes, pourvu que cette vigueur ne vienne pas d'opiniâtreté, mais de ce qu'on sait les avoir autant examinées qu'on en a moralement le pouvoir[1]. Et, bien que ce qu'on fait alors puisse être mauvais, on est assuré néanmoins qu'on fait son devoir ; au lieu que, si on exécute quelque action de vertu et que cependant on pense mal faire ou bien qu'on néglige de savoir ce qui en est, on n'agit pas en homme vertueux.

Pour ce qui est de l'honneur et de la louange, on les attribue souvent aux autres biens de la fortune ; mais pour ce que je m'assure que V. M. fait plus d'état de sa vertu que de sa couronne, je ne craindrai point ici de dire qu'il ne me semble pas qu'il y ait rien que cette vertu qu'on ait sujet de louer. Tous les autres biens méritent seulement d'être esti-

---

[1] Descartes atténue le paradoxe socratique : « le vice est ignorance » ; l'ignorance n'est pas en elle-même un vice, mais elle engendre l'incertitude, la faiblesse, et partant le repentir ; de même la connaissance du bien, telle qu'il nous est permis de l'acquérir, n'est pas, à elle seule, la vertu, mais elle engendre l'attachement au bien, la volonté de l'accomplir, et partant nous donne le contentement intérieur, nous ôte tout sujet de repentir ou de regret.

més et non point d'être honorés ou loués, si ce n'est en tant qu'on présuppose qu'ils sont acquis ou obtenus de Dieu par le bon usage du libre arbitre. Car l'honneur et la louange est une espèce de récompense et il n'y a rien que ce qui dépend de la volonté qu'on ait sujet de récompenser et de punir.

Il me reste encore ici à prouver que c'est de ce bon usage du libre arbitre que vient le plus grand et le plus solide contentement de la vie : ce qui me semble n'être pas difficile pour ce que, considérant avec soin en quoi consiste la volupté ou le plaisir, et généralement toutes les sortes de contentement qu'on peut avoir, je remarque en premier lieu qu'il n'y en a aucun, qui ne soit entièrement en l'âme, bien que plusieurs dépendent du corps, de même que c'est aussi l'âme qui voit, bien que ce soit par l'entremise des yeux. Puis je remarque qu'il n'y a rien qui puisse donner du contentement à l'âme, sinon l'opinion qu'elle a de posséder quelque bien, et que souvent cette opinion n'est en elle qu'une représentation fort confuse, et même que son union avec le corps est cause qu'elle se représente ordinairement certains biens incomparablement plus grands qu'ils ne sont, mais que, si elle connaissait distinctement leur juste valeur, son contentement serait toujours proportionné à la grandeur du bien dont il procéderait. Je remarque aussi que la grandeur d'un bien à notre égard ne doit pas seulement être mesurée par la valeur de la chose en quoi il consiste, mais principalement aussi par la façon dont il se rapporte à nous, et qu'outre que le libre arbitre est de soi la chose la plus noble qui puisse être en nous, d'autant qu'il nous rend en quelque façon pareils à Dieu et semble nous exempter de lui être sujets[1], et que par conséquent son usage est le plus grand de tous nos biens, il est aussi celui qui est le plus proprement nôtre et qui nous importe le plus,

---

[1] Le libre arbitre, en effet, n'est rien moins qu'un pouvoir créateur. En tant qu'il le possède, l'homme est égal à Dieu et soustrait à la puissance de Dieu. Cette théorie du libre arbitre, égalant l'homme à Dieu, et égal en l'homme et en Dieu, est capitale chez Descartes.

d'où il suit que ce n'est que de lui que nos plus grands contentements peuvent procéder. Aussi voit-on, par exemple, que le repos d'esprit et la satisfaction intérieure que sentent en eux-mêmes ceux qui savent qu'ils ne manquent jamais à faire leur mieux, tant pour connaître le bien que pour l'acquérir, est un plaisir sans comparaison plus doux, plus durable et plus solide que ceux qui viennent d'ailleurs.

(Descartes, édit. Ad. Garnier, p. 176, t. III. Hachette, édit.).

LA GÉNÉROSITÉ

Pour ce que l'une des principales parties de la sagesse est de savoir en quelle façon et pour quelle cause chacun se doit estimer ou mépriser, je tâcherai ici d'en dire mon opinion. Je ne remarque en nous qu'une seule chose qui puisse nous donner juste raison de nous estimer, à savoir l'usage de notre libre arbitre, et l'empire que nous avons sur nos volontés; car il n'y a que les seules actions qui dépendent de ce libre arbitre, pour lesquelles nous puissions avec raison être loués ou blâmés; et il nous rend en quelque façon semblables à Dieu en nous faisant maîtres de nous-mêmes, pourvu que nous ne perdions point par lâcheté les droits qu'ils nous donne.

Aussi je crois que la vraie générosité, qui fait qu'un homme s'estime au plus haut point qu'il se peut légitimement estimer, consiste seulement partie en ce qu'il connaît qu'il n'y a rien qui véritablement lui appartienne que cette libre disposition de ses volontés, ni pour quoi il doive être loué ou blâmé, sinon pour ce qu'il en use bien ou mal, et partie en ce qu'il sent en soi-même une ferme et constante résolution d'en bien user, c'est-à-dire de ne jamais manquer de volonté pour entreprendre et exécuter toutes les choses qu'il jugera être les meilleures, ce qui est suivre parfaitement la vertu.

Ceux qui ont cette connaissance et sentiment d'eux-mêmes se persuadent facilement que chacun des autres hommes les peut aussi avoir de soi; c'est pourquoi ils ne méprisent jamais personne et, bien qu'ils voient souvent que les autres commettent des fautes qui font paraître leur faiblesse, ils sont toutefois plus enclins à les excuser qu'à les blâmer et à croire que c'est plutôt par manque de connaissance que par manque de bonne volonté qu'ils les commettent, et, comme ils ne pensent point être de beaucoup inférieurs à ceux qui ont plus de biens ou d'honneurs, ou même qui ont plus d'esprit, plus de savoir, plus de beauté ou généralement qui les surpassent en quelques autres perfections, aussi ne s'estiment-ils point beaucoup au-dessus de ceux qu'ils surpassent, à cause que toutes ces choses leur semblent être fort peu considérables à comparaison de la bonne volonté, pour laquelle seule ils s'estiment et laquelle ils supposent aussi être ou du moins pouvoir être en chacun des autres hommes.

Ainsi les plus généreux ont coutume d'être les plus humbles ; et l'humilité vertueuse ne consiste qu'en ce que la réflexion que nous faisons sur l'infirmité de notre nature et sur les fautes que nous pouvons autrefois avoir commises ou sommes capables de commettre, qui ne sont pas moindres que celles qui peuvent être commises par d'autres, est cause que nous ne nous préférons à personne, et que nous pensons que les autres ayant leur libre arbitre aussi bien que nous, ils en peuvent aussi bien user.

Ceux qui sont généreux en cette façon sont naturellement portés à faire de grandes choses, et toutefois à ne rien entreprendre dont ils ne se sentent capables ; et pour ce qu'ils n'estiment rien de plus grand que de faire du bien aux autres hommes, et de mépriser son propre intérêt, pour ce sujet ils sont toujours parfaitement courtois, affables et officieux envers un chacun. Et avec cela ils sont entièrement maîtres de leurs passions, particulièrement des désirs, de la jalousie et de l'envie, à cause qu'il n'y a aucune chose dont l'acquisition ne dépende pas d'eux qu'ils pensent valoir assez pour mériter d'être beaucoup souhaitée ; et de la haine envers les hommes, à cause qu'ils les estiment tous ; et de la peur, à cause que la confiance qu'ils ont en leur vertu les assure; et enfin de la colère, à cause que, n'estimant que fort peu toutes les choses qui dépendent d'autrui, jamais ils ne donnent tant d'avantage à leurs ennemis que de reconnaître qu'ils en sont offensés.

Tous ceux qui conçoivent bonne opinion d'eux-mêmes pour quelque autre cause, telle qu'elle puisse être, n'ont pas une vraie générosité, mais seulement un orgueil qui est toujours fort vicieux, encore qu'il le soit d'autant plus que la cause pour laquelle on s'estime est plus injuste; et la plus injuste de toutes est lorsqu'on est orgueilleux sans aucun sujet, c'est-à-dire sans qu'on pense pour cela qu'il y ait en soi aucun mérite pour lequel on doive être prisé, mais seulement pour ce qu'on ne fait point d'état du mérite, et que, s'imaginant que la gloire n'est autre chose qu'une usurpation, l'on croit que ceux qui s'en attribuent le plus en ont le plus. Ce vice est si déraisonnable et si absurde que j'aurais de la peine à croire qu'il y eût des hommes qui s'y laissassent aller, si jamais personne n'était loué injustement; mais la flatterie est si commune partout, qu'il n'y a point d'homme si défectueux qu'il ne se voie souvent estimer pour des choses qui ne méritent aucune louange, ou même qui méritent du blâme, ce qui donne occasion aux plus ignorants et aux plus stupides de tomber en cette espèce d'orgueil.

Mais, quelle que puisse être la cause pour laquelle on s'estime, si elle est autre que la volonté qu'on sent en soi-même d'user toujours bien de son libre arbitre, de laquelle j'ai dit que vient la générosité, elle produit toujours un orgueil très blâmable et qui est si différent de cette vraie générosité qu'il a des effets entièrement contraires; car tous les autres biens, comme l'esprit, la beauté, les richesses, les honneurs, etc., ayant coutume d'être d'autant plus estimés qu'ils se trouvent en moins de personnes, et même étant pour la plupart de telle nature qu'ils ne peuvent être communiqués à plusieurs, cela fait que les orgueilleux tâchent d'abaisser tous les autres hommes, et qu'étant esclaves de leurs désirs, ils ont l'âme incessamment agitée de haine, d'envie, de jalousie ou de colère.

Pour la bassesse ou humilité vicieuse, elle consiste principalement en ce qu'on se sent faible et peu résolu et que, comme si on n'avait pas l'usage entier de son libre arbitre, on ne peut s'empêcher de faire des choses dont on se repentira par après, puis aussi en ce qu'on croit ne pouvoir subsister par soi-même ni se passer de plusieurs choses dont l'acquisition dépend d'autrui. Ainsi elle est directement opposée à la générosité, et il arrive souvent que ceux qui ont l'esprit le plus bas sont les plus arrogants et superbes, en même façon que les plus généreux sont les plus modestes et les plus humbles. Mais, au lieu que ceux qui ont l'esprit fort et généreux ne changent point d'humeur pour les prospérités ou adversités qui leur arrivent, ceux qui l'ont faible et abject ne sont conduits que par la fortune et la prospérité ne les enfle pas moins que l'adversité les rend humbles. Même on voit souvent qu'ils s'abaissent honteusement auprès de ceux dont ils attendent quelque profit ou craignent quelque mal et qu'en même temps ils s'élèvent insolemment au-dessus de ceux desquels ils n'espèrent ni ne craignent aucune chose...

(Nous passons l'art. CLX, où Descartes démontre que la générosité est une *passion*, en même temps qu'une *vertu*, et a une base physique ou dépend du mouvement des esprits animaux).

... Il faut remarquer que ce qu'on nomme communément des vertus sont des habitudes en l'âme, qui la disposent à certaines pensées, en sorte qu'elles sont différentes de ces pensées, mais qu'elles peuvent les produire et réciproquement être produites par elles. Il faut remarquer aussi que ces pensées peuvent être produites par l'âme seule, mais qu'il arrive souvent que quelque mouvement des esprits[1] les fortifie et que pour lors elles sont des actions de vertu et

---

[1] *Esprits* pour *esprits animaux*. Le terme *esprits animaux* désigne, dans la langue de Descartes, ce que nous appelons aujourd'hui le fluide nerveux.

ensemble des passions de l'âme; ainsi, encore qu'il n'y ait point de vertu à laquelle il semble que la bonne naissance contribue tant qu'à celle qui fait qu'on ne s'estime que selon sa juste valeur, et qu'il soit aisé de croire que toutes les âmes que Dieu met en nos corps ne sont pas également nobles et fortes (ce qui est cause que j'ai nommé cette vertu *générosité*[1], suivant l'usage de notre langue, plutôt que *magnanimité*, suivant l'usage de l'École, où elle n'est pas fort connue), il est certain néanmoins que la bonne institution sert beaucoup pour corriger les défauts de la naissance et que, si on s'occupe souvent à considérer ce que c'est que le libre arbitre et combien sont grands les avantages qui viennent de ce qu'on a une ferme résolution d'en bien user, comme aussi, d'autre côté, combien sont vains et inutiles tous les soins qui travaillent les ambitieux, on peut exciter en soi la passion et ensuite acquérir la vertu de générosité, laquelle étant comme la clef de toutes les autres vertus et un remède général contre tous les dérèglements des passions, il me semble que cette considération mérite bien d'être remarquée[2].

(*Traité des Passions de l'âme*, art. CLII-CLXI).

---

[1] *Générosité* veut dire étymologiquement qualité ou vertu de *race*, de tempérament. L'École, à la suite d'Aristote, reconnaît une vertu qu'elle appelle *magnanimité*, vertu analogue, mais seulement analogue à la *générosité*, telle qu'elle est définie ici.

[2] Dans ce dernier paragraphe, Descartes étudie ce qu'on pourrait appeler les origines de la vertu : la vertu dérive du tempérament, de la race, de l'hérédité, comme nous dirions aujourd'hui, — de l'éducation, de l'habitude, — de la réflexion ou de la raison. Il détermine ensuite la part qui revient à chacun de ces éléments ou facteurs de la moralité. Celle du *physique* ou du tempérament est très grande. « L'esprit dépend si fort des organes que, s'il y a quelque moyen de rendre les hommes plus sages et plus vertueux qu'ils ne sont, je pense que c'est dans la médecine qu'il faut le chercher » (*Disc. de la Méth.*). Mais le rôle de l'éducation et de la raison n'est pas moindre. La morale de Descartes n'est pas, comme on voit, une morale intellectualiste ou morale d'*esprit pur*: la vertu réside dans le bon usage de la volonté ou du libre arbitre, et n'est pas la simple connaissance du bien; de plus, elle a une base physique : la nature l'engendre et l'habitude l'établit, ou du moins la fortifie et consolide. Toutefois c'est la raison qui en est le principe ou la règle.

PASCAL

III. PASCAL (1625-1662). — Né à Clermont. Pascal qui s'est illustré, comme savant, par ses découvertes en mathématiques et en physique, voulut avant tout faire œuvre d'apologétique chrétienne. Il appartient à la secte janséniste et combat les grands adversaires de Port-Royal, les Jésuites, dans les *Provinciales*. Il expose dans les *Pensées* la doctrine chrétienne et en fait ressortir notamment la valeur morale. C'est à ce dernier ouvrage que nous empruntons toutes nos citations.

Le plan que nous avons suivi dans l'exposition de la morale de Pascal est celui-ci :

La fin de l'homme est le *bonheur* (extr. I). — Mais où réside le bonheur ? Ce ne peut être que dans la vie *extérieure*, dans la vie *intellectuelle* ou dans la vie *religieuse*. Distinction des *trois ordres* : la chair, l'esprit, la charité (extr. II).

Passons en revue ces trois vies.

a) La vie *extérieure*, sous ses trois formes : sensible, imaginative, sociale. — *Les sens :* le *divertissement.* — L'*imagination*, puissance trompeuse. — La *vie sociale* : justice, force et coutume. — *b)* La *pensée*. — *c)* La *charité*.

LA FIN DE L'HOMME

« Tous les hommes recherchent d'être heureux ; cela est sans exception. Quelque différents moyens qu'ils y emploient, ils tendent tous à ce but. Ce qui fait que les uns vont à la guerre et que les autres n'y vont pas est ce même désir qui est dans tous les deux, accompagné de différentes vues. La volonté ne fait jamais la moindre démarche que vers cet objet. C'est le motif de toutes les actions des hommes, jusqu'à ceux qui vont se pendre. [1]

[1] « Tous les hommes recherchent d'être heureux ». C'est là un fait

Et cependant, depuis un si grand nombre d'années, jamais personne, sans la foi, n'est arrivé à ce point où tous visent continuellement. Tous se plaignent : princes, sujets; nobles, roturiers; vieux, jeunes; forts, faibles; savants, ignorants; sains, malades; de tous pays, de tous les temps, de tous âges et de toutes conditions¹.

Une épreuve si longue, si continuelle et si uniforme, devrait bien nous convaincre de notre impuissance d'arriver au bien par nos efforts; mais l'exemple nous instruit peu. Il n'est jamais si parfaitement semblable qu'il n'y ait quelque délicate différence; et c'est de là que nous attendons que notre attente ne sera pas déçue en cette occasion comme en l'autre. Et ainsi le présent ne nous satisfaisant jamais, l'espérance nous pipe et, de malheur en malheur, nous mène jusqu'à la mort, qui en est un comble éternel.

Qu'est-ce donc que nous crie cette avidité et cette impuissance, sinon qu'il y a eu autrefois dans l'homme un véritable bonheur, dont il ne lui reste maintenant que la marque ou la trace toute vide, et qu'il essaie inutilement de remplir de tout ce qui l'environne, recherchant des choses absentes le secours qu'il n'obtient pas des présentes, mais qui en sont toutes incapables, parce que le gouffre infini ne peut être rempli que par un objet infini et immuable, c'est-à-dire par Dieu même.

que Pascal constate, et un principe qu'il pose, autrement dit, c'est là un fait qu'il tient pour naturel, légitime et fondé. Cf. plus haut, Montaigne (article I).

¹ Tous les hommes manquent le bonheur. Voilà un second fait, aussi certain, aussi bien établi que le premier, mais qui ne se justifie pas par lui-même, qui ne peut se comprendre, et qui est d'ailleurs en contradiction avec le premier. De ce second fait on tentera deux interprétations : — l'une, tout humaine, est que l'expérience, étant toujours particulière, ne prouve rien; notre cas peut différer de celui des autres hommes; où ils ont échoué, nous pouvons réussir; c'est là ce que crie l'espérance, naturelle au cœur de l'homme (3ᵉ alinéa); — l'autre, théologique, ou mieux janséniste, est que l'homme, depuis la chute, cherche en vain le bonheur, n'en saisit que le fantôme, étant tombé du culte de Dieu, vrai objet du bonheur, à l'idolâtrie ou amour des créatures (4ᵉ alinéa). A ce que Pascal dit ici de la diversion tentée par l'homme pour atteindre, au moyen des choses extérieures, le bonheur, qu'il ne peut trouver qu'en Dieu, se rapporte toute la théorie du *divertissement*, ou l'art de s'étourdir. (V. plus loin.)

Lui seul est son véritable bien, et, depuis qu'il l'a quitté, c'est une chose étrange qu'il n'y a rien dans la nature qui n'ait été capable de lui en tenir la place : astres, ciel, terre, élément, plantes, choux, poireaux, animaux, insectes, veaux, serpents, fièvre, peste, guerre, famine, vices, adultère, inceste. Et depuis qu'il a perdu le vrai bien, tout également peut lui paraître tel, jusqu'à sa destruction propre, quoique si contraire à Dieu, à la raison et à la nature tout ensemble.

Les uns le cherchent dans l'autorité, les autres dans les curiosités et dans les sciences, les autres dans les voluptés[1]. D'autres[2], qui en ont en effet plus approché, ont considéré qu'il est nécessaire que le bien universel, que tous les hommes désirent, ne soit dans aucune des choses particulières, qui ne peuvent être possédées que par un seul et qui, étant partagées, affligent plus leur possesseur par le manque de la partie qu'ils n'ont pas, qu'elles ne le contentent par la jouissance de celle qui lui appartient. Ils ont compris que le vrai bien doit être tel que tous pussent le posséder à la fois, sans diminution et sans envie, et que personne ne pût le perdre contre son gré.

Et leur raison est que ce désir étant naturel à l'homme, puisqu'il est nécessaire dans tous, et qu'il ne peut pas ne le pas avoir, ils en concluent[3]...

---

[1] Cf. « Les trois concupiscences ont fait trois sectes, et les philosophes n'ont fait autre chose que suivre une des trois concupiscences » (Pascal suit ici Jansénius (*Augustinus, De statu naturæ lapsu*, II, 8) lequel distingue lui-même d'après saint Jean (*Ep.* I, II, 16) une concupiscence de la chair (*libido sentiendi*) — de l'esprit (*libido sciendi*) — de la volonté (désir du commandement ou de la puissance, *libido dominandi*) — Cf. Bossuet : *Traité de la Concupiscence*.

[2] Les Stoïciens.

[3] Le sens de ce raisonnement inachevé est que le vrai bien, devant être, d'une part, à la portée de tous les hommes, et de l'autre tel qu'ils le possèdent tous « à la fois, sans diminution et sans envie », il ne réside pas dans les *biens extérieurs* (richesses, plaisirs, etc.), lesquels ne remplissent ni l'une ni l'autre condition, mais dans la *vertu* qui seule les remplit toutes deux. Telle est en effet la doctrine des stoïciens. Pascal ramène toutes les philosophies à deux : la philosophie épicurienne, qui place le bonheur dans la volupté, et la philosophie stoïcienne, qui place le bonheur dans la vertu (*Entretien avec M. de Saci sur Epictète et Montaigne*) et conclut à la fausseté ou du moins à l'étroitesse

On voit quelle est, pour Pascal, la *fin morale*. Voyons comment il nous conduit progressivement à cette fin.

L'homme cherchera le bonheur, sans le trouver, d'abord dans la *vie extérieure* (vie sensible, imaginative, vie sociale); puis dans la *vie intellectuelle*; enfin il trouvera le bonheur, après y avoir renoncé, dans la *vie religieuse* ou *vie de la charité*.

La distinction de ces trois vies et leur valeur relative sont marquées dans le morceau suivant :

LES TROIS ORDRES : MATIÈRE, PENSÉE, CHARITÉ

La distance infinie des corps aux esprits figure la distance infiniment plus infinie des esprits à la charité; car elle est surnaturelle.

Tout l'éclat des grandeurs n'a point de lustre pour les gens qui sont dans les recherches de l'esprit.

La grandeur des gens d'esprit est invisible aux rois, aux riches, aux capitaines, à tous ces grands de chair.

La grandeur de la Sagesse, qui n'est nulle part, sinon en Dieu, est invisible aux charnels et aux gens d'esprit. Ce sont trois ordres différents en genre.

Les grands génies ont leur empire, leur éclat, leur grandeur, leur victoire et leur lustre, et n'ont nul besoin des grandeurs charnelles où elles n'ont pas de rapport. Ils sont vus, non des yeux, mais des esprits : c'est assez.

Les saints ont leur empire, leur éclat, leur victoire, leur lustre, et n'ont nul besoin des grandeurs charnelles ou spirituelles où elles n'ont nul rapport, car elles n'y ajoutent ni ôtent. Ils sont vus de Dieu et des anges, et non des corps ni des esprits curieux : Dieu leur suffit.

Archimède, sans éclat, serait en même vénération. Il n'a

---

des deux. Ces philosophies n'ont vu qu'un côté de la nature humaine, l'une, la misère, l'autre, la grandeur de l'homme. La religion chrétienne, seule, a vu à la fois notre grandeur et notre misère, et expliqué l'une et l'autre. Par là elle a fondé la vraie morale.

pas donné des batailles pour les yeux, mais il a fourni à tous les esprits ses inventions. O qu'il a éclaté aux esprits !

Jésus-Christ, sans bien et sans aucune production au dehors de science, est dans son ordre de sainteté. Il n'a point donné d'invention, il n'a point régné; mais il a été humble, patient, saint, saint à Dieu, terrible aux démons, sans aucun péché. O qu'il est venu en grande pompe et en une prodigieuse magnificence aux yeux du cœur et qui voient la sagesse !

Il eût été inutile à Archimède de faire le prince dans ses livres de géométrie, quoiqu'il le fût.

Il eût été inutile à Notre Seigneur Jésus-Christ, pour éclater dans son règne de sainteté, de venir en Roi; mais il est bien venu avec l'éclat de son ordre.

Il est bien ridicule de se scandaliser de la bassesse de Jésus-Christ, comme si cette bassesse était du même ordre duquel est la grandeur qu'il venait faire paraître. Qu'on considère cette grandeur-là dans sa vie, dans sa passion, dans son obscurité, dans sa mort, dans l'élection des siens, dans leur abandon, dans sa secrète résurrection, et dans le reste : on la verra si grande, qu'on n'aura pas sujet de se scandaliser d'une bassesse qui n'y est pas.

Mais il y en a qui ne peuvent admirer que les grandeurs charnelles, comme s'il n'y en avait pas de spirituelles; et d'autres qui n'admirent que les spirituelles, comme s'il n'y en avait pas d'infiniment plus hautes dans la sagesse.

Tous les corps, le firmament, les étoiles, la terre et ses royaumes ne valent pas le moindre des esprits ; car il connaît tout cela, et soi ; et les corps, rien.

Tous les corps ensemble, et tous les esprits ensemble, et toutes leurs productions ne valent pas le moindre mouvement de charité : cela est d'un ordre infiniment plus élevé.

De tous les corps ensemble on ne saurait en faire réussir une petite pensée, cela est impossible, et d'un autre ordre.

De tous les corps et esprits on n'en saurait tirer un mouvement de vraie charité : cela est impossible, et d'un autre ordre, surnaturel.

A. — LA VIE EXTÉRIEURE

(SENSIBLE, IMAGINATIVE, SOCIALE).

VANITÉ DE LA VIE SENSIBLE : THÉORIE DU DIVERTISSEMENT[1]

On charge les hommes, dès l'enfance, du soin de leur honneur, de leur bien, de leurs amis, et encore du bien et de l'honneur de leurs amis. On les accable d'affaires, de l'apprentissage des langues et des sciences, et on leur fait entendre qu'ils ne sauraient être heureux sans que leur santé, leur honneur, leur fortune et celle de leurs amis soient en bon état, et qu'une seule chose qui manque les rendrait malheureux. Ainsi on leur donne des charges et des affaires qui les font tracasser dès la pointe du jour. Voilà, direz-vous, une étrange manière de les rendre heureux. Que pourrait-on faire de mieux pour les rendre malheureux ? Comment ! ce qu'on pourrait faire ? Il ne faudrait que leur ôter tous ces soins ; car alors ils se verraient, ils penseraient à ce qu'ils sont, d'où ils viennent, où ils vont ; et ainsi on ne peut trop les occuper et les détourner ; et c'est pourquoi, après leur avoir tant préparé d'affaires, s'ils ont quelque temps de relâche, on leur conseille de l'employer à se divertir, à jouer et à s'occuper toujours tout entiers. Que le cœur de l'homme est creux et plein d'ordure !

Quand je m'y suis mis quelquefois à considérer les diverses agitations des hommes et les périls et les peines où ils s'exposent, dans la cour, dans la guerre, d'où naissent tant de querelles, de passions, d'entreprises hardies et souvent mauvaises, j'ai dit souvent que tout le malheur des hommes vient d'une seule chose, qui est de ne savoir pas demeurer en repos dans une chambre. Un homme qui

---

[1] Le mot *divertissement* est pris ici au sens étymologique et veut dire : ce qui distrait, ce qui empêche de penser. La *théorie du divertissement*, c'est donc *l'art de s'étourdir*. Pascal va montrer que l'homme n'est heureux que par le divertissement, que par l'agitation qu'il se donne, et qui l'empêche de sentir la pauvreté de ses plaisirs et le néant de sa vie.

a assez de bien pour vivre, s'il savait demeurer chez soi avec plaisir, n'en sortirait pas pour aller sur la mer ou au siège d'une place. On n'achètera une charge à l'armée si cher que parce qu'on trouvera insupportable de ne bouger de la ville; et on ne recherche la conversation et les divertissements des jeux que parce qu'on ne peut demeurer chez soi avec plaisir.

Mais quand j'ai pensé de plus près, et qu'après avoir trouvé la cause de tous nos malheurs, j'ai voulu en découvrir la raison, j'ai trouvé qu'il y en a une bien effective, qui consiste dans le malheur naturel de notre condition faible et mortelle, et si misérable, que rien ne peut nous consoler, lorsque nous y pensons de près.

Quelque condition qu'on se figure, si l'on assemble tous les biens qui peuvent nous appartenir, la royauté est le plus beau poste du monde; et cependant qu'on s'imagine un roi accompagné de toutes les satisfactions qui peuvent le toucher, s'il est sans divertissement et qu'on le laisse considérer et faire réflexion sur ce qu'il est, cette félicité languissante ne le soutiendra point, il tombera par nécessité dans les vues qui le menacent des révoltes qui peuvent arriver et enfin de la mort et des maladies qui sont inévitables; de sorte que, s'il est sans ce qu'on appelle divertissement, le voilà malheureux, et plus malheureux que le moindre de ses sujets qui joue et qui se divertit.

De là vient que le jeu et la conversation des femmes, la guerre, les grands emplois, sont si recherchés. Ce n'est pas qu'il y ait en effet du bonheur, ni qu'on s'imagine que la vraie béatitude soit dans l'argent qu'on peut gagner au jeu, ou dans le lièvre qu'on court. On n'en voudrait pas s'il était offert. Ce n'est pas cet usage mol et paisible, et qui nous laisse penser à notre malheureuse condition, qu'on recherche, ni les dangers de la guerre, ni la peine des emplois, mais c'est le tracas qui nous détourne d'y penser et nous divertit.

De là vient que les hommes aiment tant le bruit et le remuement; de là vient que la prison est un supplice si horrible; de là vient que le plaisir de la solitude est une chose incompréhensible. Et c'est enfin le plus grand sujet de félicité de la condition des rois de ce qu'on essaye sans cesse à les divertir et à leur procurer toutes sortes de plaisirs.

Le roi est environné de gens qui ne pensent qu'à divertir le roi et l'empêchent de penser à lui. Car il est malheureux, tout roi qu'il est, s'il y pense.

Voilà tout ce que les hommes ont pu inventer pour se rendre heureux. Et ceux qui font sur cela les philosophes, et qui croient que le monde est bien peu raisonnable de passer tout le jour à courir après un lièvre, qu'ils ne voudraient pas avoir acheté, ne connaissent guère notre nature. Ce lièvre ne nous garantirait pas de la vue de la mort et des misères, mais la chasse, qui nous en détourne, nous en garantit. Et ainsi, quand on leur reproche que ce qu'ils cherchent avec tant d'ardeur ne saurait les satisfaire, s'ils répondaient, comme ils devraient le faire, s'ils y pensaient bien, qu'ils ne cherchent en cela qu'une occupation violente et impétueuse qui les détourne de penser à soi, et que c'est pour cela qu'ils se proposent un objet attirant qui les charme et les attire avec ardeur, ils laisseraient leurs adversaires sans repartie. Mais ils ne répondent pas cela, parce qu'ils ne se connaissent pas eux-mêmes ; ils ne savent pas que ce n'est que la chasse, et non la prise, qu'ils recherchent.

Ils s'imaginent que, s'ils avaient obtenu cette charge, ils se reposeraient ensuite avec plaisir, et ne sentent pas la nature insatiable de leur cupidité. Ils croient chercher sincèrement le repos, et ne cherchent en effet que l'agitation.

Ils ont un instinct secret qui les porte à chercher le divertissement et l'occupation au dehors, qui vient du ressentiment de leurs misères continuelles ; et ils ont un autre instinct secret, qui reste de la grandeur de notre première nature, qui leur fait connaître que le bonheur n'est en effet que dans le repos et non pas dans le tumulte ; et de ces deux instincts contraires il se forme en eux un projet confus, qui se cache à leur vue dans le fond de leur âme, qui les porte à tendre au repos par l'agitation et à se figurer toujours que la satisfaction qu'ils n'ont point leur arrivera, si, en surmontant quelques difficultés qu'ils envisagent, ils peuvent s'ouvrir par là la porte au repos.

Ainsi s'écoule toute la vie. On cherche le repos en combattant quelques obstacles ; et, si on les a surmontés, le repos devient insupportable. Car, ou l'on pense aux misères qu'on a, ou à celles qui nous menacent. Et quand on se verrait même assez à l'abri de toutes parts, l'ennui, de son autorité privée, ne laisserait pas de sortir du fond du cœur où il a des racines naturelles, et de remplir l'esprit de son venin.

Le conseil qu'on donnait à Pyrrhus, de prendre le repos qu'il allait chercher par tant de fatigues, recevait bien des difficultés.

Ainsi l'homme est si malheureux qu'il s'ennuierait même sans aucune cause d'ennui, par l'état propre de sa complexion ; et il est si vain qu'étant plein de mille causes essentielles d'ennui, la moindre chose, comme un billard et une balle qu'il pousse, suffisent pour le divertir.

Si l'homme était heureux, il le serait d'autant plus qu'il serait moins diverti, comme les saints et Dieu.

Oui ; mais n'est-ce pas être heureux que de pouvoir être réjoui par le divertissement ? Non, car il vient d'ailleurs et de dehors, et ainsi il est dépendant, et partant sujet à être troublé par mille accidents qui font les afflictions inévitables.

Misère. — La seule chose qui nous console de nos misères est le divertissement, et cependant c'est la plus grande de nos misères.

Car c'est cela qui nous empêche principalement de songer à nous, et qui nous fait perdre insensiblement. Sans cela nous serions dans l'ennui, et cet ennui nous pousserait à chercher un moyen plus solide d'en sortir. Mais le divertissement nous amuse et nous fait arriver insensiblement à la mort.

II. — LA VIE IMAGINATIVE

L'imagination a le grand don de persuader les hommes. La raison a beau crier, elle ne peut mettre le prix aux choses.

Cette superbe puissance, ennemie de la raison, qui se plaît à la contrôler et à la dominer, pour montrer combien elle peut en toutes choses, a établi dans l'homme une seconde nature. Elle a ses heureux, ses malheureux, ses sains, ses malades, ses riches, ses pauvres ; elle fait croire, douter, nier la raison ; elle suspend les sens, elle les fait sentir ; elle a ses fous et ses sages ; et rien ne nous dépite davantage que de voir qu'elle remplit ses hôtes d'une satisfaction bien autrement pleine et entière que la raison. Les habiles par imagination se plaisent tout autrement à eux-mêmes que les prudents ne se peuvent raisonnablement plaire. Ils regardent les gens avec empire ; ils disputent avec hardiesse et confiance, les autres, avec crainte et défiance ; et cette gaieté de visage leur donne souvent l'avantage dans l'opinion des écoutants, tant les sages imaginaires ont de faveur auprès des juges de même nature. Elle ne peut rendre sages les fous ; mais elle les rend heureux à l'envi de la raison qui ne peut rendre ses amis que misérables, l'une les couvrant de gloire, l'autre de honte.

Qui dispense la réputation ? Qui donne le respect et la vénération aux personnes, aux ouvrages, aux lois, aux grands, sinon cette faculté imaginante ? Toutes les richesses de la terre sont insuffisantes sans son consentement...

Je ne veux pas rapporter tous ses effets [1] ; je rapporterais presque toutes les actions des hommes qui ne branlent que par ses secousses. Car la raison a été obligée de céder, et la plus sage prend pour ses principes ceux que l'imagination des hommes a témérairement introduits en chaque lieu.

[1] Les effets de l'imagination.

Nos magistrats ont bien connu ce mystère. Leurs robes rouges, leurs hermines, dont ils s'emmaillotent en chats fourrés, les palais où ils jugent, les fleurs de lis, tout cet appareil auguste était fort nécessaire ; et si les médecins n'avaient des soutanes et des mules, et que les docteurs n'eussent des bonnets carrés et des robes trop amples de quatre parties, jamais ils n'auraient dupé le monde qui ne peut résister à cette montre si authentique. Les seuls gens de guerre ne sont pas déguisés de la sorte, parce qu'en effet leur part est plus essentielle ; ils s'établissent par la force, les autres par la grimace.

S'ils avaient la véritable justice, si les médecins avaient le vrai art de guérir, ils n'auraient que faire de bonnets carrés ; la majesté de ces sciences serait assez vénérable d'elle-même. Mais n'ayant que des sciences imaginaires, il faut qu'ils prennent ces vains instruments qui frappent l'imagination, à laquelle ils ont affaire ; et par là, en effet, ils s'attirent le respect.

Nous ne pouvons pas seulement voir un avocat en soutane et le bonnet en tête, sans une opinion avantageuse de sa suffisance.

L'imagination dispose de tout ; elle fait la beauté, la justice, et le bonheur, qui est le tout du monde. Je voudrais de bon cœur voir le livre italien dont je ne connais que le titre, qui vaut lui seul bien des livres : *Della opinione, regina del mondo*. J'y souscris sans le connaître, sauf le mal, s'il y en a.

Voilà à peu près les effets de cette faculté trompeuse qui semble nous être donnée exprès pour nous induire à une erreur nécessaire. Nous en[1] avons bien d'autres principes.

---

[1] Entendez : d'autres principes d'erreur. L'imagination n'est en effet qu'une de nos « puissances trompeuses » ; les autres sont l'amour-propre, la coutume, etc. ; mais l'amour-propre, la coutume ont besoin de l'appui, du soutien de l'imagination, et sont ainsi des puissances trompeuses, en quelque sorte, dérivées, la principale et primordiale étant l'imagination.

III. — LA VIE SOCIALE

L'ORDRE SOCIAL. — LA JUSTICE. — LA COUTUME LA FORCE

Sur quoi fondera-t-il l'économie du monde qu'il veut gouverner ? Sera-ce sur le caprice de chaque particulier ? Quelle confusion ! Sera-ce sur la justice ? Il l'ignore.

Certainement, s'il la connaissait, il n'aurait pas établi cette maxime, la plus générale de toutes celles qui sont parmi les hommes : que chacun suive les mœurs de son pays ; l'éclat de la véritable équité aurait assujetti tous les peuples, et les législateurs n'auraient pas pris pour modèle, au lieu de cette justice constante, les fantaisies et les caprices des Perses et Allemands. On la verrait plantée par tous les États du monde et dans tous les temps, au lieu qu'on ne voit presque rien de juste ou d'injuste qui ne change de qualité en changeant de climat. Trois degrés d'élévation du pôle renversent toute la jurisprudence. Un méridien décide de la vérité ; en peu d'années de possession, les lois fondamentales changent ; le droit a ses époques. L'entrée de Saturne au Lion nous marque l'origine d'un tel crime. Plaisante justice qu'une rivière borne ! Vérité au deçà des Pyrénées, erreur au delà [1].

LA COUTUME

La coutume fait toute l'équité, par cette seule raison qu'elle est reçue ; c'est le fondement mystique de son autorité. Qui la ramène à son principe l'anéantit. Rien n'est si fautif que ces lois qui redressent les fautes ; qui leur obéit, parce qu'elles sont justes, obéit à la justice qu'il imagine, mais non pas à l'essence de la loi : elle est toute ramassée en soi ; elle est loi et rien davantage. Qui voudra en examiner le motif le trouvera si faible et si léger que, s'il n'est accoutumé à contempler les prodiges de l'imagination humaine, il admirera qu'un siècle lui ait tant acquis de

---

[1] A défaut de la justice qu'il ignore, l'homme doit suivre la *coutume*.

pompe et de révérence. L'art de fronder (et) bouleverser les États est d'ébranler les coutumes établies, en sondant jusque dans leur source, pour marquer leur défaut de justice. Il faut, dit-on, recourir aux lois fondamentales et primitives de l'État qu'une coutume injuste a abolies ; c'est un jeu sûr pour tout perdre ; rien ne sera juste à cette balance. Cependant le peuple prête aisément l'oreille à ces discours. Ils secouent le joug dès qu'ils le reconnaissent ; et les grands en profitent à sa ruine et à celle de ces curieux examinateurs des coutumes reçues. Mais, par un défaut contraire, les hommes croient quelquefois pouvoir faire avec justice tout ce qui n'est pas sans exemple. C'est pourquoi le plus sage des législateurs disait que, pour le bien des hommes, il faut souvent les piper ; et un autre bon politique : *Quum veritatem qua liberetur ignoret, expedit quod fallatur* [1]. Il ne faut pas qu'il sente la vérité de l'usurpation : elle a été introduite autrefois sans raison ; elle est devenue raisonnable ; il faut la faire regarder comme authentique, éternelle, et en cacher le commencement, si on ne veut qu'elle ne prenne bientôt fin [2].

En dernière analyse, la justice se ramène à la force.
La coutume ne sert qu'à déguiser la force.

Justice, force. — Il est juste que ce qui est juste soit suivi ; il est nécessaire que ce qui est le plus fort soit suivi. La justice sans la force est impuissante ; la force sans la justice est tyrannique. La justice sans force est contredite, parce qu'il y a toujours des méchants ; la force sans la justice est

---

[1] Le plus sage des législateurs, celui dont la maxime est, comme celle du politique, que : « Puisque l'homme ignore la vérité qui le sauverait, il convient de le tromper, » c'est Platon.

[2] On voit le rapport de ce morceau avec le précédent (sur l'imagination). Ce n'est pas la coutume *aveugle* qui fonde l'ordre social, mais la coutume à laquelle l'esprit donne son adhésion, la coutume agréée, consentie, celle qui est une forme d'esprit ou un tour d'imagination des peuples. L'automatisme des idées précède celui des actes. La justice repose en dernière analyse sur une illusion, mais sur une illusion utile, qu'il faut établir, entretenir, conserver. Même thèse dans les lignes qui suivent.

accusée. Il faut donc mettre ensemble la justice et la force, et pour cela faire que ce qui est juste soit fort, ou que ce qui est fort soit juste.

La justice est sujette à dispute, la force est très reconnaissable et sans dispute. Ainsi on n'a pu donner la force à la justice, parce que la force a contredit la justice et a dit que c'était elle qui était juste. Et ainsi ne pouvant faire que ce qui est juste fût fort, on a fait que ce qui est fort fût juste [1].

(Ainsi) ne pouvant faire qu'il soit forcé d'obéir à la justice, on a fait qu'il soit juste d'obéir à la force : ne pouvant fortifier la justice, on a justifié la force, afin que le juste et le fort fussent ensemble, et que la paix fût, qui est le souverain bien [2].

B) — LA VIE INTELLECTUELLE
SA GRANDEUR. — SA MISÈRE

La pensée fait la grandeur de l'homme.

L'homme n'est qu'un roseau, le plus faible de la nature, mais c'est un roseau pensant. Il ne faut pas que l'univers entier s'arme pour l'écraser. Une vapeur, une goutte d'eau, suffit pour le tuer. Mais quand l'univers l'écraserait, l'homme serait encore plus noble que ce qui le tue, parce qu'il sait qu'il meurt ; et l'avantage que l'univers a sur lui, l'univers n'en sait rien.

---

[1] Dialectique remarquable et pour ainsi dire tragique. Qui l'emportera de la justice ou de la force ? Ainsi se pose le débat. Au point de vue de la conscience, il n'y a pas de doute : ce devrait être la justice, mais au point de vue des faits, il n'y a pas non plus doute : ce ne peut être que la force. C'est donc la force qui règne. On s'incline alors devant le fait et on décrète que ce qui est fort est juste.

[2] Du point de vue politique ou humain, la paix est le bien par excellence. Or, pour l'assurer, on n'a pas le choix des moyens : il faut recourir à la force ; il le faut, dans l'état de perversité, où sont les hommes depuis la chute. Mais comme il paraîtrait trop odieux aux hommes, tout corrompus qu'ils sont, d'être gouvernés par la force, trompons-les, persuadons-les qu'ils sont traités selon la justice. Sur cette illusion repose le salut des sociétés. Tel est le machiavélisme de Pascal, machiavélisme qui serait naïf, car il se trahit en se révélant, s'il n'était une simple étape de la pensée de Pascal. Par delà ce monde terrestre, gouverné par la force et le mensonge, il y a en effet le monde de la grâce et de la charité, le règne de la vérité.

Toute notre dignité consiste donc en la pensée. C'est de là qu'il faut nous relever, non de l'espace et de la durée que nous ne saurions remplir. Travaillons donc à bien penser : voilà le principe de la morale.

Ce que nous estimons dans l'homme, c'est la pensée. La pensée est le lien social par excellence, le principe de la sympathie.

Nous avons une si grande idée de l'âme de l'homme, que nous ne pouvons souffrir d'en être méprisés et de n'être pas dans l'estime d'une âme ; et toute la félicité des hommes consiste dans cette estime.

La plus grande bassesse de l'homme est la recherche de la gloire, mais c'est cela même qui est la plus grande marque de son excellence ; car, quelque possession qu'il ait sur la terre, quelque santé et commodité essentielle qu'il ait, il n'est pas satisfait s'il n'est dans l'estime des hommes. Il estime si grande la raison de l'homme que, quelque avantage qu'il ait sur la terre, s'il n'est pas placé avantageusement aussi dans la raison de l'homme, il n'est pas content. C'est la plus belle place du monde : rien ne peut le détourner de ce désir, et c'est la qualité la plus ineffaçable du cœur de l'homme.

Et ceux qui méprisent le plus les hommes, et qui les égalent aux bêtes, encore veulent-ils en être admirés et crus, et se contredisent à eux-mêmes par leur propre sentiment : leur nature, qui est plus forte que tout, les convainquant de la grandeur de l'homme plus fortement que la raison ne les convainc de leur bassesse.

Mais la grandeur de la pensée, de la raison, et partant de la science, que Pascal célèbre en si magnifique langage, ici et ailleurs (notamment dans la *Préface du Traité du Vide* et *l'Epître à la reine Christine*) reste en quelque sorte toute *théorique. En fait*, la raison de l'homme s'égare, se contredit (erreurs des philosophes, en particulier des Stoïciens et des Epicuriens. Voir *Entretien avec M. de*

Saci sur Épictète et Montaigne) ou enfin se porte sur de misérables objets. De là la misère de l'homme, même dans l'ordre intellectuel.

Pensée. — Toute la dignité de l'homme est dans la pensée.

La pensée est donc une chose admirable et incomparable par sa nature. Il fallait qu'elle eût d'étranges défauts pour être méprisable. Mais elle en a de tels que rien n'est plus ridicule.

Qu'elle est grande par sa nature ! Qu'elle est basse par ses défauts !

L'homme est visiblement fait pour penser : c'est toute sa dignité et tout son mérite ; et tout son devoir est de penser comme il faut : or, l'ordre de la pensée est de commencer par soi, et par son auteur et sa fin.

Or, à quoi pense le monde ? Jamais à cela ; mais à danser, à jouer du luth, à chanter, à faire des vers, à courir la bague, etc., à bâtir, à se faire roi, sans penser à ce que c'est qu'être roi et qu'être homme.

Enfin les sciences, et précisément les plus avancées, sont, par leur objet, étrangères à l'homme, n'ont point trait à son bonheur et le détournent de son salut. Concluons donc qu'il ne faut cultiver ni les sciences ni la philosophie, mais étudier la religion.

C) — LA VIE RELIGIEUSE. — LA CHARITÉ

La religion chrétienne peut seule nous enseigner nos devoirs, parce que seule elle explique notre nature et notre destinée.

« C'est en vain, ô hommes, que vous cherchez dans vous-mêmes, le remède à vos misères[1]. Toutes vos lumières ne peuvent arriver qu'à connaître que ce n'est point dans vous-mêmes que vous trouverez ni la vérité ni le bien. Les philo-

---

[1] C'est la Sagesse de Dieu qui parle. — Ce morceau complète et précise le précédent ; il indique les conclusions dernières de Pascal en morale.

sophes vous l'ont promis, et ils n'ont pu le faire. Ils ne savent ni quel est votre véritable bien ni quel est votre véritable état. Comment auraient-ils donné des remèdes à vos maux, qu'ils n'ont pas seulement connus ! Vos maladies principales sont l'orgueil qui vous soustrait de Dieu, la concupiscence, qui vous attache à la terre ; et ils n'ont fait autre chose qu'entretenir au moins l'une de ces maladies. S'ils vous ont donné Dieu pour objet, ce n'a été que pour exercer votre superbe ; ils vous ont fait penser que vous lui étiez semblables et conformes par votre nature[1]. Et ceux qui ont vu la vanité de cette prétention vous ont jetés dans l'autre précipice, en vous faisant entendre que votre nature était pareille à celle des bêtes, et vous ont portés à chercher votre bien dans les concupiscences qui sont le partage des animaux[2]. Ce n'est pas là le moyen de vous guérir de vos injustices, que ces sages n'ont pas connues. Je puis seule vous faire entendre qui vous êtes... »

ANÉANTISSEMENT DE L'AMOUR-PROPRE

Il est injuste qu'on s'attache à moi, quoiqu'on le fasse avec plaisir et volontairement. Je tromperais ceux à qui j'en ferais naître le désir, car je ne suis la fin de personne et n'ai pas de quoi les satisfaire. Ne suis-je pas prêt à mourir? Et ainsi l'objet de leur attachement mourra. Donc, comme je serais coupable de faire croire une fausseté, quoique je la persuadasse doucement, et qu'on la crût avec plaisir, et qu'en cela on me fit plaisir, de même je suis coupable de me faire aimer, et, si j'attire les gens à s'attacher à moi, je dois avertir ceux qui seraient prêts à consentir au mensonge qu'ils ne le doivent pas croire, quelque avantage qui m'en revînt ; et de même, qu'ils ne doivent pas s'attacher à moi; car il faut qu'ils passent leur vie et leurs soins à plaire à Dieu, ou à le chercher[3].

[1] *Les Stoïciens, Epictète* (voir l'*Entretien avec M. de Saci*).
[2] *Les Epicuriens, Montaigne*, ibid.
[3] Voir dans la vie de Pascal par Mme Périer comment il pratiquait

Empruntant à saint Paul la comparaison du corps et des membres, Pascal dit que les chrétiens doivent être dans l'Église ce que les membres sont dans le corps. « Pour faire que les membres soient heureux, il faut qu'ils aient une volonté et qu'ils la conforment au corps. Être membre et n'avoir de vie, d'être et de mouvement que par l'esprit du corps et pour le corps », voilà la charité.

LA SOLIDARITÉ ORGANIQUE, SYMBOLE DE LA CHARITÉ

Dieu ayant fait le ciel et la terre, qui ne sentent point le bonheur de leur être, il a voulu faire des êtres qui le connussent, et qui composassent un corps de membres pensants. Car nos membres ne sentent point le bonheur de leur union, de leur admirable intelligence, du soin que la nature a d'y influer[1] les esprits, et de les faire croître et durer. Qu'ils seraient heureux s'ils le sentaient, s'ils le voyaient ! Mais il faudrait pour cela qu'ils eussent intelligence pour le connaître, et bonne volonté pour consentir à celle de l'âme universelle. Que si, ayant reçu l'intelligence, ils s'en servaient à retenir en eux-mêmes la nourriture, sans la laisser passer aux autres membres, ils seraient non seulement injustes, mais encore misérables, et se haïraient plutôt que de s'aimer ; leur béatitude, aussi bien que leur devoir, consistant à consentir à la conduite de l'âme entière à qui elles appartiennent, qui les aime mieux qu'ils ne s'aiment eux-mêmes[2].

---

ces principes, repoussant les caresses de sa sœur, la rebutant par ses duretés, alors qu'elle lui donnait ses soins dans la maladie, et cela alors qu'il éprouvait pour elle une affection profonde.

[1] D'y insuffler.

[2] La charité est à la solidarité organique ce que la pensée est à la matière, et elle dépasse la pensée elle-même autant que la pensée dépasse la matière. Nous atteignons ici le sommet de la philosophie de Pascal : tout disparaît et s'efface devant la charité, qui est l'amour de Dieu et du prochain.

BOSSUET

IV. Bossuet (1627-1704). — Bossuet, dans sa prédication (*Oraisons funèbres, Sermons*), a abordé toutes les questions de morale pratique, a attaqué tous les vices, tracé tous les devoirs ; il a notamment dénoncé avec une admirable éloquence les excès de l'*ambition*, de l'orgueil et de l'*amour des plaisirs* ; il a magnifiquement parlé de la *charité* ou de l'*aumône*. Nous ne pouvons détacher ici toutes les pages célèbres du grand orateur. Nous allons seulement faire connaître l'esprit général de sa morale. Cette morale se rattache au dogme chrétien « qui se fonde sur le mystère ». C'est là son caractère propre, essentiel. Nous allons le montrer en analysant le plus systématique des ouvrages de Bossuet, le *Traité de la concupiscence*.

Ce traité, « la plus franche déclaration qui peut-être ait jamais été faite du divorce que la raison mystique exige entre le monde et la religion, entre l'art et la piété, entre la joie de vivre et l'austère sainteté du chrétien... resta inédit. Il est de certaines vérités, *ennemies de l'humanité*, comme Bossuet le dit lui-même, qui s'accommodent mieux du silence » (Rébelliau).

Le *Traité de la Concupiscence* expose, dans toute sa dureté, le dogme chrétien du mépris de la vie humaine : de la vie sensible, — de la vie intellectuelle, — de la vie en général. La concupiscence est l'amour du *monde* (au sens théologique du terme) et de ce qui est dans le monde ; elle revêt trois formes : la concupiscence de la chair, la concupiscence des yeux et l'orgueil de la vie.

I. — La concupiscence de la chair

La concupiscence de la chair est d'abord « l'amour des plaisirs des sens », la *sensualité*. Au lieu de poursuivre la satisfaction du besoin naturel, de celui de se nourrir par exemple, on recherche le plaisir attaché à cette satisfaction. Ainsi « le plaisir de la nourriture captive les hommes : au lieu de manger pour vivre, ils *semblent*, comme disait un ancien, et après lui saint Augustin, *ne vivre que pour manger*. Ceux-là mêmes qui savent régler leurs désirs, et sont amenés aux repas par la nécessité de la nature, trompés par le plaisir et engagés plus avant qu'il ne faut par ses appas, sont transportés au delà des justes bornes; ils se laissent insensiblement gagner à leur appétit et ne croient jamais avoir satisfait entièrement au besoin tant que le boire et le manger flattent leur goût. Ainsi, dit saint Augustin, la convoitise ne sait jamais où finit la nécessité ». (ch. IV)

Sur la condamnation des plaisirs de la chair ainsi entendus Bossuet s'accorde avec tous les moralistes. Mais, remontant à l'origine de ces plaisirs, il trouve que la chair, ou le corps, pris en soi, est déjà un mal, un péché, et ne doit nous inspirer qu'horreur et dégoût. En un mot, il condamne non seulement la *sensualité*, mais toute *vie sensible*. Ainsi il n'y a pas, à ses yeux, de plaisirs innocents. Il ne distingue pas entre les plaisirs des sens, il les déclare tous liés entre eux, solidaires, et tous coupables.

Tous les plaisirs des sens s'excitent les uns les autres : l'âme qui en goûte un remonte aisément à la source qui les produit tous. Ainsi les plus innocents, si l'on n'est toujours sur ses gardes, préparent aux plus coupables; les plus petits font sentir la joie qu'on ressentirait dans les plus grands, et réveillent la concupiscence. Il y a même une mollesse et une délicatesse répandue dans tout le corps qui, faisant chercher un certain repos dans le sensible, le réveille et en entretient la vivacité. On aime son corps avec une attache qui fait oublier son âme et l'image de Dieu qu'elle porte empreinte dans son fond; on ne se peut rien refuser : un soin excessif de sa santé fait qu'on flatte le corps en tout; et tous ces divers sentiments sont autant de branches de la concupiscence de la chair.

Hélas! je ne m'étonne pas si un saint Bernard craignait la

santé parfaite dans ses religieux; il savait où elle nous mène, si on ne sait châtier son corps avec l'Apôtre et le réduire en servitude par le jeûne, par la prière, et par une continuelle occupation de l'esprit.

Toute âme pudique fuit l'oisiveté, la nonchalance, la délicatesse, la trop grande sensibilité, les tendresses qui amollissent le cœur, tout ce qui flatte les sens, les nourritures exquises : tout cela n'est que la pâture de la concupiscence de la chair, que saint Jean nous défend, et en entretient le feu [1].

CONCLUSION

Jugeons à présent avec combien de raison saint Jean nous commande d'avoir le monde en horreur, à cause qu'il est tout rempli de la concupiscence de la chair. Il y a dans notre chair une secrète disposition à un soulèvement universel contre l'esprit : *La chair convoite contre l'esprit,* comme dit saint Paul, c'est-à-dire que c'est là son fond depuis la corruption de notre nature. Tout y nourrit la concupiscence, tout y porte au péché, comme on a vu. Il la faut donc autant haïr que le péché même, où elle nous porte (ch. vi).

II. — La concupiscence des yeux

« La seconde chose qui est dans le monde, selon saint Jean, c'est la concupiscence des yeux. Il faut d'abord la distinguer de la concupiscence de la chair : car le dessein de saint Jean est ici de nous découvrir une autre sorte de

---

[1] Cette thèse théologique est exactement la contre-partie de la pensée célèbre de Spinoza : « Il est d'un homme sage d'user des choses de la vie et d'en jouir autant que possible (pourvu que cela n'aille pas jusqu'au dégoût, car alors ce n'est plus jouir). Oui, il est d'un homme sage de se réparer par une nourriture modérée et agréable, de charmer ses sens du parfum et de l'éclat verdoyant des plantes, d'orner même son vêtement, de jouir de la musique, des jeux, des spectacles et de tous les divertissements que chacun peut se donner sans dommage pour personne » (*Éthique,* 4e partie, de l'Esclavage, scholie de la proposition 45).

corruption, et un autre vice plus délicat en apparence, mais dans le fond aussi grossier et aussi mauvais, qui consiste principalement en deux choses, dont l'un est le désir de voir, d'expérimenter, de connaître, en un mot la curiosité [1] ; et l'autre est le plaisir des yeux, lorsqu'on les repaît des objets d'un certain éclat capable de les éblouir ou de les séduire [2].

Le désir d'expérimenter et de connaître s'appelle la concupiscence des yeux parce que, de tous les organes des sens, les yeux sont ceux qui étendent le plus nos connaissances. »

Dans la concupiscence des yeux rentre la *curiosité* qui s'attache « à ce qui se passe dans le monde, » aux intrigues qui s'y jouent, aux passions qui s'y agitent.

« Cette curiosité s'étend aux siècles les plus éloignés ; c'est de là que nous vient cette insatiable avidité de savoir l'histoire. On se transporte en esprit dans les cours des anciens rois, dans les secrets des anciens peuples ; on s'imagine entrer dans les délibérations du sénat romain, dans les conseils ambitieux d'un Alexandre ou d'un César, dans les jalousies politiques et raffinées d'un Tibère. Si c'est pour en tirer quelque exemple utile à la vie humaine, à la bonne heure ; il le faut souffrir, et même louer, pourvu qu'on apporte à cette recherche une certaine sobriété. Mais si c'est, comme on le remarque dans la plupart des curieux, pour se repaître l'imagination de ces vains objets, qu'y a-t-il de plus inutile que de se tant arrêter à ce qui n'est plus, que de rechercher toutes les folies qui ont passé dans la tête d'un mortel, que de rappeler avec tant de soin ces images que Dieu a détruites dans sa cité sainte, ces ombres qu'il a dissipées, tout cet attirail de la vanité qui de lui-même s'est replongé dans le néant d'où il était sorti ? *Enfants des hommes, jusques à quand aurez-vous le cœur appesanti ? Pourquoi aimez-vous tant la vanité, et pourquoi vous délectez-vous à étudier le mensonge ?* »

De la même concupiscence viennent les « mauvaises sciences », astrologie, chiromancie, démonologie, où il y a

---

[1] D'après ce principe, Bossuet condamnera toutes les sciences.
[2] D'après le second principe, on pourrait condamner tous les arts.

« de l'impiété et une damnable superstition », et qui « sont l'effet de la faiblesse d'un cerveau blessé, de sorte que c'est éteindre la véritable lumière que d'en suivre de si fausses.

Voilà pour ce qui regarde les vaines et fausses sciences. Et, pour ce qui est des véritables, on excède encore beaucoup à s'y livrer trop, ou à contretemps, ou au préjudice de plus grandes obligations, comme il arrive à ceux qui, dans le temps de prier, ou de pratiquer la vertu, s'adonnent ou à l'histoire ou à la philosophie, ou à toute sorte de lectures, surtout des livres nouveaux, des romans, des comédies, des poésies, et se laissent tellement posséder au désir de savoir qu'ils ne se possèdent plus eux-mêmes. Car tout cela n'est autre chose qu'une intempérance, une maladie, un dérèglement de l'esprit, un dessèchement du cœur, une misérable captivité qui ne nous laisse pas le loisir de penser à nous et une source d'erreurs.

C'est encore s'abandonner à cette concupiscence que saint Jean réprouve d'apporter des yeux curieux à la recherche des choses divines ou des mystères de la religion... La foi et l'humilité sont les seuls guides qu'il faut suivre. Quand on se jette dans l'abîme on y périt. Combien ont trouvé leur perte dans la trop grande méditation des secrets de la prédestination et de la grâce !... » (ch. VIII).

La seconde sorte de concupiscence des yeux, l'amour de l'ostentation, du luxe, de la richesse, rentre dans la concupiscence de la chair ; nous n'en parlerons pas.

III. — L'ORGUEIL DE LA VIE, TROISIÈME SORTE DE CONCUPISCENCE

Les contraires se connaissent l'un par l'autre : l'injustice de l'amour-propre se connaît par la justice de la charité, dont l'amour-propre est l'éloignement et la privation. Saint-Augustin les définit toutes deux en cette sorte : *La charité*, dit ce saint, c'est *l'amour de Dieu jusqu'au mépris de soi-*

même; et au contraire, *la cupidité est l'amour de soi-même jusqu'au mépris de Dieu*. Quand on dit que l'amour de Dieu va jusqu'au mépris de soi-même, on entend jusqu'au mépris de soi-même par rapport à Dieu, et en se comparant à lui ; et, en ce sens, douter qu'on se puisse mépriser soi-même, ce serait douter des premiers principes de la raison et de la justice...(ch. xii)

Toute âme attachée à elle-même, et corrompue par son amour-propre, est en quelque sorte superbe et rebelle, puisqu'elle transgresse la loi de son Dieu. Mais lorsqu'on la transgresse, ou parce qu'on est abattu par la douleur, comme ceux qui succombent dans les maux, ou parce qu'on ne peut résister à l'attrait trop violent du plaisir des sens, c'est faiblesse plutôt qu'orgueil [1]. L'orgueil dont nous parlons consiste dans une certaine fausse force, qui rend l'âme indocile et fière, ennemie de toute contrainte, et qui, par un amour excessif de sa liberté, la fait aspirer à une espèce d'indépendance, ce qui est cause qu'elle trouve un certain plaisir particulier à désobéir, et que la défense l'irrite...

La source d'un si grand mal, c'est que nous trouvons, en transgressant la défense, une certaine image de notre liberté, qui nous déçoit, et qu'au lieu que la liberté véritable de la créature doit consister dans une humble soumission de sa volonté à la volonté souveraine de Dieu, nous la faisons consister dans notre volonté propre, en affectant une manière d'indépendance contraire à l'institution primitive de notre nature, qui ne peut être libre et heureuse que sous l'empire de Dieu [2]...

A cet orgueil qui vient d'une liberté indocile et irraisonnable, il en faut joindre encore un autre, qui est celui que saint Jean nous veut faire entendre particulièrement en cet endroit, qui est dans l'âme un certain amour de sa propre

---

[1] Selon la morale théologique, l'orgueil est plus détestable que la faiblesse ; c'est le péché qui offense le plus Dieu.

[2] On rapprochera de ce passage, où se marque une telle défiance du libre arbitre, le passage cité plus haut de Descartes sur la *générosité*, d'une inspiration toute contraire, et on mesurera par là la distance de la morale chrétienne à la morale philosophique.

grandeur, fondée sur une opinion de son excellence propre ; qui est le vice le plus inhérent, et ensemble le plus dangereux, de la créature raisonnable (ch. xvi).

L'ORGUEIL, PRINCIPE D'AUTRES VICES

L'orgueil entre dans toutes les passions, et donne aux autres concupiscences plus grossières et plus charnelles je ne sais quoi qui les pousse à l'extrémité. Voyez-moi cette femme dans sa superbe beauté, dans son ostentation, dans sa parure. Elle veut vaincre, elle veut être adorée comme une déesse du genre humain. Mais elle se rend premièrement elle-même cette adoration ; elle est elle-même son idole, et c'est après s'être adorée et admirée elle-même qu'elle veut tout soumettre à son empire. Jézabel, vaincue et prise, s'imagine encore désarmer son vainqueur, en se montrant par ses fenêtres avec son fard. Une Cléopâtre croit porter dans ses yeux et sur son visage de quoi abattre à ses pieds ses conquérants ; et accoutumée à de semblables victoires, elle ne trouve plus de secours que dans la mort, quand elles lui manquent. Tous les siècles parlent de ces fameuses beautés, que le sage nous décrit par ces paroles : *Elle a renversé un nombre infini de gens percés de ses traits ; toutes ses blessures sont mortelles, et les plus forts sont tombés sous ses coups.* Ainsi la gloire se mêle dans la concupiscence de la chair (ch. xvi).

LES FORMES ET DEGRÉS DE L'ORGUEIL

a) L'orgueil qui s'attache aux choses vaines. La gloire.

Qu'est-ce que la louange, sinon l'expression d'un bon jugement que les hommes font de nous ? et si ce jugement et cette expression s'étendent beaucoup parmi les hommes, c'est ce qu'on appelle *la gloire*, c'est-à-dire une louange célèbre et publique. Mais, Seigneur, si les louanges sont fausses ou injustes, quelle est mon erreur de m'y plaire tant ? Et si elles sont véritables, d'où me vient cette autre erreur de me délecter moins de la vérité que du témoignage que lui rendent les hommes ? Est-ce que, me défiant de mon jugement, je veux être fortifié dans l'estime que j'ai de moi-même par le témoignage des autres, et, s'il se peut, de tout le genre humain ? Quoi, la vérité m'est-elle si peu connue que je veuille l'aller chercher dans l'opinion d'autrui ? Ou bien, est-ce que, connaissant trop mes faiblesses et mes défauts, dont ma conscience est le premier et inévitable témoin, j'aime mieux me voir, comme dans un miroir flatteur, dans le témoignage de ceux à qui je les cache avec tant de soin ? Quelle faiblesse pareille !

Voyez cette femme amoureuse de sa fragile beauté, qui se fait à elle-même un miroir trompeur, où elle répare sa maigreur extrême et rétablit ses traits effacés, ou qui fait poindre dans un tableau trompeur ce qu'elle n'est plus et s'imagine reprendre ce que les ans lui ont ôté. Telle est donc la séduction, telle est la faiblesse de la louange, de la réputation, de la gloire. La gloire ordinairement n'est qu'un miroir où l'on fait paraître le faux avec un certain éclat.

Qu'est-ce que la gloire d'un César ou d'un Alexandre, de ces deux idoles du monde, que tous les hommes semblent encore s'efforcer de porter, par leur louange et leur admiration, au faîte des choses humaines ! Qu'est-ce, dis-je, que leur gloire, si ce n'est un amas confus de fausses vertus et de vices éclatants, qui, soutenus par des actions pleines d'une vigueur mal entendue, puisqu'elle n'aboutissait qu'à des injustices, ou, en tout cas, à des choses périssables, ont imposé au genre humain et ont même ébloui les sages du monde, qui sont engagés dans de semblables erreurs et transportés par de semblables passions ? Vanité des vanités, et tout est vanité ; et plus l'orgueil s'imagine avoir donné dans le solide, plus il est vain et trompeur.

Mais enfin mettons la louange avec la vertu et la vérité, comme elle y doit être naturellement ; quelle erreur de ne pouvoir estimer la vertu sans la louange des hommes ! La vertu est-elle donc si peu considérable par elle-même ? Les yeux de Dieu, sont-ce si peu de chose pour un vertueux ? Et

qui donc les estimera, si les sages ne s'en contentent pas ?
(ch. xvii).

La vanité de la gloire apparaît dans sa possession même.

Mon Dieu ! que vous punissez d'une merveilleuse manière l'orgueil des hommes ! La gloire est le souverain bien qu'ils se proposent, et vous, Seigneur, comment les punissez-vous ? En leur ôtant cette gloire dont ils sont avides ? Quelquefois, car vous en êtes le maître, et vous la donnez et l'ôtez comme il vous plaît, selon que vous tournez l'esprit des hommes. Mais, pour montrer combien elle est non seulement vaine, mais encore trompeuse et malheureuse, vous la donnez très souvent à ceux qui la demandent, et vous en faites leur supplice.

Que désirait ce grand conquérant qui renversa le trône le plus auguste de l'Asie et de tout le monde, sinon de faire parler de lui, c'est-à-dire d'avoir une grande gloire parmi les hommes ? *Que de peine*, disait-il, *il se faut donner pour faire parler les Athéniens* ! Lui-même il reconnaissait la vanité de la gloire qu'il recherchait avec tant d'ardeur ; mais il y était entraîné par une sorte de manie dont il n'était pas le maître. Et que fait Dieu pour le punir, sinon de le livrer à l'illusion de son cœur, et de lui donner cette gloire dont la soif le tourmentait, avec encore plus d'abondance qu'il n'en pouvait imaginer... Loin de refuser la gloire à son ambition, Dieu l'en a comblé ; il l'en a rassasié, pour ainsi dire, jusqu'à la gorge ; il l'en a enivré, et il en a bu plus que sa tête n'était capable d'en porter. O Dieu, quel bien est celui que vous prodiguez aux hommes que vous avez livrés à eux-mêmes et que vous avez repoussés de votre royaume !
(ch. xix).

b) *L'orgueil qui s'attache aux biens solides, à la vertu.*

Ceux qui, dans la pratique des vertus, ne cherchent point la gloire du monde, mais se font eux-mêmes leur gloire, sont plus trompés que les autres.

Mais, ô mon Dieu, ô éternelle vérité, qui illuminez tout homme venant au monde, vous me découvrez dans votre lumière une autre plus dangereuse séduction et déception de l'esprit humain, dans ceux qui, s'élevant, à ce qui leur semble, au-dessus des louanges humaines, s'admirent eux-mêmes en secret, se font eux-mêmes leur dieu et leur idole, en se repaissant de l'idée de leur vertu, qu'ils regardent comme un fruit de leur propre travail, et qu'ils croient en quelque sorte se donner eux-mêmes.

Tels étaient ceux qui disaient parmi les païens[1] : *Que Dieu me donne la beauté et la richesse ! Pour moi je me donnerai la vertu et un esprit équitable et toujours égal;* et qui par là même s'élevaient en quelque façon au-dessus de leur Dieu, *parce qu'il était*, disaient-ils, *sage et vertueux par sa nature, et qu'ils l'étaient, eux, par leur industrie...*

Tel était ce pharisien qui disait à Dieu dans sa prière : *Je ne suis pas comme le reste des hommes qui sont ravisseurs, injustes, impudiques, tel qu'est aussi ce publicain* (chap. xxi).

(Telle est enfin l'âme chrétienne elle-même, lorsqu'elle néglige de rapporter à Dieu la vertu qu'elle acquiert, lorsque) insensiblement elle oublie que Dieu en est le principe, et se l'attribue à soi même par un sentiment d'autant plus vraisemblable qu'en effet elle y concourt par son libre arbitre.

C'est par son libre arbitre qu'elle croit, qu'elle espère, qu'elle consent à la grâce, qu'elle la demande : ainsi, comme ce bien qu'elle fait lui est propre en quelque façon, elle se l'approprie et se l'attribue, sans songer que tous les bons mouvements du libre arbitre sont prévenus, préparés, dirigés, excités, conservés par une opération propre et spéciale de Dieu, qui nous fait faire, de la manière qu'il sait, tout le bien que nous faisons, et nous donne le bon usage de notre propre liberté, qu'il a faite, et dont il opère encore le bon exercice, en sorte qu'il n'y a rien de ce qui dépend le plus de

---

[1] Il s'agit des Stoïciens, dont Pascal, du même point de vue chrétien dénonce aussi en termes si forts « la superbe (l'orgueil) diabolique ». (*Entretien avec M. de Saci*).

nous, qu'il ne faille demander à Dieu et lui en rendre grâce.

L'âme oublie cela, par un fonds d'attache qu'elle a à elle-même, par la pente qu'elle a de s'attribuer et de s'approprier tout le bien qu'elle a, encore qu'il lui vienne de Dieu, et aime mieux s'occuper d'elle-même, qui le possède, que de Dieu qui le donne ; ou, si elle l'attribue à Dieu, c'est à la manière de ce pharisien, qui dit à Dieu : *Je vous rends grâces*, et qui s'attribue à soi-même de rendre grâces, ou, si elle surpasse ce pharisien, qui se contente de rendre grâces sans rien demander, et qu'elle demande à Dieu son secours, elle s'attribue encore cela même, et s'en glorifie ; ou, si elle cesse de s'en glorifier, elle se glorifie de cela même, et fait renaître l'orgueil, par la pensée qu'elle a de l'avoir vaincu.

O malheur de l'homme, où ce qu'il y a de plus épuré, de plus sublime, de plus vrai dans la vertu, devient naturellement la pâture de l'orgueil ! Et à cela quel remède, puisqu'encore on se glorifie du remède même ? En un mot, on se glorifie de tout, puisque même on se glorifie de la connaissance qu'on a de son indigence et de son néant, et que les retours sur soi-même se multiplient jusqu'à l'infini[1].

Mais c'est peut-être là un petit défaut ? Non ; c'est la plus grande de toutes les fautes.

C'est la plus grande peste, et en même temps la plus grande tentation de la vie humaine, que cet orgueil de la vie, que saint Jean nous fait détester. C'est pourquoi il nous le rapporte après les deux autres, comme le comble de tous les maux et le dernier degré du mal (ch. xxiii).

On remarquera la simplicité du plan, l'unité de la pensée,

---

[1] Cf. Pascal : « Orgueil, contrepesant toutes les misères. Ou il cache ses misères ; ou, s'il les découvre, il se glorifie de les connaître. — La vanité est si ancrée dans le cœur de l'homme qu'un soldat, un goujat, un cuisinier, un crocheteur, se vante et veut avoir ses admirateurs ; et les philosophes mêmes en veulent ; et ceux qui écrivent contre veulent avoir la gloire d'avoir bien écrit ; et ceux qui le lisent veulent avoir la gloire de l'avoir lu ; et moi qui écris ceci ai peut-être cette envie ; et peut-être que ceux qui le liront... »

et le mouvement de progression du Traité de la Concupiscence. Bossuet veut anéantir l'homme devant Dieu. Il le montre corrompu, depuis la chute, livré à tous les instincts pervers, à tous les attraits du péché, d'un mot, à toutes les concupiscences : concupiscence de la chair, ou attrait du plaisir sensible, — concupiscence des yeux, ou attrait de la science, des plaisirs intellectuels, — orgueil de la vie, ou attrait trompeur de la grandeur de l'action. Le théologien ne flétrit pas seulement les vices, les déformations de la nature humaine, il flétrit, il dénonce comme coupable cette nature même, il lui refuse toute valeur propre, toute dignité : la dignité physique, la dignité de la pensée, la dignité morale elle-même. Par là il semble enseigner à l'homme le mépris de lui-même, le découragement total et détruire la moralité ; mais il fait appel à la grâce, à l'appui divin, à la foi pour rétablir la moralité véritable, laquelle, à ses yeux, n'est et ne peut être que le *salut*, que l'amour de soi, vaincu par l'amour de Dieu. La morale de Bossuet est ainsi exclusivement théologique, anti-philosophique, anti-humaine : elle a le surnaturel pour base, pour appui et pour objet.

NICOLE

Nicole (1625-1695). — Les *Essais de morale* de Nicole furent fort admirés au xvii° siècle; Mme de Sévigné ne tarit pas d'éloges sur leur profondeur psychologique ; elle égale Nicole à Pascal. Le plus célèbre de ces essais, le *Traité sur les moyens de conserver la paix avec les hommes*, nous suffira pour caractériser ce moraliste, dont la doctrine est au fond un pessimisme sombre, un mépris hautain, radical et systématique des hommes, mais dont le style uni et calme, l'humeur apaisée et sereine, pour ne pas dire doucereuse, a toujours fait illusion, et lui a valu la réputation d'un philosophe indulgent et aimable. Jamais n'a été poussée plus loin, en morale, l'opposition de la forme et du fond.

PRINCIPES DE LA CIVILITÉ

I. — Principe chrétien : la charité

Un des principaux effets de la charité à l'égard des hommes est de nous appliquer à conserver la paix avec eux, puisqu'il est impossible qu'elle soit vive et sincère dans le cœur, sans y produire cette application. On craint naturellement de blesser ce qu'on aime. Et cet amour nous faisant regarder toutes les fautes que nous commettons contre les autres comme grandes et importantes, et toutes celles qu'ils commettent envers nous comme petites et légères, il éteint par là la plus ordinaire source des querelles, qui ne naissent le plus souvent que des fausses idées qui grossissent à notre vue tout ce qui nous touche en particulier et qui amoindrissent tout ce qui touche les autres.

Il est impossible d'aimer les hommes sans désirer de les servir, et il est impossible de les servir sans être bien avec eux, de sorte que le même devoir qui nous charge des autres hommes, selon l'Écriture, pour les servir en toutes les manières dont nous sommes capables, nous oblige aussi de nous entretenir en paix avec eux, parce que la paix est la porte du cœur et que l'aversion nous le ferme et nous le rend entièrement inaccessible.

Il est vrai que l'on n'est pas toujours en état de servir les autres par des discours d'édification, mais il y aura bien d'autres manières de les servir. On le peut faire par le silence, par des exemples de modestie, de patience et de toutes les autres vertus, et c'est la paix et l'union qui leur ouvre le cœur pour les en faire profiter.

Or la charité non seulement embrasse tous les hommes, mais elle les embrasse en tous temps. Ainsi nous devons avoir la paix avec tous les hommes et en tous temps; car il n'y en a pas où nous ne devions les aimer et désirer de les servir, et par conséquent il n'y en a point où nous ne devions ôter, de notre part, tous les obstacles qui s'y pourraient rencontrer, dont le plus grand est l'aversion et l'éloignement qu'ils pourraient avoir pour nous, de sorte que, lors même que l'on ne peut conserver avec eux une paix intérieure qui consiste dans l'union des sentiments, il faut tâcher au moins d'en conserver une extérieure, qui consiste dans les devoirs de la civilité humaine, afin de ne pas se rendre incapable de les servir quelque jour et de témoigner toujours à Dieu le désir sincère que l'on en a.

De plus, si nous ne les servons pas actuellement, nous sommes au moins obligés de ne pas leur nuire ; or c'est leur nuire que de les porter, en les choquant, à tomber en quelque froideur à notre égard. C'est leur causer un dommage réel que de les disposer, par l'éloignement qu'ils concevront de nous, à prendre nos paroles et nos actions en mauvaise part, à en parler d'une manière peu équitable, et qui blesserait leur conscience, et enfin à mépriser même la vérité dans notre bouche et à n'aimer pas la justice, lorsque c'est nous qui la défendons.

Ce n'est donc pas seulement l'intérêt des hommes ; c'est celui de la vérité même, qui nous oblige à ne pas les aigrir inutilement contre nous ; si nous l'aimons, nous devons éviter de la rendre odieuse par notre imprudence, et de lui fermer l'entrée du cœur et de l'esprit des hommes, en nous la fermant à nous-mêmes...

... Enfin notre intérêt personnel et la charité que nous nous devons à nous-mêmes nous doit porter à éviter tout ce qui nous peut commettre avec les hommes et nous rendre l'objet de leur haine ou de leur mépris. Car rien n'est plus capable d'éteindre ou de refroidir dans nous-mêmes la charité que nous leur devons, puisqu'il n'y a rien de si difficile que d'aimer ceux en qui nous ne trouvons que de la froideur ou même de l'aversion.

(1re partie, ch. III).

II. — Principe philosophique de la civilité : l'amour est la condition de la vie en commun

Les hommes sont liés entre eux par une infinité de besoins qui les obligent par nécessité de vivre en société ; et cette société est conforme à l'ordre de Dieu puisqu'il permet ces besoins pour cette fin. Tout ce qui est donc nécessaire pour la maintenir est dans cet ordre, et Dieu la commande en quelque sorte par cette loi naturelle qui oblige chaque partie à la conservation de son tout. Or il est absolument nécessaire, afin que la société des hommes subsiste, qu'ils s'aiment et se respectent les uns les autres; car le mépris et la haine sont des causes certaines de désunion. Il y a une infinité de petites choses très nécessaires à la vie, qui se donnent gratuitement et qui, n'entrant pas en commerce, ne se peuvent acheter que par l'amour. De plus, cette société étant composée d'hommes qui s'aiment eux-mêmes et qui sont pleins de leur propre estime, s'ils n'ont quelque soin de se contenter et de se ménager réciproquement, ce ne sera qu'une troupe de gens mal satisfaits les uns des autres, qui ne pourront demeurer unis. Mais, comme l'amour et l'estime que nous avons pour les autres ne paraissent point aux yeux, ils se sont avisés d'établir entre eux certains devoirs qui seraient des témoignages de respect et d'affection; et il arrive de là nécessairement que de manquer à ces devoirs, c'est témoigner une disposition contraire à l'amour et au respect. Ainsi nous devons ces actions extérieures à ceux à qui nous devons les dispositions qu'elles marquent; et nous leur faisons injure en y manquant, parce que cette opinion marque des sentiments où nous ne devons pas être à leur égard.

On peut donc et l'on doit même se rendre exact aux devoirs de civilité que les hommes ont établis, et les motifs de cette exactitude sont non seulement très justes, mais ils sont même fondés sur la loi de Dieu. On le doit faire pour éviter de donner l'idée qu'on a du mépris ou de l'indifférence pour ceux à qui on ne les rendrait pas; pour entretenir la société humaine, à laquelle il est juste que chacun contribue, puisque chacun en retire des avantages très considérables, et enfin pour éviter les reproches intérieurs ou extérieurs de ceux à l'égard de qui on y manquerait, qui sont la source des divisions qui troublent la tranquillité de la vie, et cette paix chrétienne qui est l'objet de ce discours.

(1re partie, ch. xv).

Nicole pose cette « règle générale pour conserver la paix : ne blesser personne, et ne se blesser de rien ». Or on blesse les hommes en contredisant leurs opinions ou en s'opposant à leurs passions. Il suit de là qu'il faut ménager les gens, ménager les opinions, et se défendre de l'esprit de contradiction et de l'esprit de médisance. Nicole analyse finement l'un et l'autre.

L'ESPRIT DE CONTRADICTION

L'impatience qui nous prête à contredire les autres avec chaleur ne vient que de ce que nous ne souffrons qu'avec peine qu'ils aient des sentiments différents des nôtres. C'est parce que ces sentiments sont contraires à nos sens qu'ils nous blessent et non pas parce qu'ils sont contraires à la vérité. Si nous avions pour but de profiter à ceux que nous contredisons, nous prendrions d'autres mesures et d'autres voies. Nous ne voulons que les assujettir à nos opinions et nous élever au-dessus d'eux, ou plutôt nous voulons tirer, en les contredisant, une petite vengeance du dépit qu'ils nous ont fait en choquant nos sens, de sorte qu'il y a tout ensemble, dans ce procédé, et de l'orgueil qui nous cause ce dépit, et du défaut de charité qui nous porte à nous en venger par une contradiction indiscrète, et de l'hypocrisie qui nous fait couvrir tous nos sentiments corrompus du prétexte de l'amour de la vérité et du désir véritable de désabuser les autres, au lieu que nous ne recherchons en effet qu'à nous satisfaire nous mêmes...

Nous devons donc regarder cette impatience, qui nous porte à nous élever sans discernement contre tout ce qui nous paraît faux, comme un défaut très considérable, et qui est souvent beaucoup plus faux que l'erreur prétendue dont nous voudrions délivrer les autres. Aussi, comme nous nous devons à nous-mêmes la première charité, notre premier soin doit être de travailler sur nous-mêmes, et de tâcher de mettre notre esprit en état de supporter sans émotion les opinions des autres qui nous paraissent fausses, afin de ne les combattre jamais que dans le désir de leur être utiles.

Or, si nous n'avions que cet unique désir, nous reconnaîtrions sans peine qu'encore que toute erreur soit un mal, il y en a néanmoins beaucoup qu'il ne faut pas s'efforcer de détruire parce que le remède serait souvent pire que le mal... Ainsi, lorsque nous apercevons qu'en contredisant certaines opinions qui ne regardent que des choses humaines, nous portons les hommes à faire des jugements téméraires et injustes, non seulement nous pouvons nous dispenser de combattre ces opinions, mais même nous y sommes souvent obligés par la loi de charité.

L'ESPRIT DE MÉDISANCE OU D'INDISCRÉTION[1]

Mais en pratiquant cette retenue, il faut qu'elle soit entière, et il ne se faut pas contenter de ne choquer pas en face ceux qu'on se croit obligé de ménager ; il ne faut faire confidence à personne des sentiments que l'on a d'eux, parce que cela ne sert de rien qu'à nous décharger inutilement. Et il y a souvent plus de danger de dire à d'autres ce que l'on pense des personnes qui ont du crédit et de l'autorité dans un corps et qui règnent dans les esprits, que de le dire à eux-mêmes, parce que ceux à qui l'on s'ouvre ayant souvent moins de lumière, moins d'équité, moins de charité, plus de faux zèle et plus d'emportement, ils en sont plus blessés que ceux mêmes de qui on parle ne le seraient ; et enfin, puisqu'il n'y a presque point de personnes vraiment secrètes, que tout ce qu'on dit des autres leur est rapporté, et encore d'une manière qui les pique plus qu'ils ne le seraient de la chose même. Et ainsi il n'y a aucun moyen d'éviter ces inconvénients qu'en gardant presque une retenue générale à l'égard de tout le monde.

Cette précaution est très nécessaire, mais elle est difficile, car ce n'est pas une chose aisée que de se passer de confi-

[1] Ce morceau fait immédiatement suite au précédent.

dent, quand on désapprouve quelque chose dans le cœur et qu'on se croit obligé de ne pas le témoigner. L'amour-propre cherche naturellement cette décharge, et on est bien aise au moins d'avoir un témoin de sa retenue. Cette vapeur malicieuse, qui porte à contredire ce qui choque, étant enfermée dans un esprit peu mortifié, fait un effort continuel pour en sortir et souvent le dépit qu'elle cause s'augmente par la violence qu'on se fait à la retenir. Mais plus ces mouvements sont vifs, plus nous devons en conclure que nous sommes obligés de les réprimer...

Ainsi, en résistant à cette envie de parler des défauts d'autrui lorsque la prudence ne nous permet pas de les découvrir, il arrivera ou que nous reconnaîtrons dans la suite que nous n'avions pas tout à fait tort, ou que nous trouverons le temps de nous en ouvrir avec fruit..., et quand ni l'un ni l'autre n'arriverait, nous jouirons toujours du bien de la paix, et nous pourrons justement espérer la récompense de cette retenue, dont nous nous serions privés en nous abandonnant à nos passions.

(1re partie, ch. VIII)[1]

QU'IL FAUT SOUFFRIR SANS CHAGRIN L'INCIVILITÉ DES AUTRES, BASSESSE DE CEUX QUI EXIGENT LA CIVILITÉ

La civilité nous gagne ; l'incivilité nous choque. Mais l'un nous gagne, l'autre nous choque, parce que nous sommes hommes, c'est-à-dire tous vains et injustes.

Il y a très peu de civilités qui nous doivent plaire, même selon la raison humaine, parce qu'il y en a très peu qui soient sincères et désintéressées. Ce n'est souvent qu'un jeu de paroles et un exercice de vanité, qui n'a rien de véritable

---

[1] Nous avons fait quelques coupures dans le texte. Nous en aurions pu faire bien d'autres, sans nuire au sens et à la portée du morceau. C'est le défaut, en effet, de Nicole de se complaire dans sa pensée, de l'étendre, de la répéter. Il est le modèle du genre désigné autrefois, dans les rhétoriques, sous le nom d'*amplification*. Cet austère moraliste a son amour-propre d'auteur, se sait bon gré de ses idées ingénieuses et fines.

et de réel. Se plaire en cela, c'est se plaire à être trompé. Car ceux qui nous en témoignent le plus en apparence sont peut-être les premiers qui se moquent de nous sitôt qu'ils nous ont quittés.

La plus sincère et la plus véritable nous est toujours inutile et même dangereuse. Ce n'est tout au plus qu'un témoignage qu'on nous aime et qu'on nous estime. Et ainsi elle nous présente deux objets qui flattent notre amour-propre et qui sont capables de nous corrompre le cœur.

Toutes celles qu'on nous rend nous engagent à des servitudes fâcheuses, car le monde ne donne rien pour rien. C'est un commerce et un espèce de trafic qui a pour juge l'amour-propre, et ce juge oblige à une égalité réciproque de devoirs et autorise les plaintes que l'on fait contre ceux qui y manquent.

Les civilités nous corrompent même le jugement, parce qu'elles nous portent souvent à préférer ceux de qui nous les recevons à d'autres qui ont les qualités essentielles qui méritent notre estime.

Mais, comme les civilités qu'on nous rend nous servent peu, l'incivilité nous fait peu de mal et aussi c'est une faiblesse extrême d'en être choqué. Ce n'est souvent qu'un défaut d'application qui vient de ce que l'esprit est occupé à d'autres choses plus solides. Et ceux qui sont les moins exacts en civilité sont souvent ceux qui ont plus de désirs effectifs de nous rendre des services réels et importants.

Quand même elle viendrait d'indifférence, et même de peu d'affection, quel bien nous ôte-t-elle ? Quel mal est-ce qu'elle nous apporte ? Et comment pouvons-nous espérer que Dieu remette ces dettes immenses dont nous lui sommes redevables, par les lois inviolables de la justice éternelle, si nous ne remettons pas aux hommes de petites déférences qu'ils ne nous doivent que par des établissements humains ?

Ce n'est pas que Dieu n'autorise ces établissements et qu'ainsi on ne se doive de la civilité les uns aux autres, même selon la loi de Dieu, comme nous l'avons montré dans la première partie de ce traité. Mais c'est une sorte de dette qu'il ne nous est jamais permis d'exiger, car ce n'est pas à notre mérite qu'on la doit, mais à notre faiblesse. Et comme nous ne devons pas être faibles et que c'est par notre faute que nous le sommes, notre premier devoir consiste à nous corriger de cette faiblesse, et nous n'avons jamais droit de nous plaindre de ce qu'on n'y a pas assez égard, et moins encore de souhaiter ce qui ne sert qu'à l'entretenir.

(2e partie, ch. IX).

Tout le mépris de la nature humaine, qui est au fond du dogme janséniste, se montre ici à plein. Nicole ne se fait aucune illusion sur la valeur foncière de la civilité, qu'il lui arrive cependant de présenter comme une vertu, et même de rattacher au principe chrétien de la charité. C'est par égard pour la faiblesse des hommes qu'il faut être poli envers eux, mais c'est aussi une faiblesse à nous de tenir à ce qu'on nous rende des devoirs de politesse, de vouloir qu'on nous aime et qu'on nous le montre. Nicole rabaisse la civilité qu'il a tant vantée. Ce moraliste doucereux nous découvre ici le fond chagrin de sa pensée, sa philosophie amère et désenchantée, son fanatisme religieux. On en trouverait d'autres exemples. Ainsi voici par quelles raisons il faut, selon lui, supporter les ingrats, ce qui est une autre forme de civilité.

Si, dans les services que nous avons rendus aux hommes, nous n'avons eu que les hommes en vue, c'est un bien pour nous qu'ils en soient méconnaissants, parce leur ingratitude nous peut servir à obtenir miséricorde de Dieu, si nous la souffrons comme il faut. Si nous n'avons regardé que Dieu, c'est encore un bien que les hommes ne nous récompensent pas, parce que la vue que nous aurions de leur reconnaissance est plus capable que toute chose de diminuer ou d'anéantir la récompense que nous attendons de Dieu. De quelque manière que nous considérions donc la gratitude des hommes, nous trouverons que, si c'est un bien pour eux, c'est un mal pour nous et que leur ingratitude nous est infiniment plus avantageuse. Leur gratitude n'est capable que de nous ravir le fruit de nos meilleures actions et d'augmenter le châtiment des mauvaises. Leur ingratitude nous conserve le fruit des bonnes et nous peut servir à payer ce que nous devons à la justice de Dieu pour les mauvaises.

(*Ibid*. Ch. VII.)

Voilà des sentiments qui, du point de vue humain, sont abominables. Qui oserait dire qu'ils sont chrétiens? Nicole renchérit sur la dureté du dogme. Le jansénisme n'atteint jamais, chez Pascal, cette forme déplaisante; il peut être intraitable, inhumain, à force d'être surhumain; il n'a point ce fiel dévot, ce fanatisme à froid.

CHAPITRE II

LA PHILOSOPHIE MORALE AU XVIIIe SIÈCLE : LE DROIT ; LA JUSTICE

On donne au xviiie siècle le nom de *philosophie* à l'étude des *questions morales et sociales*, que Descartes, par prudence, avait, au siècle précédent, précisément exclues de la spéculation rationnelle. Voltaire, Diderot, Montesquieu, Rousseau sont en ce sens des philosophes.

« Un principe domine tous les autres au xviiie siècle : c'est le principe de l'*humanité*. Il faut entendre par là la notion et le respect de la *justice*, des *droits* de l'homme et en même temps l'amour de son *bonheur*. Là est la grandeur du xviiie siècle.

« De là la haine du *fanatisme* ou de l'intolérance religieuse ; on s'indigne et on s'élève contre les *persécutions* commises au nom de la religion, et l'on prêche la *tolérance*, ou plutôt l'on revendique la *liberté de penser*. On travaille de toutes parts à *émanciper* l'esprit humain...

« De là encore la haine de toutes les *inégalités* consacrées par un ordre social contraire à la justice et la revendication de l'*égalité* entre tous les citoyens, entre tous les hommes[1]. »

I. — LE DROIT ET LA JUSTICE

Tous les philosophes, tous les écrivains du xviiie siècle ont abordé la question du droit, mais nous ne citerons que

---

[1] J. Barni, *Histoire des idées morales et politiques en France au XVIIIe siècle*. Introduction.

ceux qui l'ont approfondie et résolue d'une façon originale : Montesquieu et Rousseau. Nous laisserons de côté Voltaire, quoiqu'il ait éloquemment combattu les abus et proclamé l'existence d'une *loi naturelle*. Nous aurions voulu reproduire en entier l'*Entretien d'un père avec ses enfants* de Diderot, petit chef-d'œuvre qui a la familiarité, la grâce, l'intérêt dramatique et la profondeur philosophique d'un dialogue de Platon, et où se trouve résolu avec tant de sagesse et de bon sens l'éternel conflit de l'équité et de la justice, mais nous ne pouvons que le signaler ici et en recommander la lecture.

MONTESQUIEU

Montesquieu (1689-1755), né au château de la Brède. Son ouvrage capital, l'*Esprit des lois* (1748), fruit de dix-huit années de travail, avait été précédé des *Lettres persanes* (1721), et des *Considérations sur la grandeur et la décadence des Romains* (1734). Ce monumental ouvrage où, suivant le mot de Voltaire, « le genre humain retrouvait ses titres », fut traduit dans toutes les langues, et forma les esprits qui rêvèrent plus tard de donner à la France des institutions libres sous une forme monarchique.

LE DROIT

Il y a un droit naturel, fondement du droit positif.

Les êtres particuliers intelligents peuvent avoir des lois qu'ils ont faites ; mais ils en ont aussi qu'ils n'ont pas faites. Avant qu'il y eût des êtres intelligents, ils étaient possibles ; ils avaient donc des rapports possibles, et par conséquent des lois[1] possibles. — Avant qu'il y eût des lois faites, il y

---

[1] Selon la définition de Montesquieu, les lois sont, en effet, « des *rapports* nécessaires qui dérivent de la nature des choses. »

avait des rapports de justice possibles. Dire qu'il n'y a rien de juste ni d'injuste que ce qu'ordonnent ou défendent les lois positives, c'est dire qu'avant qu'on eût tracé des cercles, tous les rayons n'étaient pas égaux.

Il faut donc avouer des rapports d'équité antérieurs à la loi positive qui les établit : comme, par exemple, que, supposé qu'il y eût des sociétés d'hommes, il serait juste de se conformer à leurs lois ; que, s'il y avait des êtres intelligents qui eussent reçu quelque bienfait d'un autre être, ils devraient en avoir de la reconnaissance ; que, si un être intelligent avait créé un être intelligent, le créé devrait rester dans la dépendance qu'il a eue dès son origine ; qu'un être intelligent qui a fait du mal à un être intelligent mérite de recevoir le même mal, et ainsi du reste.

Mais il s'en faut bien que le monde intelligent soit aussi bien gouverné que le monde physique. Car, quoique celui-là ait aussi des lois qui, par leur nature, sont invariables, il ne les suit pas constamment comme le monde physique suit les siennes. La raison en est que les êtres particuliers intelligents sont bornés par leur nature, et par conséquent sujets à l'erreur ; et, d'un autre côté, il est de leur nature qu'ils agissent par eux-mêmes. Ils ne suivent donc pas constamment leurs lois primitives ; et celles mêmes qu'ils se donnent, ils ne les suivent pas toujours[1]...

(*Esprit des lois*, liv. I, chap. I.)

DES LOIS DE LA NATURE

Avant toutes les autres lois « sont celles de la nature, ainsi nommées, parce qu'elles dérivent uniquement de la constitution de notre être. Pour les connaître bien, il faut considérer un homme avant l'établissement des sociétés. Les

---

[1] Les lois physiques sont toujours observées ; les lois, qui régissent les êtres intelligents, peuvent être violées. De tels êtres en effet sont *libres* et peuvent manquer à observer les lois qu'ils ont posées ; de plus, leur intelligence est *bornée* : ils peuvent manquer à découvrir les lois qu'ils devraient avoir, à se donner ces lois.

lois de la nature sont celles qu'il recevrait dans un état pareil[1].

Cette loi qui, en imprimant dans nous-mêmes l'idée d'un créateur, nous porte vers lui, est la première des lois naturelles par son importance, et non pas dans l'ordre de ces lois[2]... »

A l'état de nature, l'homme « songerait à la conservation de son être, avant de chercher l'origine de son être ». Il « ne sentirait d'abord que sa faiblesse ; sa timidité serait extrême... Dans cet état, on ne chercherait donc point à s'attaquer, et la paix[3] serait la première loi naturelle...

Au sentiment de sa faiblesse l'homme joindrait le sentiment de ses besoins : ainsi une autre loi naturelle serait celle qui lui inspirerait de chercher à se nourrir.

J'ai dit que la crainte porterait les hommes à se fuir ; mais les marques d'une crainte réciproque les engagerait bientôt à s'approcher ; d'ailleurs ils y seraient portés par le plaisir qu'un animal sent à l'approche d'un animal de son espèce. De plus ce charme que les deux sexes s'inspirent par leur différence augmenterait ce plaisir ; et la prière naturelle qu'ils se font toujours l'un à l'autre serait une troisième loi.

Outre le sentiment que les hommes ont d'abord, ils parviennent encore à avoir des connaissances ; aussi ils ont un second lien[4] que les animaux n'ont pas. Ils ont donc un

---

[1] Tous les philosophes ont rêvé un état de nature, antérieur à l'état social. Cet état de nature est, pour quelques-uns, Rousseau par exemple, paré de toutes les vertus et de toutes les grâces de l'âge d'or, placé par les poètes à l'origine des sociétés. Le malheur est que cet état de nature, nous ne pouvons ni historiquement le connaître ni rationnellement le construire. Mais il est commode de pouvoir opposer aux préjugés, aux institutions que l'on combat, des institutions *idéales*, une société *idéale*, que l'on déclare seule *naturelle* et fondée.

[2] Le caractère *naturel* de la religion a été mis en lumière par Rousseau (*Profession de foi du Vicaire savoyard*).

[3] Montesquieu s'oppose ici à Hobbes, lequel soutient que l'état primitif des sociétés humaines est *l'état de guerre*, l'homme étant naturellement « un loup pour l'homme ».

[4] Il n'y a entre les animaux que le lien du *sentiment* ; il y a entre les hommes celui de la *raison* ou des connaissances.

nouveau motif de s'unir ; et le désir de vivre en société est une quatrième loi naturelle. »

(*Ibid.*, I, II.)

DES LOIS POSITIVES

Sitôt que les hommes sont en société, ils perdent le sentiment de leur faiblesse ; l'égalité qui était entre eux cesse, et l'état de guerre commence.

Chaque société particulière vient à sentir sa force, ce qui produit un état de guerre de nation à nation. Les particuliers dans chaque société commencent à sentir leur force ; ils cherchent à tourner en leur faveur les principaux avantages de cette société, ce qui fait entre eux un état de guerre.

Ces deux sortes d'état de guerre font établir des lois parmi les hommes [1]. Considérés comme habitants d'une si grande planète qu'il est nécessaire qu'il y ait différents peuples, ils ont des lois dans le rapport que ces peuples ont entre eux, et c'est *le droit des gens*. Considérés comme vivant dans une société qui doit être maintenue, ils ont des lois dans le rapport qu'ont ceux qui gouvernent avec ceux qui sont gouvernés, et c'est le *droit politique*. Ils en ont encore dans le rapport que tous les citoyens ont entre eux, et c'est le *droit civil*.

Le droit des gens est naturellement fondé sur ce principe que les diverses nations doivent se faire dans la paix le plus de bien, et dans la guerre le moins de mal qu'il est possible, sans nuire à leurs véritables intérêts...

---

[1] Le raisonnement est le suivant : la guerre est inhérente à l'état social (cela résulte du caractère des hommes, de leurs passions, c'est une nécessité ou loi psychologique), et la société n'existe, n'est établie que pour prévenir ou empêcher la guerre (c'est sa destination ou raison d'être morale). En un mot, la guerre rend les lois nécessaires et les lois tendent à rétablir la paix. Montesquieu donne au mot *guerre* le même sens que Renouvier, celui de lutte entre les hommes en général, et non pas seulement de lutte entre les hommes de nations différentes. La guerre est la loi réelle des sociétés, qu'elle s'exerce d'une société à l'autre, ou à l'intérieur de chaque société (voir Renouvier : *La Science morale*) ; la paix en est la fin idéale.

Outre le droit des gens qui regarde toutes les sociétés, il y a un droit politique pour chacune. Une société ne saurait subsister sans un gouvernement. *La réunion de toutes les forces particulières, dit très bien Gravina, forme ce qu'on appelle l'ÉTAT POLITIQUE.*

La force générale peut être placée entre les mains d'un seul ou entre les mains de plusieurs... Le gouvernement le plus conforme à la nature est celui dont la disposition particulière se rapporte le mieux à la disposition du peuple pour lequel il est établi [1].

Les forces particulières ne peuvent se réunir sans que toutes les volontés se réunissent. *La réunion de ces volontés, dit encore très bien Gravina, est ce qu'on appelle l'ÉTAT CIVIL.*

La loi, en général, est la raison humaine, en tant qu'elle gouverne tous les peuples de la terre ; et les lois politiques et civiles de chaque nation ne doivent être que les cas particuliers où s'applique cette raison humaine [2].

Elles doivent être tellement propres au peuple pour lequel elles sont faites que c'est un très grand hasard si celles d'une nation peuvent convenir à une autre.

Il faut qu'elles se rapportent à la nature et au principe du gouvernement qui est établi, ou qu'on veut établir, soit qu'elles le forment, comme font les lois politiques, soit qu'elles le maintiennent, comme font les lois civiles.

Elles doivent être relatives au physique du pays, au climat

---

[1] Il n'y a pas de gouvernement *idéal*, ou de gouvernement qui soit le meilleur *en soi*. Le *meilleur gouvernement* (ce mot n'a et ne peut avoir qu'un sens relatif) est celui qui s'adapte le mieux aux mœurs et aux besoins d'un peuple. Montesquieu raisonne en sociologue ou politique pratique, non en théoricien.

[2] Montesquieu se montre ici imbu de l'esprit rationaliste du XVIIIe siècle : la loi est la raison gouvernant les sociétés. Mais il corrige cet esprit, en ce sens qu'il conçoit la raison, non comme *universelle*, *la même* dans tous les temps et dans tous les pays, mais comme revêtant des formes particulières, en s'adaptant à des sociétés diverses, et légiférant de façons particulières suivant les temps et les pays. La raison invoquée ici est la raison *particulière et concrète*, tandis que celle qu'invoquent Rousseau et la Déclaration des droits de l'homme est la raison *universelle et abstraite*.

glacé, brûlant ou tempéré; à la qualité du terrain, à sa situation, à sa grandeur, au genre de vie des peuples, laboureurs, chasseurs ou pasteurs; elles doivent se rapporter au degré de liberté que la constitution peut souffrir, à la religion des habitants, à leurs inclinations, à leurs richesses, à leur nombre, à leur commerce, à leurs mœurs, à leurs manières. Enfin elles ont des rapports entre elles; elles en ont avec leur origine, avec l'objet du législateur, avec l'ordre des choses sur lesquelles elles sont établies. C'est dans toutes ces vues qu'il faut les considérer.

C'est ce que j'entreprends de faire dans cet ouvrage. J'examinerai tous ces rapports : ils forment tous ensemble ce qu'on appelle l'esprit des lois[1].

(*Ibid.*, I, III.)

Nous ne pouvons analyser l'œuvre considérable de Montesquieu; indiquons seulement dans cette œuvre quelques traits remarquables, qui feront juger du reste. D'abord la théorie des gouvernements. Montesquieu distingue, dans chaque gouvernement, sa nature et son principe; sa nature, c'est-à-dire sa constitution, — son principe, c'est-à-dire le ressort qui le meut, les mœurs et les passions des hommes.

Les gouvernements se divisent, d'après leur *nature*, en démocratiques, monarchiques et despotiques. Le *principe* du despotisme est la *crainte*, celui de la monarchie, l'*honneur*, celui de la démocratie, la *vertu*.

I. — DU PRINCIPE DE LA DÉMOCRATIE

Il ne faut pas beaucoup de probité pour qu'un gouvernement monarchique ou un gouvernement despotique se main-

---

[1] Montesquieu approfondit la notion de droit, en montre la complexité, distingue les différents droits, indique les origines ou les bases naturelles du droit. Son point de vue est celui de l'historien philosophe, du sociologue.

tiennent ou se soutiennent. La force des lois dans l'un, le bras du prince toujours levé dans l'autre, règlent ou contiennent tout. Mais dans un État populaire, il faut un ressort de plus, qui est la *vertu*...

Les politiques grecs qui vivaient dans le gouvernement populaire ne reconnaissaient d'autre force qui pût le soutenir que celle de la vertu. Ceux d'aujourd'hui ne nous parlent que de manufactures, de commerce, de finances, de richesses et de luxe même[1].

Lorsque cette vertu cesse, l'ambition entre dans les cœurs qui peuvent la recevoir, et l'avarice entre dans tous. Les désirs changent d'objets : ce qu'on aimait, on ne l'aime plus ; on était libre avec les lois, on veut être libre contre elles ; chaque citoyen est comme un esclave échappé de la maison de son maître ; ce qui était maxime, on l'appelle rigueur ; ce qui était crainte, on l'appelle gêne ; ce qui était attention, on l'appelle crainte. C'est la frugalité qui y est l'avarice, et non pas le désir d'avoir. Autrefois le bien des particuliers faisait le trésor public ; mais pour lors le trésor public devient le patrimoine des particuliers. La république est une dépouille, et sa force n'est plus que le pouvoir de quelques citoyens et la licence de tous[2].

(III, III.)

Suit l'exemple d'Athènes, florissante, victorieuse des Perses, tant qu'elle fut vertueuse, et asservie par Philippe, quand elle eut perdu ses vertus, et l'exemple de Carthage que des forces puissantes, des richesses considérables n'ont pu sauver de la ruine, parce que le patriotisme, la vertu civique lui faisaient défaut.

[1] C'est dire que les modernes ignorent ce que c'est que la république. Montesquieu a ici exclusivement en vue les républiques antiques, et il s'applique à les définir, il ne songe pas à les donner pour modèle. Son idéal en effet serait plutôt la monarchie constitutionnelle ou anglaise, caractérisée par la séparation des pouvoirs.

[2] Montesquieu démontre sa thèse indirectement ou par l'absurde. Supposant un État où la vertu n'existe pas, où il n'y a ni obéissance aux lois ni attachement au bien public, il montre que cet État, s'il a la constitution démocratique, ne peut subsister, se détruit lui-même.

CE QUE C'EST QUE LA VERTU DANS L'ÉTAT POLITIQUE

La vertu, dans une république, est une chose très simple : c'est l'amour de la république, c'est un sentiment, et non une suite de connaissances ; le dernier homme de l'État peut avoir ce sentiment, comme le premier. Quand le peuple a une fois de bonnes maximes, il s'y tient plus longtemps que ce que l'on appelle les honnêtes gens. Il est rare que la corruption commence par lui. Souvent il a tiré de la médiocrité de ses lumières un attachement plus fort pour ce qui est établi [1].

L'amour de la patrie conduit à la bonté des mœurs, et la bonté des mœurs mène à l'amour de la patrie. Moins nous pouvons satisfaire nos passions particulières, plus nous nous livrons aux générales. Pourquoi les moines aiment-ils tant leur ordre ? C'est justement par l'endroit qui fait qu'il leur est insupportable. Leur règle les prive de toutes les choses sur lesquelles les passions ordinaires s'appuient : reste donc cette passion pour la règle même qui les afflige. Plus elle est austère, c'est-à-dire plus elle retranche de leurs penchants, plus elle donne de force à ceux qu'elle leur laisse [2].

(V, III.)

CE QUE C'EST QUE L'AMOUR DE LA RÉPUBLIQUE DANS LA DÉMOCRATIE

L'amour de la république, dans une démocratie, est celui de la démocratie ; l'amour de la démocratie est celui de l'égalité.

---

[1] En dehors de Rousseau, les philosophes du xviiie siècle étaient peu enclins à reconnaître la supériorité du sentiment sur la connaissance. C'est ce qui rend la remarque de Montesquieu intéressante.

[2] La passion est d'autant plus forte qu'elle se concentre sur un plus petit nombre d'objets ou sur des objets plus simples. De là la force des passions abstraites en général, et de la passion la plus abstraite de toutes, de celle qui s'attache à l'idée de règle ou de devoir, de la passion *formelle* en particulier, passion formelle voulant dire ici passion sans objet, sans *matière* ou contenu.

L'amour de la démocratie est encore l'amour de la frugalité. Chacun devant y avoir le même bonheur et les mêmes avantages y doit goûter les mêmes plaisirs et former les mêmes espérances, chose qu'on ne peut attendre que de la frugalité générale.

L'amour de l'égalité, dans une démocratie, borne l'ambition au seul désir, au seul bonheur de rendre à sa patrie de plus grands services que les autres citoyens. Ils ne peuvent lui rendre tous des services égaux; mais ils doivent tous également lui en rendre. En naissant, on contracte envers elle une dette immense, dont on ne peut jamais s'acquitter.

L'amour de la frugalité borne le désir d'avoir à l'attention que demande le nécessaire pour sa famille, et même le superflu pour sa patrie. Les richesses donnent une puissance dont un citoyen ne peut pas user pour lui, car il ne serait pas égal. Elles procurent des délices dont il ne doit pas jouir non plus, parce qu'elles choqueraient l'égalité tout de même [1].

(Liv V, ch. III.)

II. — Du principe de la monarchie

... La vertu n'est pas le ressort de ce gouvernement. Certainement elle n'en est point exclue, mais elle n'en est pas le ressort.

---

[1] « Quand Montesquieu décrit la République, il a en vue Rome. Grandes vertus civiques, législation forte, amour de la patrie, respect de la loi, un grand courage et un grand dessein ; lorsque l'un et l'autre faiblissent, décadence et décomposition, substitution de la Monarchie à la République : pour Montesquieu, voilà toute l'histoire romaine et voilà l'essence de toute République. La République est : *soyez vertueux*. Il s'ingénie, pour ne désobliger personne, à restreindre le sens de ce mot de *vertu*. Qu'on ne s'y trompe point : il ne s'agit que de vertu « *politique* », c'est-à-dire d'amour de la patrie, de l'égalité, de la frugalité. Le lecteur s'est toujours obstiné à prendre, en lisant Montesquieu, le mot vertu dans tout son sens ; et, en vérité, il a raison. L'auteur l'emploie, à chaque instant, dans sa signification la plus étendue ; et quand même il ne le ferait point, l'amour de la patrie, poussé jusqu'à lui sacrifier tout et soi-même, n'est pas autre chose que la vertu tout entière, parce qu'elle la suppose toute ». (E. Faguet, *XVIIIe siècle*).

Je me hâte et je marche à grands pas, afin qu'on ne croie pas que je fasse une satire du gouvernement monarchique. Non ! S'il manque d'un resssort, il en a un autre. L'*honneur*, c'est-à-dire le préjugé de chaque personne et de chaque condition, prend la place de la vertu politique dont j'ai parlé, et la représente partout.

Il y peut inspirer les plus belles actions ; il peut, joint à la force des lois, conduire au but des gouvernements, comme la vertu même.

(Liv. III, ch. v et vi.)

III. — Du principe du despotisme

Comme il faut de la *vertu* dans une république, et dans une monarchie de *l'honneur*, il faut de la *crainte* dans un gouvernement despotique ; pour la vertu, elle n'y est point nécessaire, et l'honneur y serait dangereux...

Un gouvernement modéré peut, tant qu'il veut, et sans péril relâcher ses ressorts : il se maintient par ses lois et par sa force même. Mais lorsque, dans le gouvernement despotique, le prince cesse un moment de lever le bras, quand il ne peut pas anéantir à l'instant ceux qui ont les premières places, tout est perdu : car le ressort du gouvernement, qui est la crainte, n'y étant plus, le peuple n'a plus de protecteur.

(II, ix.)

Quand les sauvages de la Louisiane veulent avoir du fruit, ils coupent l'arbre au pied, et cueillent le fruit. Voilà le gouvernement despotique.

(V, xiii.)

...Il semblerait que la nature humaine se soulèverait sans cesse contre le gouvernement despotique ; mais, malgré l'amour des hommes pour la liberté, malgré leur haine contre la violence, la plupart des peuples y sont soumis : cela est aisé à comprendre. Pour former un gouvernement modéré, il faut combiner les puissances, les régler, les tempérer, les faire agir ; donner, pour ainsi dire, un lest à l'une pour la mettre en état de résister à une autre : c'est un chef-d'œuvre de législation, que le hasard fait rarement, et que rarement on laisse faire à la prudence. Un gouvernement despotique, au contraire, saute, pour ainsi dire, aux yeux ; il est uniforme partout : comme il ne faut que des passions pour l'établir, tout le monde est bon pour cela [1].

(V, xvi, fin.)

L'idéal politique de Montesquieu n'est pas celui de Rousseau : la *démocratie*, mais le *gouvernement modéré*. La démocratie établit *l'égalité* entre les citoyens ; les gouvernements modérés leur assurent la *liberté*. La liberté a pour condition la *séparation des pouvoirs*. La séparation des pouvoirs est le signe auquel on reconnaît les gouvernements modérés.

Définissons d'abord la liberté.

LA LIBERTÉ

Il n'y a point de mot qui ait reçu plus de différentes significations, et qui ait frappé les esprits de tant de manières, que celui de *liberté*. Les uns l'ont pris pour la facilité de déposer celui à qui ils avaient donné un pouvoir tyrannique ; les autres pour la faculté d'élire celui à qui ils devaient obéir ; d'autres pour le droit d'être armés et de pouvoir exercer la

---

[1] Montesquieu juge les gouvernements, non au point de vue *idéal* ou *moral*, mais au double point de vue *historique* et *logique*. Il démêle leur principe psychologique, il leur demande ensuite d'être conséquents avec eux-mêmes, fidèles à leur principe, il cherche à quelles conditions ils existent ou sont possibles, et quelles conséquences ils entraînent. Il voit dans la grossièreté même des principes une chance de succès : le despotisme représente le *simplisme* politique ; c'est pourquoi il est si fréquent ; la démocratie suppose la vertu, ou un ensemble de vertus difficile à réaliser ; c'est pourquoi elle ne peut être que rare. Mais le despotisme est au plus bas degré de l'art politique, la démocratie au plus haut. Il y a dans la condamnation du despotisme par Montesquieu autant et plus peut-être de mépris intellectuel que d'indignation morale.

violence ; ceux-ci pour le privilège de n'être gouvernés que par un homme de leur nation ou par leurs propres lois. Certain peuple a longtemps pris la liberté pour l'usage de porter une longue barbe. Ceux-ci ont attaché ce nom à une forme de gouvernement et exclu les autres. Ceux qui avaient goûté du gouvernement républicain l'ont mise dans ce gouvernement; ceux qui avaient joui du gouvernement monarchique l'ont placée dans la monarchie. Enfin chacun a appelé *liberté* le gouvernement qui était conforme à ses coutumes ou à ses inclinations; et comme, dans une république, on n'a pas toujours devant les yeux, et d'une manière si présente, les instruments des maux dont on se plaint, et que même les lois paraissent y parler plus et les exécuteurs de la loi y parler moins, on la place ordinairement dans les républiques et on l'a exclue des monarchies. Enfin, comme dans les démocraties le peuple paraît à peu près faire ce qu'il veut, on a mis la liberté dans ces sortes de gouvernements, et on a confondu le pouvoir du peuple avec la liberté du peuple.

(XI, IV.)

Il est vrai que dans les démocraties le peuple paraît faire ce qu'il veut; mais la liberté politique ne consiste point à faire ce que l'on veut. Dans un État, c'est-à-dire dans une société où il y a des lois, la liberté ne peut consister qu'à pouvoir faire ce que l'on doit vouloir, et à n'être point contraint de faire ce que l'on ne doit pas vouloir.

Il faut se mettre dans l'esprit ce que c'est que l'indépendance et ce que c'est que la liberté. La liberté est le droit de faire tout ce que les lois permettent; et si un citoyen pouvait faire ce qu'elles défendent, il n'aurait plus de liberté, parce que les autres auraient tout de même ce pouvoir.

(XI, III.)

LA SÉPARATION DES POUVOIRS

La démocratie et l'aristocratie ne sont point des États libres par leur nature. La liberté politique ne se trouve que dans les gouvernement modérés. Mais elle n'est pas toujours dans les États modérés; elle n'y est que lorsqu'on n'abuse pas du pouvoir. Mais c'est une expérience éternelle, que tout homme qui a du pouvoir est porté à en abuser; il va jusqu'à ce qu'il trouve des limites. Qui le dirait? la vertu même a besoin de limites.

Pour qu'on ne puisse abuser du pouvoir, il faut que, par la disposition des choses, le pouvoir arrête le pouvoir.

(XI, iv.)

Il y a dans chaque État trois sortes de pouvoirs : la puissance législative, la puissance exécutrice des choses qui dépendent du droit des gens, et la puissance exécutrice de celles qui dépendent du droit civil.

...Lorsque, dans la même personne ou dans le même corps de magistrature, la puissance législative est réunie à la puissance exécutrice, il n'y a point de liberté, parce qu'on peut craindre que le même monarque ou le même sénat ne fasse des lois tyranniques pour les exécuter tyranniquement.

Il n'y a point encore de liberté, si la puissance de juger n'est pas séparée de la puissance législative et de l'exécutrice. Si elle était jointe à la puissance législative, le pouvoir sur la vie et sur la liberté des citoyens serait arbitraire; car le juge serait législateur. Si elle était jointe à la puissance exécutrice, le juge pourrait avoir la force d'un oppresseur.

Tout serait perdu si le même homme, ou le même corps des principaux, ou des nobles, ou du peuple, exerçaient ces trois pouvoirs : celui de faire des lois, celui d'exécuter les résolutions publiques, et celui de juger les crimes ou les différends des particuliers.

(XI, vi.)

Nous venons d'indiquer les idées fondamentales de Montesquieu : son analyse psychologique des gouvernements, sa théorie de la séparation des pouvoirs. Citons encore ses vues particulières sur la sévérité des peines, parce qu'elles sont caractéristiques de la droiture, de la justesse de son intelligence et de la modération de son caractère.

DE LA SÉVÉRITÉ DES PEINES

La sévérité des peines convient mieux au gouvernement despotique, dont le principe est la terreur, qu'à la monarchie et à la république, qui ont pour ressort l'honneur et la vertu.

Dans les États modérés, l'amour de la patrie, la honte et la crainte du blâme sont des motifs réprimants qui peuvent arrêter bien des crimes. La plus grande peine d'une mauvaise action sera d'en être convaincu. Les lois civiles y corrigeront donc plus aisément et n'auront pas besoin de tant de force.

Dans ces États, un bon législateur s'attachera moins à punir les crimes qu'à les prévenir; il s'appliquera plus à donner des mœurs qu'à infliger des supplices.

(VI, IX.)

L'expérience a fait remarquer que, dans les pays où les peines sont douces, l'esprit du citoyen en est frappé comme il l'est ailleurs par les grandes.

Quelque inconvénient se fait-il sentir dans un État, un gouvernement violent veut soudain le corriger; et, au lieu de faire exécuter les anciennes lois, on établit une peine cruelle qui arrête le mal sur-le-champ. Mais on use le ressort du gouvernement : l'imagination se fait à cette grande peine, comme elle s'était faite à la moindre; et, comme on diminue la crainte pour celle-ci, l'on est bientôt forcé d'établir l'autre dans tous les cas[1]. Les vols sur les grands chemins étaient communs dans quelques États; on voulut les arrêter; on inventa le supplice de la roue, qui le suspendit pendant quelque temps. Depuis ce temps on a volé comme auparavant sur les grands chemins.

[1] On n'a jamais mieux montré, je ne dis pas l'injustice, mais les inconvénients, les abus et tout au moins l'inutilité des *lois, dites de circonstance*, établies empiriquement, sans prévoyance, au fur et à mesure des besoins.

(Je passe une remarque analogue sur la peine de mort établie contre les déserteurs).

Il ne faut point mener les hommes par les voies extrêmes ; on doit être ménager des moyens que la nature nous donne pour les conduire. Qu'on examine la cause de tous les relâchements : on verra qu'elle vient de l'impunité des crimes, et non pas de la modération des peines.

Suivons la nature qui a donné aux hommes la honte comme leur fléau ; et que la plus grande partie de la peine soit l'infamie de la souffrir.

Que s'il se trouve des pays où la honte ne soit pas une suite du supplice, cela vient de la tyrannie, qui a infligé les mêmes peines aux scélérats et aux gens de bien.

Et si vous en voyez d'autres, où les hommes ne sont retenus que par des supplices cruels, comptez encore que cela vient en grande partie de la violence du gouvernement qui a employé ces supplices pour des fautes légères.

Souvent un législateur qui veut corriger un mal ne songe qu'à cette correction, ses yeux sont ouverts sur cet objet et fermés sur les inconvénients. Lorsque le mal est une fois corrigé, on ne voit plus que la dureté du législateur ; mais il reste un vice dans l'État que cette dureté a produit : les esprits sont corrompus, ils se sont accoutumés au despotisme...

Il y a deux genres de corruption : l'une, lorsque le peuple n'observe point les lois ; l'autre, lorsqu'il est corrompu par les lois : mal incurable, parce qu'il est dans le remède même.

J.-J. ROUSSEAU

J.-J. ROUSSEAU (1712-1778), né à Genève. Étranger à la secte philosophique, quoiqu'il ait collaboré à l'*Encyclopédie*, esprit isolé et chagrin, Rousseau ne laisse pas d'exercer sur son siècle une influence profonde, qui ne fait que grandir par la suite, et qui dure encore. Il entreprend de réformer la société tout entière, l'éducation, les mœurs, les lois, la religion. Ses idées politiques et sociales se trouvent exposées dans le *Discours sur l'inégalité parmi les hommes* et *le Contrat social*. Le *Contrat social* devint l'Évangile de la Révolution. Le succès prodigieux de ce livre s'explique par la généralité, et partant le vague des théories (chacun y trouve son compte), par le tour apocalyptique et oraculaire du style autant que par la hardiesse et l'originalité des vues. On trouve dans l'*Emile* un résumé du *Contrat*, qui est à ce livre ce que le *Discours de la Méthode* est aux *Principes de la philosophie* de Descartes.

Tandis que Montesquieu se place au point de vue de la réalité historique et tire sa philosophie des faits, Rousseau se place au point de vue de l'absolu, et juge les faits historiques et sociaux d'après ses principes, au lieu de soumettre ses principes aux faits. C'est ce qu'il faut avoir dans l'esprit pour le bien entendre. Examinons de ce point de vue sa théorie du droit.

Définir le droit, c'est dire d'où il tire son origine. Rousseau réfute d'abord la théorie qui fait dériver le droit de la force.

DU DROIT DU PLUS FORT

Le plus fort n'est jamais assez fort pour être toujours le maître, s'il ne transforme sa force en droit et l'obéissance en devoir. De là le droit du plus fort; droit pris ironiquement en apparence, et réellement établi en principe[1]. Mais ne nous expliquera-t-on jamais ce mot? La force est une puissance physique; je ne vois point quelle moralité peut résulter de ses effets. Céder à la force est un acte de nécessité, non de volonté; c'est tout au plus un acte de prudence. En quel sens pourra-ce être un devoir?

Supposons un moment ce prétendu droit. Je dis qu'il en résulte un galimatias inexplicable. Car, sitôt que c'est la force qui fait le droit, l'effet change avec la cause; toute

---

[1] De là le sophisme, la mauvaise plaisanterie qui présente comme légitime ce qui est simplement imposé par la force, sophisme qui ne laisse pas de se faire accepter, plaisanterie qui réussit. C'est ce sophisme que Rousseau dénonce et va réfuter.

force qui surmonte la première succède à son droit. Sitôt qu'on peut désobéir impunément, on le peut légitimement; et puisque le plus fort a toujours raison, il ne s'agit que de faire en sorte qu'on soit le plus fort. Or, qu'est-ce qu'un droit qui périt quand la force cesse? S'il faut obéir par force, on n'a pas besoin d'obéir par devoir; et si l'on n'est plus forcé d'obéir, on n'y est plus obligé. On voit donc que ce mot de *droit* n'ajoute rien à la force; il ne signifie ici rien du tout.

Obéissez aux puissances. Si cela veut dire : cédez à la force, le précepte est bon, mais superflu; je réponds qu'il ne sera jamais violé. Toute puissance vient de Dieu, je l'avoue, mais toute maladie en vient aussi ; est-ce à dire qu'il soit défendu d'appeler le médecin? Qu'un brigand me surprenne au coin d'un bois, non seulement il faut par force lui donner la bourse, mais, quand je pourrais la soustraire, suis-je en conscience obligé de la donner? Car enfin le pistolet qu'il tient est aussi une puissance.

Convenons donc que force ne fait pas droit, et qu'on n'est obligé d'obéir qu'aux puissances légitimes[1].

Si le droit ne vient pas de la force, il faut donc qu'il vienne d'une *convention*, d'un *contrat*. Mais comment une telle convention a-t-elle pu s'établir? C'est là une difficulté dont il n'y a pas lieu de s'embarrasser, car elle est purement *historique*, et, on l'a dit, le point de vue de Rousseau n'est pas celui de l'histoire ou du fait, mais celui de l'idéal, du droit pur. Le contrat social n'est, si l'on veut, qu'un symbole, qu'une fiction idéale: il exprime, non la façon dont le droit *s'est établi*, dont la société s'est fondée, mais celle dont le droit *pouvait* et *devait* s'établir, dont la société, si elle avait eu à naître et si elle n'existait pas naturellement, aurait dû se constituer.

Commençons donc par écarter tous les faits, car ils ne touchent point à la question. Il ne faut pas prendre les

[1] Ce passage est la réfutation de la thèse exposée par Pascal, pp. 167-8.

recherches dans lesquelles on peut entrer sur ce sujet pour des vérités historiques, mais seulement pour des raisonnements hypothétiques et conditionnels, plus propres à éclaircir la nature des choses qu'à en montrer la véritable origine, et semblables à ceux que font tous les jours nos physiciens sur la formation du monde.

(*Discours sur l'origine de l'inégalité parmi les hommes. Introduction, fin*).

Le caractère purement rationnel du contrat social étant ainsi établi, voyons en quoi consiste ce contrat. Qui dit *convention, contrat* ne dit pas institution arbitraire. Le contrat, qui donne naissance au droit, n'est pas un établissement quelconque, lequel deviendrait légitime par cela seul qu'il serait adopté ou consenti. Ainsi un contrat stipulant l'esclavage ne serait pas valable. Pourquoi? Parce qu'il serait contradictoire, parce qu'il ne pourrait jamais volontairement s'établir, parce que la nature humaine répugne à un sacrifice complet, sans compensation, comme celui qu'on exige de l'esclave.

Si un particulier, dit Grotius, peut aliéner sa liberté et se rendre esclave d'un maître, pourquoi tout un peuple ne pourrait-il pas aliéner la sienne et se rendre sujet d'un roi? Il y a là bien des mots équivoques qui auraient besoin d'explication; mais tenons-nous-en à celui d'*aliéner*. Aliéner, c'est donner ou vendre. Or, un homme qui se fait esclave d'un autre ne se donne pas; il se vend, tout au moins pour sa subsistance; mais un peuple pourquoi se vend-il? Bien loin qu'un roi fournisse à ses sujets leur subsistance, il ne tire la sienne que d'eux; et, selon Rabelais, un roi ne vit pas de peu. Les sujets donnent donc leur personne, à condition qu'on prendra aussi leur bien? Je ne vois pas ce qu'il leur reste à conserver[1].

[1] Ainsi donc le prétendu *contrat d'esclavage* n'est pas assimilable à

On dira que le despote assure à ses sujets la tranquillité civile. Soit; mais qu'y gagnent-ils, si les guerres que son ambition leur attire, si son insatiable avidité, si les vexations de son ministère les désolent plus que ne feraient leurs dissensions? Qu'y gagnent-ils si cette tranquillité même est une de leurs misères? On vit tranquille aussi dans les cachots; en est-ce assez pour s'y trouver bien? Les Grecs enfermés dans l'antre du Cyclope y vivaient tranquilles, en attendant que leur tour vînt d'être dévorés[1].

Dire qu'un homme se donne gratuitement, c'est dire une chose absurde et inconcevable; un tel acte est illégitime et nul, par cela seul que celui qui le fait n'est pas dans son bon sens. Dire la même chose de tout un peuple, c'est supposer un peuple de fous; la folie ne fait pas droit.

Quand chacun pourrait s'aliéner lui-même, il ne peut aliéner ses enfants; ils naissent hommes et libres; leur liberté leur appartient, nul n'a droit d'en disposer qu'eux. Avant qu'ils soient en âge de raison, le père peut, en leur nom, stipuler des conditions pour leur conservation, pour leur bien-être, mais non les donner irrévocablement et sans condition; car un tel don est contraire aux fins de la nature, et passe les droits de la paternité. Il faudrait donc, pour qu'un gouvernement arbitraire fût légitime, qu'à chaque génération le peuple fût le maître de l'admettre ou de le rejeter; mais alors ce gouvernement ne serait plus arbitraire[2].

Renoncer à sa liberté, c'est renoncer à sa qualité d'homme, aux droits de l'humanité, même à ses devoirs. Il n'y a nul dédommagement possible pour quiconque renonce à tout. Une telle renonciation est incompatible avec la nature de l'homme; et c'est ôter toute moralité à ses actions que d'ôter toute liberté à sa volonté. Enfin c'est une convention vaine et

---

un marché. Tout marché est un échange : on donne une chose pour en obtenir une autre. Ici l'esclave donne sans recevoir. Et que donne-t-il? Sa personne! C'est-à-dire tout pour rien.

[1] Si le peuple croit pouvoir donner sa liberté pour obtenir la sécurité, il fait un marché de dupes; et un tel marché n'est pas valable.

[2] A supposer qu'un individu pût engager volontairement sa liberté, il n'aurait pas le droit d'engager celle de ses enfants.

contradictoire de stipuler, d'une part, une autorité absolue et, de l'autre, une obéissance sans bornes. N'est-il pas clair qu'on n'est engagé à rien envers celui dont on a le droit de tout exiger? Et cette seule condition : sans équivalent, sans échange, n'entraîne-t-elle pas la nullité de l'acte? Car quel droit mon esclave aurait-il contre moi, puisque tout ce qu'il a m'appartient, et que, son droit étant le mien, ce droit de moi contre moi-même est un mot qui n'a aucun sens[1]?

Ainsi, de quelque sens qu'on envisage les choses, le droit d'esclavage est nul, non seulement parce qu'il est illégitime, mais parce qu'il est absurde et ne signifie rien. Ces mots *esclavage* et *droit* sont contradictoires ; ils s'excluent mutuellement. Soit d'un homme à un homme, soit d'un homme à un peuple, ce discours sera toujours également insensé : « Je fais avec toi une convention toute à ta charge et toute à mon profit, que j'observerai tant qu'il me plaira, et que tu observeras tant qu'il me plaira. »

Contrat social, liv. I, ch. iv.

On vient de voir, en analysant l'idée même de *contrat* ou d'accord libre entre des volontés raisonnables, que la force et l'esclavage ruinent cette idée. En d'autres termes, on vient de dire ce que le contrat ne peut pas être; on va dire maintenant ce qu'il doit être, en procédant par la même méthode, à savoir par le raisonnement.

C'est le principe de l'utilité ou de la nécessité qui donne naissance au contrat social ; c'est le même principe qui détermine les clauses de ce contrat.

---

[1] Mais nul n'a le droit de renoncer à sa liberté, car cela reviendrait pour lui à renoncer à sa qualité d'homme. On remarquera la marche progressive du raisonnement tout entier.

DU PACTE SOCIAL

Je suppose les hommes parvenus à ce point où les obstacles qui nuisent à leur conservation dans l'état de nature l'emportent, par leur résistance, sur les forces que chaque individu peut employer pour se maintenir dans cet état. Alors cet état primitif ne peut plus subsister, et le genre humain périrait s'il ne changeait sa manière d'être.

Or, comme les hommes ne peuvent engendrer de nouvelles forces, mais seulement unir et diriger celles qui existent, ils n'ont plus d'autre moyen pour se conserver que de former une agrégation, une somme de forces qui puisse l'emporter sur la résistance, de les mettre en jeu par un seul mobile, et de les faire agir de concert.

Cette somme de forces ne peut naître que du concours de plusieurs; mais la force et la liberté de chaque homme étant les premiers instruments de sa conservation, comment les engagera-t-il sans se nuire et sans négliger les soins qu'il se doit ? Cette difficulté, ramenée à mon sujet, peut s'énoncer en ces termes :

« Trouver une forme d'association qui défende et protège de toute la force commune la personne et les biens de chaque associé, et par laquelle chacun, s'unissant à tous, n'obéisse pourtant qu'à lui-même, et reste aussi libre qu'auparavant. » Tel est le problème fondamental dont le *Contrat social* donne la solution.

Les clauses de ce contrat sont tellement déterminées par la nature de l'acte, que la moindre modification les rendrait vaines et de nul effet; en sorte que, bien qu'elles n'aient peut-être jamais été formellement énoncées, elles sont partout les mêmes, partout tacitement admises et reconnues, jusqu'à ce que, le pacte social étant violé, chacun rentre alors dans ses premiers droits, et reprenne sa liberté naturelle, en perdant la liberté conventionnelle pour laquelle il y renonça.

Ces clauses, bien entendues, se réduisent toutes à une

seule, savoir : l'aliénation totale de chaque associé avec tous ses droits à toute la communauté.

... Si on écarte du pacte social ce qui n'est pas de son essence, on trouvera qu'il se réduit aux termes suivants : *« Chacun de nous met en commun sa personne et toute sa puissance sous la suprême direction de la volonté générale, et nous recevons en corps chaque membre comme partie indivisible du tout. »*

Contrat social, liv. I, ch. vi.

Le contrat social peut se définir, par contraste avec le contrat ou pseudo-contrat de servitude : le premier a tous les avantages, comme le second a tous les inconvénients. Dans l'état de servitude, l'individu perd tout et ne gagne rien ; dans le contrat social, au contraire, l'individu gagne tout et ne perd rien. Sa force est accrue et ses droits sauvegardés. En effet, le peuple n'obéit qu'à lui-même ; il est à la fois *souverain* et *sujet* ; il fait la loi, laquelle n'est que la *volonté générale* ; en obéissant à la loi, il ne fait que suivre sa volonté.

La clause essentielle du pacte social est donc la souveraineté du peuple.

La volonté générale peut seule diriger les forces de l'État selon la fin de son institution, qui est le bien commun ; car, si l'opposition des intérêts particuliers a rendu nécessaire l'établissement des sociétés, c'est l'accord de ces mêmes intérêts qui l'a rendu possible. C'est ce qu'il y a de commun dans ces différents intérêts qui forme le lien social ; et s'il n'y avait pas quelque point dans lequel tous les intérêts s'accordent, nulle société ne saurait exister. Car c'est uniquement sur ces intérêts communs que la société doit être gouvernée.

Contrat social, liv. II, ch. i.

CARACTÈRES DE LA SOUVERAINETÉ

Je dis donc que la souveraineté, n'étant que l'exercice de la volonté générale, ne peut jamais s'aliéner, et que le souverain, qui n'est qu'un être collectif, ne peut être représenté que par lui-même : le pouvoir peut bien se transmettre, mais non pas la volonté...

Si le peuple, qui doit commander, promet simplement d'obéir, il se dissout par cet acte, il perd sa qualité de peuple ; à l'instant qu'il y a un maître, il n'y a plus de souverain, et dès lors le corps politique est détruit.

Par la même raison que la souveraineté est inaliénable, elle est indivisible ; car la volonté est générale ou elle ne l'est pas ; elle est celle du corps du peuple, ou seulement d'une partie. Dans le premier cas, notre volonté déclarée est un acte de souveraineté ; dans le second, ce n'est qu'une volonté particulière ou un acte de magistrature ; c'est un décret tout au plus.

La volonté générale est toujours droite et tend toujours à l'utilité publique : mais il ne s'ensuit pas que les délibérations du peuple aient toujours la même rectitude. On veut toujours son bien, mais on ne le voit pas toujours ; jamais on ne corrompt le peuple, mais souvent on le trompe, et c'est alors seulement qu'il paraît vouloir ce qui est mal.

Contrat social, liv. II, ch. I et II.

LA LOI

Ce qui est bien et conforme à l'ordre est tel par la nature des choses et indépendamment des conventions humaines. Il est une justice universelle émanée de la raison seule ; mais cette justice, pour être admise entre nous, doit être réciproque. A considérer humainement les choses, faute de sanction naturelle, les lois de la justice sont vaines parmi les hommes ; elles ne font que le bien du méchant et le mal du juste, quand celui-ci les observe avec tout le monde sans que personne les observe avec lui. Il faut donc des conventions et des lois pour unir les droits aux devoirs et ramener la justice à son objet.

Mais qu'est-ce qu'une loi ? Quand tout le peuple statue sur tout le peuple, il ne considère que lui-même ; et s'il se forme alors un rapport, c'est de l'objet entier sous un point de vue à l'objet entier sous un autre point de vue, sans aucune division du tout[1]. Alors la matière sur laquelle on statue est générale comme la volonté qui statue. C'est cet acte que j'appelle une loi.

Quand je dis que l'objet des lois est toujours général, j'entends que la loi considère les sujets en corps et les actions comme abstraites, jamais un homme comme individu ni une action particulière. Ainsi la loi peut bien statuer qu'il y aura des privilèges, mais elle n'en peut donner nommément à personne ; la loi peut faire plusieurs classes de citoyens, assigner même les qualités qui donneront droit à ces classes, mais elle ne peut nommer tels et tels pour y être admis ; elle peut établir un gouvernement royal et une succession héréditaire, mais elle ne peut élire un roi, ni nommer une famille royale : en un mot, toute fonction qui se rapporte à un objet individuel n'appartient point à la puissance législative[2].

Sur cette idée, on voit à l'instant qu'il ne faut plus demander à qui il appartient de faire des lois, puisqu'elles sont des actes de la volonté générale ; ni si le prince est au-dessus des lois, puisqu'il est membre de l'État ; ni si la loi peut être injuste, puisque nul n'est injuste envers lui-même ; ni comment on est libre et soumis aux lois, puisqu'elles ne sont que des registres de nos volontés.

[1] Dans ce chapitre le caractère théorique et abstrait des vues de Rousseau est particulièrement accusé, voire même poussé jusqu'au paradoxe. Les principes ici posés trouveront leur application dans la théorie du gouvernement, en particulier dans la théorie du gouvernement direct (négation de la délégation du pouvoir, de la représentation nationale).

[2] Théorie remarquable. La loi a pour caractère distinctif d'être *universelle*. C'est par son *universalité* qu'elle vaut, qu'elle se distingue de tout décret arbitraire, qu'elle apparaît comme juste. On sait que Kant a pris l'*universalité* pour critérium (marque propre, distinctive) de la moralité. Il s'inspire peut-être en cela de Rousseau, pour lequel il avait, comme on sait, une admiration passionnée.

On voit encore que, la loi réunissant l'universalité de la volonté et celle de l'objet, ce qu'un homme, quel qu'il puisse être, ordonne de son chef n'est point une loi ; ce qu'ordonne même le souverain sur un objet particulier n'est pas non plus une loi, mais un décret ; ni un acte de souveraineté, mais de magistrature.

Les lois ne sont proprement que les conditions de l'association civile. Le peuple, soumis aux lois, en doit être l'auteur ; il n'appartient qu'à ceux qui s'associent de régler les conditions de la société. Mais comment les régleront-ils ? Sera-ce d'un commun accord, par une inspiration subite ? Le corps politique a-t-il un organe pour énoncer ses volontés ? Qui lui donnera la prévoyance nécessaire pour en former les actes et les publier d'avance ? ou comment les prononcera-t-il au moment du besoin ? Comment une multitude aveugle, qui souvent ne sait ce qu'elle veut, parce qu'elle sait rarement ce qui lui est bon, exécuterait-elle d'elle-même une entreprise aussi grande, aussi difficile qu'un système de législation ? De lui-même le peuple veut toujours le bien, mais il ne le voit pas toujours. La volonté générale est toujours droite, mais le jugement qui la guide n'est pas toujours éclairé[2].

Contrat social, liv. II, ch. VI.

LA LOI N'EST RIEN SANS LES MŒURS

Aux trois sortes de lois (politiques, civiles et criminelles) il s'en joint une quatrième, la plus importante de toutes, qui ne se grave ni sur le marbre, ni sur l'airain, mais dans les cœurs des citoyens ; qui fait la véritable constitution de l'État ; qui prend tous les jours de nouvelles forces ; qui, lorsque les autres lois vieillissent ou s'éteignent, les ranime

---

[2] Rousseau conclut de là à la nécessité d'une éducation publique, et à la nécessité d'un législateur. Suit le portrait idéal du législateur. A noter que Rousseau fit au XVIIIe siècle fonction de législateur, rédigea des projets de constitution pour la Corse, pour la Pologne, à peu près comme Diderot rédigea des sermons pour des prédicateurs. Le philosophe dut croire arrivée l'ère prédite par Platon : les peuples seront heureux quand les sages seront rois.

ou les supplée, conserve un peuple dans l'esprit de son institution, et substitue insensiblement la force de l'habitude à celle de l'autorité. Je parle des mœurs, des coutumes, et surtout de l'opinion ; partie inconnue à nos politiques, mais de laquelle dépend le succès de toutes les autres ; partie dont le grand législateur s'occupe en secret, tandis qu'il paraît se borner à des règlements particuliers, qui ne sont que le cintre de la voûte, dont les mœurs, plus lentes à naître, forment enfin l'inébranlable clef.

Contrat social, liv. II, ch. XII.

L'OBJET DES LOIS EST D'ÉTABLIR LA LIBERTÉ ET L'ÉGALITÉ

Si l'on recherche en quoi consiste précisément le plus grand bien de tous, qui est la fin de tout système de législation, on trouvera qu'il se réduit à deux objets principaux : la *liberté* et l'*égalité* ; la liberté, parce que toute dépendance particulière est autant de force ôtée au corps de l'État ; l'égalité, parce que la liberté ne peut subsister sans elle.

J'ai déjà dit ce que c'est que la liberté civile ; à l'égard de l'égalité, il ne faut pas entendre par ce mot que les degrés de puissance et de richesse soient absolument les mêmes ; mais que, quant à la puissance, elle soit au-dessus de toute violence et ne s'exerce jamais qu'en vertu du rang et des lois ; et quant à la richesse, que nul citoyen ne soit assez opulent pour en pouvoir acheter un autre, et nul assez pauvre pour être contraint de se vendre ; ce qui suppose, du côté des grands, modération de biens et de crédit ; et, du côté des petits, modération d'avarice et de convoitise[1].

Cette égalité, disent-ils, est une chimère de spéculation qui ne peut exister dans la pratique. Mais, si l'abus est inévi-

---

[1] Rousseau dit ailleurs, dans le même traité, que l'objet du pacte social est d'établir la justice, partant l'égalité : « Au lieu de détruire l'égalité naturelle, le pacte fondamental substitue au contraire une égalité morale et légitime à ce que la nature avait pu mettre d'inégalité physique entre les hommes ; et que, pouvant être égaux en force et en génie, ils deviennent tous égaux par convention et de droit (*Contrat social*, I, IX). »

table, s'ensuit-il qu'il ne faille pas au moins le régler ? C'est précisément parce que la force des choses tend toujours à détruire l'égalité, que la force de la législation doit toujours tendre à la maintenir.

Contrat social, liv. II, ch. xi.

CHAPITRE III

LA PHILOSOPHIE MORALE AU XVIIIᵉ SIÈCLE

II. — LA TOLÉRANCE

VOLTAIRE

Voltaire se distingue entre tous les philosophes du xviiiᵉ siècle par le zèle éloquent et l'ardeur infatigable avec lesquels il défend l'idée de tolérance. Il prend sous sa protection les victimes de la persécution religieuse, Calas, Sirven, le chevalier de la Barre ; il fait réviser leur procès, casser l'arrêt qui les condamne ; il recueille leur famille en fuite, la sauve du déshonneur et de la misère ; il écrit pour eux, ou à leur occasion, des mémoires, requêtes, lettres et traités. Le zèle philosophique, la passion de la justice et de la vérité qui l'anime, est, à nos yeux, sa gloire la plus incontestée et la plus pure. Lui-même en jugeait ainsi quand il dit :

J'ai fait un peu de bien ; c'est mon meilleur ouvrage.

Comme apôtre de la tolérance, Voltaire a pour précurseur le philosophe anglais Locke, qu'il appelle toujours « le sage Locke ». Mais ce sont les horreurs du fanatisme religieux, c'est le souvenir de la Saint-Barthélémy, ce sont les affaires Calas, Sirven, La Barre, qui expliquent la genèse de ses idées sur la tolérance. Aussi est-ce avant tout, sinon exclusivement, la *tolérance religieuse* qu'il a en vue. C'est ce qu'on peut conclure du titre de son livre : « *Traité sur la tolérance, à l'occasion de la mort de Jean Calas* ».

1° Il montre d'abord que la *tolérance est devenue possible;* la superstition, en effet, s'éteint, le fanatisme s'affaiblit ; il n'y a plus qu'à le laisser mourir de sa belle mort.

Le grand moyen de diminuer le nombre des maniaques (entendez : des *fanatiques religieux*), s'il en reste, est d'abandonner cette maladie de l'esprit au régime de la raison, qui éclaire lentement, mais infailliblement, les hommes. Cette raison est douce, elle est humaine, elle inspire l'indulgence, elle étouffe la discorde, elle affermit la vertu, elle rend aimable l'obéissance aux lois, plus encore que la force ne les maintient.

Et comptera-t-on pour rien le ridicule attaché aujourd'hui à l'enthousiasme par tous les honnêtes gens ! Ce ridicule est une puissante barrière contre les extravagances de tous les sectaires... Il a été un temps où l'on se crut obligé de rendre des arrêts contre ceux qui enseignaient une doctrine contraire aux catégories d'Aristote, à l'horreur du vide, aux quiddités et à l'universel à part de la chose[1]. Nous avons en Europe plus de cent volumes de jurisprudence sur la sorcellerie et sur la manière de distinguer les faux sorciers des véritables. L'excommunication des sauterelles et des insectes nuisibles aux moissons a été très en usage et subsiste encore dans plusieurs rituels ; l'usage est passé ; on laisse en paix Aristote, les sorciers et les sauterelles. Les exemples de ces graves démences, autrefois si importantes, sont innombrables ; il en revient d'autres de temps en temps ; mais, quand elles ont fait leur effet, quand on en est rassasié, elles s'anéantissent...

... C'est ce temps de dégoût, de satiété, ou plutôt de raison, qu'on peut saisir comme une époque et un gage de la tranquillité publique. La controverse est une maladie épidémique qui est sur sa fin, et cette peste, dont on est guéri, ne demande plus qu'un régime doux. Enfin l'intérêt de l'État est que des fils expatriés reviennent avec modestie dans la maison de leur père ; l'humanité le

---

[1] Allusion aux querelles des Scolastiques. L'*universel à part de la chose*, c'est le *genre*, conçu comme existant en dehors des *individus*.

demande, la raison le conseille et la politique ne peut s'en effrayer.

2° En second lieu, *l'intolérance est contraire au droit naturel.*

Le droit naturel est celui que la nature indique à tous les hommes. Vous avez élevé votre enfant, il vous doit du respect comme à son père, de la reconnaissance comme à son bienfaiteur. Vous avez droit aux productions de la terre que vous avez cultivée par vos mains. Vous avez donné et reçu une promesse, elle doit être tenue.

Le droit humain ne peut être fondé en aucun cas que sur ce droit de nature ; et le grand principe, le principe universel de l'un et de l'autre est, dans toute la terre : *Ne fais pas à autrui ce que tu ne voudrais pas qu'on te fît.* Or on ne voit pas comment, suivant ce principe, un homme pourrait dire à un autre : *Crois ce que je crois et ce que tu ne peux croire, ou tu périras...* Le droit de l'intolérance est donc absurde et barbare ; c'est le droit des tigres ; et il est bien plus horrible, car les tigres ne déchirent que pour manger et nous, nous sommes exterminés pour des paragraphes.

Voltaire s'attache à prouver, non seulement que la tolérance, grâce aux progrès de la raison, peut aujourd'hui s'établir dans les mœurs, mais encore qu'elle a existé dans l'antiquité; il semble croire que la religion seule a été persécutrice, et encore la religion chrétienne, et, dans la religion chrétienne, le catholicisme.

Je le dis avec horreur, mais avec vérité, c'est nous, chrétiens, c'est nous qui avons été persécuteurs, bourreaux, assassins! et de qui? De nos frères. C'est nous qui avons détruit cent villes, le crucifix ou la bible à la main, et qui n'avons cessé de répandre le sang et d'allumer les bûchers, depuis le règne de Constantin jusqu'aux fureurs des cannibales qui habitaient les Cévennes.

Il absout presque les Grecs d'avoir condamné Socrate et les Empereurs romains d'avoir persécuté les chrétiens. Là est le point faible de son argumentation ; là se montre l'étroitesse de son point de vue, si bien signalée par Faguet.

« A ne voir que l'homme de son temps, c'est sur l'homme que Voltaire se trompe. Il ne peut atteindre jusqu'à cette idée que les hommes ont toujours eu et auront toujours le besoin d'assommer ceux qui pensent autrement qu'eux, et que, pour eux, les plus grands crimes ont toujours été et seront toujours les crimes d'opinion. Chaque grande idée générale qui traverse le monde donne seulement matière à ce besoin impérieux de l'espèce. Aucune ne le crée, chacune le renouvelle. Avant le christianisme, le polythéisme a proscrit cruellement, meurtrièrement le monothéisme, sous forme philosophique d'abord, sous forme chrétienne ensuite ; et le christianisme vainqueur a persécuté le paganisme, et les sectes chrétiennes se sont persécutées les unes les autres ; et voilà que le christianisme détruit par vous, vous croyez l'intolérance exterminée du monde, ne sachant pas prévoir, comme vous ne savez pas voir juste dans le passé, et ne vous doutant point qu'après vous l'on va s'assassiner pour des idées comme auparavant, que seulement les théologiens seront remplacés par les théoriciens politiques, et le crime d'être hérétique par celui d'être aristocrate [1]. »

4° Voltaire indique, après Locke, que le moyen d'arriver à la tolérance religieuse serait la simplification du dogme.

VERTU VAUT MIEUX QUE SCIENCE

Moins de dogmes, moins de disputes ; et moins de disputes, moins de malheurs : si cela n'est pas vrai, j'ai tort.

La religion est instituée pour nous rendre heureux dans

E. Faguet : *XVIII° siècle*, 5° édit., p. 224, Paris, Lecène, Oudin, 1890 cette vie et dans l'autre. Que faut-il pour être heureux dans la vie à venir ? être juste.

Pour être heureux dans celle-ci, autant que le permet la misère de notre nature, que faut-il être ? indulgent.

Ce serait le comble de la folie, de prétendre amener tous les hommes à penser d'une manière uniforme sur la métaphysique. On pourrait beaucoup plus aisément subjuguer l'univers entier par les armes que subjuguer tous les esprits d'une seule ville.

5° Mais la religion simplifiée, ou débarrassée des subtilités du dogme métaphysique, c'est la *religion naturelle* ou vraie.

La tolérance est conforme à la *religion naturelle*. Dieu l'approuve et l'inspire. De là cette prière.

PRIÈRE A DIEU

Ce n'est plus aux hommes que je m'adresse, c'est à toi, Dieu de tous les êtres, de tous les mondes et de tous les temps, s'il est permis à de faibles créatures perdues dans l'immensité, et imperceptibles au reste de l'univers, d'oser te demander quelque chose, à toi qui as tout donné, à toi dont les décrets sont immuables comme éternels. Daigne regarder en pitié les erreurs attachées à notre nature : que ces erreurs ne fassent point nos calamités. Tu ne nous as point donné un cœur pour nous haïr et des mains pour nous égorger; fais que nous nous aidions mutuellement à supporter le fardeau d'une vie pénible et passagère; que les petites différences entre les vêtements qui couvrent nos débiles corps, entre tous nos langages insuffisants, entre tous nos usages ridicules, entre toutes nos lois imparfaites, entre toutes nos opinions insensées, entre toutes nos conditions, si disproportionnées à nos yeux et si égales devant toi; que toutes ces petites nuances qui distinguent les atomes, appelés hommes, ne soient pas des signaux de haine et de persécution; que ceux qui allument des cierges en plein midi pour le célébrer, supportent ceux qui se contentent de la lumière de ton soleil ; que ceux qui couvrent leur robe d'une toile blanche pour dire qu'il faut t'aimer, ne détestent pas ceux qui disent la même chose sous un manteau de laine noire ; qu'il soit égal de t'adorer dans un jargon formé d'une ancienne langue ou dans un jargon plus nouveau ; que ceux dont l'habit est teint en rouge ou en violet, qui dominent sur une petite parcelle d'un petit tas de la boue de ce monde, et qui possèdent quelques fragments arrondis d'un certain métal, jouissent sans orgueil de ce qu'ils appellent grandeur et richesse, et que les autres les voient sans envie : car tu sais qu'il n'y a dans ces vanités ni de quoi envier ni de quoi s'enorgueillir.

Puissent tous les hommes se souvenir qu'ils sont frères ! Qu'ils aient en horreur la tyrannie exercée sur les âmes, comme ils ont en exécration le brigandage qui ravit par la force le fruit du travail et de l'industrie paisible ! Si les fléaux de la guerre sont inévitables, ne nous haïssons pas, ne nous déchirons pas les uns les autres dans le sein de la paix, et employons l'instant de notre existence à bénir également en mille langages divers, depuis Siam jusqu'à la Californie, la bonté qui nous a donné cet instant !

6° Le fragment suivant indique plus nettement encore le fondement *naturel* de la tolérance, les racines qu'elle a dans le cœur de l'homme. Après avoir invoqué Dieu, Voltaire invoque la *nature* (mot auquel il donne quelquefois pour synonyme celui de raison). Ce fragment est la conclusion du *Traité sur la Tolérance*, auquel nous avons emprunté toutes les citations qui précèdent.

Cet écrit sur la tolérance est une requête que l'humanité présente très humblement au pouvoir et à la prudence. Je sème un grain qui pourra un jour produire une moisson. Attendons tout du temps, de la bonté du roi, de la sagesse de ses ministres, et de l'esprit de raison qui commence à répandre partout sa lumière.

La nature dit à tous les hommes : Je vous ai tous fait naître faibles et ignorants, pour végéter quelques minutes sur la terre et pour l'engraisser de vos cadavres. Puisque vous êtes faibles, secourez-vous ; puisque vous êtes ignorants, éclairez-vous et supportez-vous. Quand vous seriez tous du même avis, ce qui certainement n'arrivera jamais, quand il n'y aurait qu'un seul homme d'un avis contraire, vous devriez lui pardonner ; car c'est moi qui le fais penser comme il pense. Je vous ai donné des bras pour cultiver la terre, et une petite lueur de raison pour vous conduire ; j'ai mis dans vos cœurs un germe de compassion pour vous aider les uns les autres à supporter la vie. N'étouffez pas ce germe ; ne le corrompez pas ; apprenez qu'il est divin, et ne substituez pas les misérables fureurs de l'école à la voix de la nature.

C'est moi seule qui vous unis encore malgré vous par vos besoins mutuels, au milieu même de vos guerres cruelles si légèrement entreprises, théâtre éternel des fautes, des hasards et des malheurs. C'est moi seule qui dans une nation arrête les suites funestes de la division interminable entre la noblesse et la magistrature, entre ces deux corps et celui du clergé, entre le bourgeois même et le cultivateur. Ils ignorent tous les bornes de leurs droits ; mais ils écoutent tous malgré eux à la longue ma voix qui parle à leur cœur. Moi seule, je conserve l'équité dans les tribunaux où tout serait livré sans moi à l'indécision et aux caprices, au milieu d'un amas confus de lois faites souvent au hasard, et pour un besoin passager, différentes entre elles de province en province, de ville en ville, et presque toujours contradictoires entre elles dans le même lieu. Seule je peux inspirer la justice, quand les lois n'inspirent que la chicane : celui qui m'écoute juge toujours bien ; et celui qui ne cherche qu'à concilier des opinions qui se contredisent, est celui qui s'égare.

Il y a un édifice immense dont j'ai posé le fondement de mes mains ; il était solide et simple, tous les hommes pouvaient y entrer en sûreté ; ils ont voulu y ajouter les ornements les plus bizarres, les plus grossiers et les plus inutiles ; le bâtiment tombe en ruine de tous les côtés ; les hommes en prennent les pierres, et se les jettent à la tête ; je leur crie : Arrêtez, écartez ces décombres funestes qui sont votre ouvrage, et demeurez avec moi en paix dans l'édifice inébranlable qui est le mien.

MONTESQUIEU

Montesquieu, dans l'*Esprit des lois*, traite des rapports de l'État et de la religion. La *tolérance* lui apparaît comme « politique » ou habile, il la représente comme une nécessité sociale, comme une condition de l'ordre ou de la paix publique. Il prend soin d'indiquer lui-même quel est son point de vue (liv. XXV, ch. ix).

1° Nous sommes ici politiques, et non pas théologiens ; et, pour les théologiens mêmes, il y a bien de la différence entre tolérer une religion et l'approuver.

Lorsque les lois d'un État ont cru devoir souffrir plusieurs religions, il faut qu'elles les obligent aussi à se tolérer entre elles. C'est un principe que toute religion qui est réprimée devient elle-même réprimante ; car sitôt que, par quelque hasard, elle peut sortir de l'oppression, elle attaque la religion qui l'a réprimée, non pas comme une religion, mais comme une tyrannie.

Il est donc utile que les lois exigent de ces diverses religions, non seulement qu'elles ne troublent pas l'État, mais encore qu'elles ne se troublent pas entre elles. Un citoyen ne satisfait point aux lois en se contentant de ne pas agiter le corps de l'État ; il faut encore qu'il ne trouble pas quelque citoyen qui ce soit.

2° *L'intolérance en matière de religion, c'est-à-dire la persécution et les peines, est nécessairement impuissante, et partant absurde* (*ibid.*, ch. xii).

Il faut éviter les lois pénales en fait de religion. Elles impriment de la crainte, il est vrai ; mais, comme la religion a ses lois pénales aussi qui inspirent de la crainte, l'une est effacée par l'autre. Entre ces deux craintes différentes, les âmes deviennent atroces.

La religion a de si grandes menaces, elle a de si grandes promesses que, lorsqu'elles sont présentes à notre esprit, quelque chose que le magistrat puisse faire pour nous contraindre à la quitter, il semble qu'on ne nous laisse rien quand on nous l'ôte, et qu'on ne nous ôte rien lorsqu'on nous la laisse.

Ce n'est donc pas en remplissant l'âme de ce grand objet, en l'approchant du moment où il lui doit être d'une plus grande importance, que l'on parvient à l'en détacher; il est plus sûr d'attaquer une religion par la faveur, par les commodités de la vie, par l'espérance de la fortune; non pas par ce qui avertit, mais par ce qui fait qu'on oublie; non pas par ce qui indique, mais par ce qui jette dans la tiédeur, lorsque d'autres passions agissent sur nos âmes, et que celles que la religion inspire sont dans le silence. Règle générale : en fait de religion les invitations sont plus fortes que les peines...

... L'histoire nous apprend que les lois pénales n'ont jamais eu d'effet que comme destruction [1].

3° Le fragment qui suit, d'une ironie éloquente et forte — analogue à celle du célèbre morceau sur l'esclavage (*Esprit des lois*, XV, v) — rassemble et présente dans un raccourci vigoureux tous les arguments contre l'intolérance (*Ibid.*, ch. XIII).

TRÈS HUMBLE REMONTRANCE AUX INQUISITEURS
D'ESPAGNE ET DE PORTUGAL.

Une juive de dix-huit ans, brûlée à Lisbonne au dernier autodafé, donna occasion à ce petit ouvrage; et je crois

[1] Dans tout ce passage le caractère exclusivement politique ou sociologique du point de vue de Montesquieu se manifeste presque d'une façon choquante. Montesquieu refuse de considérer le fait religieux en lui-même, il n'entre pas dans l'esprit du croyant, il dédaigne la religion, la tient pour une superstition et une faiblesse, et indique, comme le meilleur moyen d'en venir à bout, la tolérance et la corruption. Il tient les âmes religieuses pour vénales.

que c'est le plus inutile qui ait jamais été écrit. Quand il s'agit de prouver des choses si claires, on est sûr de ne pas convaincre.

L'auteur déclare que, quoiqu'il soit juif, il respecte la religion chrétienne, et qu'il l'aime assez pour ôter aux princes qui ne seront pas chrétiens un prétexte plausible pour la persécuter.

« Vous vous plaignez, dit-il aux inquisiteurs, de ce que l'empereur du Japon fait brûler, à petit feu, tous les chrétiens qui sont dans ses États ; mais il vous répondra : Nous vous traitons, vous qui ne croyez pas comme nous, comme vous traitez vous-mêmes ceux qui ne croient pas comme vous ; vous ne pouvez vous plaindre que de votre faiblesse, qui vous empêche de nous exterminer, et qui fait que nous vous exterminons.

« Mais il faut avouer que vous êtes bien plus cruels que cet empereur. Vous nous faites mourir, nous qui ne croyons que ce que vous croyez, parce que nous ne croyons pas tout ce que vous croyez. Nous suivons une religion que vous savez vous-mêmes avoir été autrefois chérie de Dieu ; nous pensons que Dieu l'aime encore, et vous pensez qu'il ne l'aime plus ; et parce que vous jugez ainsi, vous faites passer par le fer et par le feu ceux qui sont dans cette erreur si pardonnable, de croire que Dieu aime encore ce qu'il a aimé[1].

« Si vous êtes cruels à notre égard, vous l'êtes bien plus à l'égard de nos enfants : vous les faites brûler, parce qu'ils suivent les inspirations que leur ont données ceux que la loi naturelle et les lois de tous les peuples leur apprennent à respecter comme des dieux.

« Vous vous privez de l'avantage que vous a donné sur les mahométans la manière dont leur religion s'est établie. Quand ils se vantent du nombre de leurs fidèles, vous leur dites que la force les leur a acquis, et qu'ils ont étendu leur

---

[1] C'est la source de l'aveuglement des juifs, de ne pas sentir que l'économie de l'Évangile est dans l'ordre des desseins de Dieu, et qu'ainsi elle est une suite de son immutabilité même (Note de l'auteur).

religion par le fer : pourquoi donc établissez-vous la vôtre par le feu ?

« Quand vous voulez nous faire venir à vous, nous vous objectons une source dont vous vous faites gloire de descendre[1]. Vous nous répondez que votre religion est nouvelle, mais qu'elle est divine ; et vous le prouvez parce qu'elle s'est accrue par la persécution des païens et par le sang de vos martyrs ; mais aujourd'hui vous prenez le rôle des Dioclétien, et vous nous faites prendre le vôtre.

« Nous vous conjurons, non pas par le Dieu puissant que nous servons, vous et nous, mais par le Christ, que vous nous dites avoir pris la condition humaine pour vous proposer des exemples que vous puissiez suivre ; nous vous conjurons d'agir avec nous comme il agirait lui-même s'il était encore sur la terre. Vous voulez que nous soyons chrétiens, et vous ne voulez pas l'être.

« Mais, si vous ne voulez pas être chrétiens, soyez au moins des hommes ; traitez-nous comme vous feriez, si, n'ayant que ces faibles lueurs de justice que la nature nous donne, vous n'aviez point une religion pour vous conduire, et une révélation pour vous éclairer.

« Si le ciel vous a assez aimés pour vous faire voir la vérité, il vous a fait une grande grâce ; mais est-ce aux enfants qui ont eu l'héritage de leur père de haïr ceux qui ne l'ont pas eu ?

« Que si vous avez cette vérité, ne nous la cachez pas par la manière dont vous nous la proposez. Le caractère de la vérité, c'est son triomphe sur les cœurs et les esprits, et non pas cette impuissance que vous avouez, lorsque vous voulez la faire recevoir par des supplices.

« Si vous êtes raisonnables, vous ne devez pas nous faire mourir, parce que nous ne voulons pas nous tromper. Si votre Christ est le fils de Dieu, nous espérons qu'il nous récompensera de n'avoir pas voulu profaner ses mystères ; et nous croyons que le Dieu que nous servons, vous et nous, ne nous punira pas de ce que nous avons souffert la mort

---

[1] Abraham et Jacob.

pour une religion qu'il nous a autrefois donnée, parce que nous croyons qu'il nous l'a encore donnée.

« Vous vivez dans un siècle où la lumière naturelle est plus vive qu'elle n'a jamais été, où la philosophie a éclairé les esprits, où la morale de votre Évangile a été plus connue, où les droits respectifs des hommes les uns sur les autres, l'empire qu'une conscience a sur une autre conscience, sont mieux établis. Si donc vous ne revenez pas de vos anciens préjugés, qui, si vous n'y prenez garde, sont vos passions, il faut avouer que vous êtes incorrigibles, incapables de toute lumière et de toute instruction ; et une nation est bien malheureuse, qui donne de l'autorité à des hommes tels que vous.

« Voulez-vous que nous vous disions naïvement notre pensée ? Vous nous regardez plutôt comme vos ennemis que comme les ennemis de votre religion : car, si vous aimiez votre religion, vous ne la laisseriez pas corrompre par une ignorance grossière.

« Il faut que nous vous avertissions d'une chose : c'est que, si quelqu'un dans la postérité ose jamais dire que, dans le siècle où nous vivons, les peuples d'Europe étaient policés, on vous citera pour prouver qu'ils étaient barbares ; et l'idée que l'on aura de vous sera telle qu'elle flétrira votre siècle et portera la haine sur tous vos contemporains. »

CHAPITRE IV

KANT

Kant (1724-1800), célèbre philosophe allemand, né à Kœnigsberg, auteur des trois *Critiques* (*Critique de la raison pure, — de la raison pratique, — du jugement*). Ses théories morales sont exposées dans la *Critique de la raison pratique*, les *Fondements de la métaphysique des mœurs* et *la Doctrine de la vertu*. Nous exposerons ces théories en suivant l'ordre du programme officiel, lequel est ici exceptionnellement explicite. Ce programme est le suivant :

Le devoir absolu ; le respect ; la personne morale ; le mensonge ; les croyances impliquées par la vie morale.

I. — La bonne volonté

De toutes les choses que nous pouvons concevoir en ce monde ou même, d'une manière générale, hors de ce monde, il n'y en a aucune qui puisse être considérée comme bonne sans restriction, à part une seule : une *bonne volonté*. L'intelligence, l'esprit, le jugement et les autres *talents* de l'esprit, de quelque nom qu'on les appelle, ou bien encore le courage, la décision, la persévérance dans les entreprises, c'est-à-dire les qualités du tempérament, sont à coup sûr, à bien des points de vue, des choses bonnes et désirables ; mais elles peuvent aussi devenir extrêmement mauvaises et dangereuses, si la volonté, qui doit faire usage de ces dons naturels, et dont la constitution particulière s'appelle le *caractère*, n'est pas une bonne volonté. On en peut dire autant des *dons de la fortune*. Le pouvoir, la richesse, la considération, même la santé et tout ce qui constitue le bien-être et le contentement de son sort, en un mot, tout ce qu'on appelle le *bonheur*, engendre une confiance qui devient souvent présomption, si la bonne volonté n'est pas là pour modérer l'influence que le bonheur peut exercer sur notre sensibilité et pour redresser le principe de notre activité, en le rendant utile au bien général ; ajoutons qu'un spectateur raisonnable et impartial, témoin de la félicité ininterrompue d'une personne que ne relève par ailleurs aucun trait de pure et bonne volonté, ne trouvera jamais dans ce spectacle une satisfaction véritable, si bien que la bonne volonté paraît être la condition indispensable sans laquelle nous ne méritons pas d'être heureux.

Il y a des qualités qui peuvent devenir les auxiliaires de cette bonne volonté et faciliter singulièrement sa tâche, mais qui n'ont pourtant en elles-mêmes aucune valeur absolue et supposent toujours une bonne volonté ; et c'est là une condition qui restreint la haute estime que l'on professe d'ailleurs avec raison pour elles et nous empêche de les considérer comme bonnes absolument. La modération dans les émotions et les passions, l'empire sur soi-même, l'esprit de calme réflexion sont des qualités qui non seulement sont bonnes à beaucoup d'égards, mais qui encore semblent constituer pour une bonne part la valeur *interne* de la personne. Mais il s'en faut de beaucoup que l'on puisse les déclarer bonnes sans réserve (en dépit de la valeur absolue que leur attribuaient les Anciens). En effet, sans les principes fondamentaux d'une bonne volonté, elles peuvent devenir très mauvaises ; et le sang-froid d'un criminel ne le rend pas seulement plus dangereux, mais le fait paraître à nos yeux bien plus abominable que nous ne l'eussions jugé sans cela.

La bonne volonté n'est pas bonne par ce qu'elle produit et effectue ni par la facilité qu'elle nous donne à atteindre un but que nous nous proposons, mais seulement par le vouloir même, c'est-à-dire qu'elle est bonne en soi et que, considérée en elle-même, elle doit être estimée à un prix infiniment plus élevé que tout ce que l'on peut réaliser par elle au profit de quelque inclination ou même, si l'on veut, de toutes les inclinations. Quand même, par la défaveur du sort ou par l'avarice d'une nature marâtre, le pouvoir de réaliser ses intentions manquerait totalement à notre volonté, quand même tous ses efforts demeureraient sans résultat, de manière qu'il ne restât plus que la bonne volonté (et j'entends par là non un simple souhait, mais l'emploi de tous les moyens en notre pouvoir), elle n'en brillerait pas moins de son éclat propre, comme un joyau, car c'est une chose qui possède par elle-même toute sa valeur. L'utilité ou l'inutilité ne peuvent rien ajouter ni retrancher à cette valeur. L'utilité ne serait que comme une sorte de monture, permettant de manier plus facilement le joyau, dans l'usage de chaque jour, ou propre à attirer sur lui l'attention de ceux qui ne sont pas encore de vrais connaisseurs, mais non à le recommander et à déterminer sa valeur aux yeux des amateurs [1].

(*Fondements de la métaphysique des mœurs*, Section I. — Trad. H. Lachelier. Paris, Hachette, 1904).

LE DEVOIR PUR OU ABSOLU

Pour développer le concept (le concept de bonne volonté), qui domine tous les autres dans l'appréciation de la valeur de nos actions, et qui est la condition à laquelle nous rapportons tout le reste, nous allons mettre devant nos yeux le concept du *devoir* qui contient en lui-même celui d'une bonne volonté, bien qu'avec l'idée de certaines limites et de certains obstacles subjectifs ; mais loin d'être ainsi obscurcie et rendue méconnaissable, l'idée de la bonne volonté ne fait que ressortir davantage par contraste et que briller d'une plus pure lumière [2].

[1] Cet extrait met en lumière la méthode de Kant, appelée méthode *critique*. Elle consiste, analysant une notion, soit ici la notion de *moralité*, à dégager cette notion de tous les éléments étrangers, voire même de ceux qui en sont les accompagnements ou les suites ordinaires, pour l'obtenir à l'état de pureté, ou, comme on disait autrefois, d'*essence*. L'*essence* de la moralité, la moralité à l'état *pur*, c'est la bonne volonté, considérée en elle-même et à part de ses effets, c'est l'intention droite, sans plus.

[2] Le *devoir* n'est donc pas le principe de la morale, mais il est une

Je laisse de côté toutes les actions qui sont généralement reconnues comme contraires au devoir... Je passe de même sous silence les actions qui sont vraiment conformes au devoir, mais pour lesquelles les hommes n'ont *aucune inclination* immédiate, bien qu'ils les accomplissent quelquefois sous l'influence d'une autre tendance.

(Je vais considérer le seul cas qui présente une difficulté réelle, à savoir celui où) l'action est conforme au devoir et où en même temps nous sommes inclinés à cette action par quelque penchant *immédiat*[1]. Par exemple, il est sans doute conforme au devoir que le marchand n'exagère pas ses prix devant l'acheteur inexpérimenté et, lorsqu'il fait beaucoup d'affaires, le négociant avisé n'agit pas ainsi; il a un prix fixe, le même pour tout le monde, si bien qu'un enfant peut acheter chez lui aussi sûrement qu'un autre client. On est donc *honnêtement* servi; mais cette loyauté est loin de suffire pour croire que le marchand ait agi de la sorte en vertu de l'idée de devoir et des principes de la probité.

Son intérêt l'exigeait; car il ne peut être ici question d'inclination immédiate et l'on ne peut supposer en lui une sorte d'amour pour tous ses chalands qui l'empêcherait de traiter l'un plus favorablement que l'autre. Voilà donc une action qui n'a été faite ni par devoir, ni par inclination immédiate, mais seulement par intérêt personnel.

Au contraire, si c'est un devoir de conserver sa vie, c'est aussi une chose à laquelle chacun est porté par une inclination immédiate. Or c'est précisément ce qui fait que ce soin,

---

notion claire, saisissante et choisie comme telle pour illustrer le principe de la morale, à savoir le concept de *bonne volonté*. Il est là bonne volonté aux prises avec les obstacles, en lutte contre les penchants, et qui ne se montre jamais mieux dans son éclat que lorsqu'elle triomphe ainsi de tout ce qui l'entrave et de ce qui semblerait devoir la ternir.

[1] Il s'agit, dans ces cas, de distinguer ce que Kant appelle la *légalité* et la *moralité* des actions. Une action est *légale*, quand elle est simplement *conforme au devoir*; elle est *morale*, quand elle est non seulement *conforme au devoir*, mais encore *accomplie par devoir*. Ainsi le marchand, honnête par intérêt, est dans la *légalité*; le marchand qui est probe par honnêteté, non par intérêt, est dans la *moralité*.

souvent si plein d'anxiété, que la plupart des hommes prennent de leur vie, n'a aucune valeur intrinsèque, et que leur maxime à ce sujet n'a aucun caractère moral. Ils conservent leur vie, *conformément au devoir* sans doute, mais non pas *par devoir*. Mais que des malheurs et un chagrin sans espoir ôtent à un homme toute espèce de goût pour la vie ; si ce malheureux, fort de caractère, plutôt irrité de son sort qu'abattu ou découragé, conserve la vie, sans l'aimer et tout en souhaitant la mort, et ainsi ne la conserve ni par inclination ni par crainte, mais par devoir, alors sa maxime aura un caractère moral.

Être bienfaisant, lorsqu'on le peut, est un devoir et, de plus, il y a certaines âmes si naturellement sympathiques, que, sans aucun motif de vanité ou d'intérêt, elles trouvent une satisfaction intérieure à répandre la joie autour d'elles, et jouissent du bonheur d'autrui, en tant qu'il est leur ouvrage. Mais je soutiens que dans ce cas l'action, si conforme au devoir, si aimable qu'elle soit, n'a pourtant aucune vraie valeur morale[1], et qu'elle va de pair avec les autres inclinations, par exemple avec l'ambition, qui, lorsque, par bonheur, elle a pour objet une chose d'intérêt public, conforme au devoir, et, par conséquent, honorable, mérite des éloges et des encouragements, mais non pas notre respect ; car la maxime manque alors du caractère moral, qui veut qu'on agisse *par devoir* et non par inclination. Supposez maintenant qu'un de ces hommes bienfaisants soit accablé par un chagrin personnel, qui éteigne en son cœur toute compassion pour le malheur d'autrui, et qu'ayant toujours le pouvoir de soulager les malheureux, sans être touché par leur malheur, tout absorbé qu'il est par le sien, il s'arrache à cette morne insensibilité pour venir à leur secours, quoi

[1] C'est ce passage sans doute que visent les épigrammes célèbres de Schiller intitulées : *Scrupule de conscience* et *Décision*.
Scrupule :
Je sers volontiers mes amis, mais, hélas ! je le fais avec inclination et ainsi j'ai souvent un remords de n'être pas vertueux.
Décision :
Tu n'as qu'une chose à faire : il faut tâcher de mépriser cette inclination, et faire alors avec répugnance ce que t'ordonne le devoir

qu'il n'y soit poussé par aucune inclination, mais parce que cela est un devoir, sa conduite alors a une véritable valeur morale. Je dis plus : si le cœur d'un homme n'était naturellement doué que d'un faible degré de sympathie, si cet homme (honnête d'ailleurs) était froid et indifférent aux souffrances d'autrui, par tempérament, et peut-être aussi parce que, sachant lui-même supporter ses propres maux avec courage et patience, il supposerait dans les autres ou exigerait d'eux la même force; si enfin la nature n'avait pas précisément travaillé à faire de cet homme (qui ne serait certainement pas son plus mauvais ouvrage) un philanthrope, ne trouverait-il pas en lui un moyen de se donner à lui-même une valeur bien supérieure à celle que lui donnerait un tempérament compatissant? Sans doute ! Et c'est ici précisément qu'éclate la valeur morale du caractère, la plus haute de toutes sans comparaison.

(Kant, *Fondements de la métaphysique des mœurs*, trad. Barni, p. 19, Alcan, édit.)

DÉFINITION DU DEVOIR

Le devoir est la nécessité d'accomplir une action *par respect* pour la loi. L'objet, considéré comme effet de l'action que je me propose, peut bien m'inspirer de l'*inclination*, mais *jamais du respect*, et cela précisément parce qu'il s'agit d'un effet et non d'une volonté[1]. De même je ne puis avoir de

---

[1] Le style abstrait de Kant peut faire paraître sa pensée obscure. Kant distingue ici la volonté de son objet, c'est-à-dire de son but ou de sa fin. La volonté est supérieure à ses actes, comme la *cause* à l'*effet*. Quelque excellente que soit la fin poursuivie, il y a quelque chose de plus excellent encore, ou, pour mieux dire, il y a une seule chose excellente, c'est la volonté qui poursuit une telle fin, c'est la volonté *pure*, c'est-à-dire retranchée en elle-même, ne subissant aucune influence extérieure, affranchie même des inclinations ou penchants, uniquement attachée à la *loi* morale, ayant le *respect* d'elle-même, le culte de sa dignité. La morale de Kant, c'est la volonté n'ayant d'autre objet que de s'établir et de se maintenir dans la pureté de son essence, s'adorant elle-même. Mais la volonté, considérée en elle-même, abstraction faite de tout objet, contenu ou *matière*, c'est la

respect pour une inclination en général, qu'il s'agisse de la mienne ou de celle d'un autre ; je peux tout au plus l'approuver dans le premier cas et, parfois même, dans le second, l'aimer, c'est-à-dire la considérer comme favorable à mes intérêts. Il n'y a qu'une chose qui puisse devenir l'objet de mon respect et, par suite, un ordre pour moi, c'est ce qui se rattache à ma volonté seulement comme principe et jamais comme effet, ce qui n'est pas utile à mes inclinations, mais les dompte ou du moins les exclut totalement de la délibération et de la décision, c'est-à-dire de la loi pure et simple. Maintenant si une action faite par devoir élimine entièrement l'influence de l'inclination et par suite tout objet de la volonté, alors il ne reste plus rien qui puisse déterminer la volonté, sinon la *loi*, objectivement, et, subjectivement, le *pur respect* pour cette loi pratique et par conséquent la maxime suivante : obéir à cette loi, même en faisant violence à toutes mes inclinations.

(*Fondements de la mét. des mœurs*, tr. Lachelier. Hachette, édit.).

FORMULE GÉNÉRALE DU DEVOIR

Mais de quelle nature peut bien être cette loi dont la représentation doit déterminer la volonté, sans avoir égard à l'effet attendu, de telle sorte que cette volonté puisse être appelée bonne absolument et sans restriction ? Comme j'ai dépouillé la volonté de toutes les tendances que pourrait éveiller en elle l'idée des conséquences de l'accomplissement de la loi, il ne reste plus que la conformité à une loi universelle, qui puisse servir de principe à la volonté, c'est-à-dire : je dois toujours agir de telle sorte que je *puisse vouloir aussi que ma maxime devienne une loi universelle*. Cette simple conformité à la loi en général, — sans poser aucune loi déterminée applicable à des actions déterminées — est

volonté considérée dans sa *forme*, ou *formelle*, d'où le nom de *formalisme*, donné à la morale Kantienne.

ce qui sert de principe à la volonté et aussi ce qui doit lui servir de principe, si le devoir n'est pas une vaine illusion et un concept chimérique[1].

CONSÉQUENCE DE LA FORMULE CI-DESSUS : LE CRITERIUM DE LA MORALITÉ[2]

Posons-nous, par exemple, la question suivante : Ne puis-je pas, lorsque je suis dans l'embarras, faire une promesse avec l'intention de ne pas la tenir ? Je distingue aisément ici les deux sens que peut avoir cette question : Est-il habile, ou bien est-il conforme au devoir, de faire une promesse trompeuse ? (N'examinons que la seconde). Si je veux résoudre, de la façon la plus rapide et la plus sûre, la question de savoir s'il est conforme au devoir de faire une promesse trompeuse, je n'ai qu'à me poser la question suivante : Serais-je content de voir ma maxime (à savoir de me tirer d'embarras par une promesse fallacieuse) prendre la valeur d'une loi universelle (pour moi aussi bien que pour les autres) ? Pourrais-je me dire : chacun peut faire une fausse promesse lorsqu'il se trouve dans un embarras auquel il ne peut échapper autrement ? Je me convaincrais bientôt de cette manière que je peux bien vouloir un mensonge, mais non le mensonge érigé en loi universelle. Car, avec une pareille loi, il n'y aurait plus, à vrai dire, de promesses ; il

---

[1] C'est par le raisonnement que Kant prétend déterminer la formule du devoir. Le principe de son raisonnement est que le devoir ne peut être que *formel*, en d'autres termes que la volonté ne peut, sans déchoir, s'astreindre à poursuivre un objet déterminé, car elle serait alors dans la dépendance de cet objet, elle serait asservie, subordonnée à cet objet. Pour que la volonté garde la dignité qui lui appartient et soit cependant astreinte au devoir, il faut que le devoir consiste uniquement pour elle à agir selon son essence et, comme la volonté est essentiellement la même chez tous les hommes ou mieux chez tous les êtres raisonnables, il s'ensuit que le devoir doit être *universel*, doit être une règle d'action *universelle*, et ne peut être rien de plus. Toute cette argumentation de Kant paraîtra sans doute bien tendue. Ce qui vient ensuite au contraire est simple et aisé à suivre.

[2] *Criterium* veut dire signe distinctif. Le criterium moral est donc le signe auquel on reconnaît ce qui est moral et ce qui ne l'est pas.

serait inutile d'annoncer mes intentions relatives à ma conduite future à des hommes qui ne croiraient pas à ces déclarations, ou qui, s'ils y ajoutaient foi par irréflexion, me paieraient de la même monnaie. Par conséquent ma maxime se détruirait dès que je voudrais l'ériger en une loi universelle[1].

(*ibid.*)

II. — Le respect

Le *respect* s'adresse toujours aux personnes, jamais aux choses. Les choses peuvent exciter en nous de l'*inclination*, et même de l'amour, quand ce sont des animaux (par exemple, des chevaux, des chiens), ou de la crainte, comme la mer, un volcan, une bête féroce, mais jamais du *respect*. Ce qui ressemble le plus au respect, c'est l'*admiration*, et celle-ci, comme affection, est un étonnement que les choses peuvent aussi produire, par exemple les montagnes qui s'élèvent jusqu'au ciel, la grandeur, la multitude, l'éloignement des corps célestes, la force et l'agilité de certains animaux, etc. Mais tout cela n'est point du respect. Un homme peut aussi être un objet d'amour, de crainte, ou d'admiration et même d'étonnement, sans être pour cela un objet de respect. Son enjouement, son courage et sa force, la puissance qu'il doit au rang qu'il occupe parmi les autres, peuvent m'inspirer ces sentiments, sans que j'éprouve intérieurement de respect pour sa personne. *Je m'incline devant un grand*, disait Fontenelle, *mais mon esprit ne s'incline pas*. Et moi j'ajouterai : devant l'humble bourgeois, en qui je vois l'honnêteté du caractère portée à un degré que je ne trouve pas en moi-même, *mon esprit s'incline*, que je le veuille ou non; et si haut que je porte la tête pour lui faire remarquer la supériorité de mon rang.

---

[1] Kant applique la même règle ou critère à tous les devoirs, devoirs envers soi-même, envers autrui, devoirs stricts et devoirs larges, et montre « comment, cette boussole à la main », l'homme sait parfaitement distinguer en toute occasion, ce qui est bien et ce qui est mal, ce qui est conforme ou contraire au devoir.

Pourquoi cela ? C'est que son exemple me rappelle une loi qui confond ma présomption, quand je la compare à ma conduite, et dont je ne puis regarder la pratique comme impossible, puisque j'en ai sous les yeux un exemple vivant. Que si j'ai conscience d'être honnête au même degré, le respect subsiste encore. En effet, comme tout ce qui est bon dans l'homme est toujours défectueux, la loi, rendue visible par un exemple, confond toujours mon orgueil, car l'imperfection dont l'homme, qui me sert de mesure, pourrait bien être entaché, ne m'est pas aussi bien connue que la mienne, et il m'apparaît ainsi sous un jour plus favorable. Le *respect* est un *tribut* que nous ne pouvons refuser au mérite, que nous le voulions ou non ; nous pouvons bien ne pas le laisser paraître au dehors, mais nous ne saurions nous empêcher de l'éprouver intérieurement.

(KANT, *Critique de la raison pratique*, tr. Barni, p. 252, Alcan, édit.)

Kant vide l'âme de tous sentiments ; il n'en laisse subsister qu'un seul, le *respect*. Il s'attache à montrer que ce sentiment a un caractère particulier, pour ne pas dire paradoxal, celui d'être inspiré par une *idée*, l'idée du devoir ou de la loi.

La *représentation de la loi* en elle-même, représentation qui ne se réalise, *il est vrai, que chez l'être raisonnable*, voilà la seule chose qui constitue ce bien si précieux que nous appelons bien moral.

L'objet du respect est uniquement la *loi*. Le respect que nous avons pour une personne est en réalité le respect de la loi (de l'intégrité, etc.) dont cette personne nous donne un exemple. Comme nous regardons comme un devoir de développer nos talents, nous considérons une personne de talent comme étant, elle aussi, un exemple d'une loi, qui serait d'arriver à lui ressembler en nous exerçant, et c'est ce qui fait notre respect pour elle. Tout ce que l'on appelle *intérêt* moral consiste uniquement dans le *respect* de la loi[1].

(*Fondements de la métaphys. des mœurs.* tr. Lachelier, p. 24 et note. Hachette, édit.).

Le respect est un sentiment inspiré par la majesté du devoir et par la dignité de l'homme, en tant qu'il est soumis à la loi du devoir.

Devoir ! mot grand et sublime, toi qui n'as rien d'agréable ni de flatteur, et commandes la soumission, sans pourtant employer, pour ébranler la volonté, des menaces propres à exciter naturellement l'aversion et la terreur, mais en te bornant à proposer une loi, qui d'elle-même s'introduit dans l'âme et la force au respect (sinon toujours à l'obéissance), et devant laquelle se taisent tous les penchants, quoiqu'ils travaillent sourdement contre elle; quelle origine est digne de toi? Où trouver la racine de ta noble tige, qui repousse fièrement toute alliance avec les penchants, cette racine où il faut placer la condition indispensable de la valeur que les hommes peuvent se donner à eux-mêmes?

Elle ne peut être que ce qui élève l'homme au-dessus de lui-même en tant qu'il est une partie du monde sensible, ce qui le lie à un ordre de choses purement intelligible ; elle ne peut être que la *personnalité*[2], c'est-à-dire la liberté, ou l'indépendance à l'égard de tout le mécanisme de la nature,

---

[1] Il n'y a pas de contradiction à dire d'une part que le respect ne s'adresse qu'à *la loi* et de l'autre qu'il ne s'adresse qu'*aux personnes*, puisque la loi se réalise dans les personnes et ne se réalise qu'en elles. Il s'adresse, si l'on veut, *directement* à la loi et *indirectement* aux personnes. Ce qui prouve bien qu'il ne s'adresse pas aux personnes elles-mêmes, c'est qu'il n'est pas un *attrait*. « C'est si peu un sentiment de plaisir, remarque Kant, qu'on ne s'y livre pas volontiers à l'égard d'un homme, que l'on cherche quelque chose qui en puisse alléger le fardeau, quelque motif de blâme qui dédommage de l'humiliation causée par l'exemple que l'on a sous les yeux. »

[2] La *personnalité*, c'est l'homme en tant qu'il se dégage de la vie *sensible* et s'élève à la vie *morale*, en tant qu'il atteint par l'accomplissement du devoir toute la *dignité* de sa nature.

considérée comme la faculté d'un être qui appartient au monde sensible, mais qui en même temps est soumis à des lois, pures pratiques qui lui sont propres, ou qui lui sont dictées par sa propre raison, et par conséquent, à sa propre personnalité, en tant qu'il appartient au monde intelligible.

Cette idée de la personnalité, qui excite notre respect, et qui nous révèle la sublimité de notre nature (considérée dans sa destination), en même temps qu'elle nous fait remarquer combien notre conduite en est éloignée, et que par là elle confond notre présomption, cette idée est naturelle même à la raison commune, qui la saisit aisément. Y a-t-il un homme, tant soit peu honnête, à qui il ne soit parfois arrivé de renoncer à un mensonge, d'ailleurs inoffensif, par lequel il pourrait se tirer lui-même d'un mauvais pas, ou rendre service à un ami cher et méritant, uniquement pour ne pas se rendre secrètement méprisable à ses yeux. L'honnête homme, frappé par un grand malheur qu'il aurait pu éviter, s'il avait manqué à son devoir, n'est-il pas soutenu par la conscience d'avoir maintenu et respecté en sa personne la dignité humaine, de n'avoir point à rougir de lui même et de pouvoir s'examiner sans crainte. Cette consolation n'est point le bonheur sans doute, elle n'en est pas même la moindre partie. Nul en effet ne souhaiterait l'occasion de l'éprouver, et peut-être ne désirerait la vie à ces conditions; mais il vit, et ne peut souffrir d'être à ses propres yeux indigne de la vie. Cette tranquillité intérieure n'est donc que négative, relativement à tout ce qui peut rendre la vie agréable; car elle vient de la conscience que nous avons d'échapper au danger de perdre quelque chose de notre valeur personnelle, après avoir perdu tout le reste. Elle est l'effet d'un respect pour quelque chose de bien différent de la vie, et au prix duquel au contraire la vie, avec toutes ses jouissances, n'a aucune valeur.

(KANT, trad. Barni).

LE RESPECT DE LA PERSONNE, PRINCIPE DU DEVOIR.

L'homme et, d'une manière générale, tout être raisonnable, *existe* comme fin en soi, et *non pas seulement comme moyen* pour servir à l'usage arbitraire de telle ou telle volonté. Dans toutes ses actions, qu'elles se rapportent à lui-même ou à d'autres êtres raisonnables, il doit toujours être considéré comme *fin*...[1] Les êtres dont l'existence dépend, non pas, il est vrai, de notre volonté, mais de la nature, n'ont, s'ils sont privés de raison, qu'une valeur relative comme moyen. Ces êtres s'appellent à cause de cela des *choses*, tandis que les êtres raisonnables s'appellent des *personnes*, parce que leur naturel même les distingue et en fait des fins en soi, c'est-à-dire quelque chose qui ne doit pas être employé comme un simple moyen et qui, par conséquent, impose une limite au bon plaisir de chacun (et est un objet de respect).

Si donc il reste un principe pratique suprême.., le fondement de ce principe est que la *nature raisonnable existe comme fin en soi*. C'est ainsi que nécessairement l'homme se représente sa propre existence, et, en ce sens, ce principe est un principe subjectif de l'activité humaine. Mais tout autre être raisonnable se représente aussi de la même manière sa propre existence, en vertu du même principe rationnel qui m'a guidé moi-même ; par conséquent ce principe est en même temps un principe objectif[2] dont toutes les

---

[1] Kant énonce ici en termes abstraits la distinction des *personnes* et des *choses*. La *personne* est, par définition, un être digne de *respect*, qui par conséquent ne peut être rabaissé à la condition d'esclave, c'est-à-dire de simple *moyen* ou instrument au service d'autrui, ce qu'on exprime encore en disant qu'il *existe* pour lui-même ou est à lui-même sa *fin*. La *chose*, par tous ses caractères, s'oppose à la *personne*. *Personne* et *fin en soi*, d'une part, *chose* et *moyen*, de l'autre, sont donc termes rigoureusement synonymes, et de plus antithétiques.

[2] *Objectif* et *subjectif*, termes créés par Kant. Ces termes sont antithétiques. *Subjectif* veut dire ce qui se rapporte au *sujet*, à l'individu, au moi. *Objectif*, ce qui se rapporte à l'*objet*, à la réalité conçue comme extérieure, indépendante du sujet ou du moi. *Subjectif* ici veut dire personnel ou individuel ; *objectif*, universel. Le même principe en effet, qui vaut pour moi, vaut pour tous les hommes, puisque c'est la raison qui me dicte ce principe et que la raison est la même en tous

lois de la volonté doivent être dérivées comme de leur source suprême. L'impératif pratique s'exprimera donc ainsi : *Agis toujours de manière à traiter l'humanité, aussi bien dans ta personne que dans celle d'autrui, comme une fin et à ne t'en servir jamais comme d'un simple moyen.*

Appliquons cette formule.

Celui qui songe à faire aux autres une promesse trompeuse s'apercevra tout de suite qu'il veut se servir d'un autre homme comme d'un *simple moyen* (il veut en effet que cet homme, trompé par lui, travaille pour lui, serve ses fins, ce qu'il ne se fût pas prêté à faire, s'il eût connu les choses telles qu'elles sont).

Cette violation du principe de l'humanité[1] chez autrui est encore plus frappante si l'on prend pour exemple des attentats contre la liberté ou la propriété des autres. Car alors il est évident que celui qui viole les droits des hommes a l'intention de se servir de la personne des autres comme d'un simple moyen, sans considérer que des personnes raisonnables doivent toujours être traitées aussi comme des fins.

(*Fondements de la métaphysique des mœurs*, trad. H. Lachelier, p. 65-68. Hachette, édit.)

III. — Le mensonge

La plus grande transgression du devoir de l'homme *envers lui-même*... c'est le contraire de la véracité, c'est-à-dire le mensonge. Il est de soi-même évident que toute fausseté volontaire dans l'expression de ses pensées (qui dans la *doctrine du droit* ne prend le nom de mensonge que quand elle porte atteinte au droit d'autrui) entraîne inévitablement cette dure qualification dans *l'éthique*, pour qui l'absence de

---

les hommes. Le caractère d'*universalité* que Kant reconnaît au devoir, se trouve ainsi justifié. L'accord de la formule du devoir, énoncée ci-dessus, avec la nouvelle formule, proposée ici, est donc par là même établie.

[1] De l'humanité *fin en soi*.

tout dommage ne légitime point une chose mauvaise en soi. Le déshonneur (qui consiste à devenir un objet de mépris moral) suit le mensonge et accompagne le menteur comme son ombre[1].

Le mensonge peut être extérieur ou intérieur. Par le premier, l'homme se rend méprisable aux yeux des autres; par le second, ce qui est encore pis, il se rend méprisable à ses propres yeux et offense la dignité de l'humanité dans sa personne. Nous n'avons à tenir compte ni du tort que le mensonge peut causer aux autres hommes, puisque ce n'est pas là ce qui fait le caractère propre de ce vice (autrement il ne serait pas autre chose que la violation d'un devoir envers autrui), ni de celui que le menteur peut se faire à lui-même, car, considéré comme un défaut de prudence, il serait en contradiction avec les maximes pragmatiques[2], mais non avec les maximes morales, et par conséquent il ne pourrait être considéré comme la transgression d'un devoir. Le mensonge est l'avilissement et comme l'anéantissement de la dignité humaine[3]. Un homme qui ne croit pas lui-même ce qu'il dit à un autre (fût-ce à une personne idéale) a encore moins de valeur que n'en a une simple chose[4]; car quelqu'un peut tirer parti de l'utilité de cette chose, puisque c'est un objet réel qui lui est donné, tandis que si, en prétendant communiquer à un autre ses pensées,

---

[1] C'est sous la rubrique des devoirs *personnels*, et non des devoirs *sociaux*, que Kant classe le mensonge. Cela revient à dire que, suivant lui, le mensonge est coupable, non pas seulement en tant qu'il constitue un acte nuisible à autrui, mais encore et surtout en tant qu'il est un acte dégradant pour l'individu lui-même. Considérer le mensonge au point de vue de *ses effets*, comme dommage causé à autrui, c'est se placer au point de vue du *droit*; le considérer en lui-même comme une indignité, c'est se placer au point de vue de la *vertu* (ou de *l'éthique, doctrine de la vertu*).

[2] Kant appelle ainsi les maximes de la prudence ou sagesse pratique, autrement dit de l'intérêt.

[3] Le mensonge est ainsi défini en lui-même, et par son principe. Si tout devoir a pour objet le respect de la dignité humaine, le mensonge est immoral, parce qu'il est une atteinte à cette dignité.

[4] Pour Kant, le dernier degré de la déchéance est d'être une *chose* ou *moyen*. Voir l'extrait précédent.

on se sert de mots qui signifient (à dessein) le contraire de ce qu'on pense, on se propose une fin qui va directement contre la destination naturelle de la faculté de communiquer ses pensées, et par conséquent on abdique sa personnalité; aussi le menteur est-il moins un homme véritable que l'apparence trompeuse d'un homme [1].

Le mensonge (dans le sens que l'éthique attache à ce mot, comme fausseté volontaire en général) n'a pas besoin d'être nuisible aux autres pour être déclaré condamnable; car, à ce point de vue, il serait une violation du droit d'autrui. Il peut bien avoir uniquement pour cause la légèreté ou un bon naturel; on peut même s'y proposer une fin réellement bonne [2]; toujours le moyen qu'on emploie est-il par sa seule forme une offense faite par l'homme à sa propre personne et une indignité qui doit le rendre méprisable à ses propres yeux.

Il est facile de prouver la réalité de beaucoup de mensonges intérieurs dont les hommes se rendent coupables... L'homme se ment à lui-même, par exemple, lorsqu'il fait semblant de croire à un juge futur du monde, tandis qu'il ne trouve réellement pas en lui cette croyance, mais qu'il se persuade qu'il n'a rien à perdre, mais tout à gagner à professer cette foi; en se plaçant par la pensée devant celui qui sonde les cœurs, afin d'obtenir sa faveur dans tous les cas. Il se ment encore à lui-même lorsque, sans mettre en doute l'existence de ce juge suprême, il se flatte d'obéir à sa loi par respect pour cette loi, tandis qu'il ne sent en lui d'autre mobile que la crainte du châtiment.

---

[1] Schopenhauer a jugé sévèrement cette argumentation de Kant, d'une subtilité en effet assez déplaisante. « Les raisonnements dont Kant a fourni la matière et dont on se sert, dans bien des manuels, pour démontrer l'illégitimité du mensonge en la déduisant de notre *faculté de parler*, sont d'une platitude, d'une puérilité, d'une fadeur à vous tenter d'aller, pour le seul plaisir de les narguer, vous jeter dans les bras du diable, disant avec Talleyrand : L'homme a reçu la parole pour déguiser sa pensée » (*Le fondement de la morale*, trad. Burdeau, p. 138. Paris, F. Alcan., 3e édit 1888.)

[2] C'est ce qu'on appelle le *mensonge officieux*, dont Schopenhauer, après Jacobi, prend la défense contre Kant dans le passage cité.

Le défaut de pureté en matière de conscience n'est autre chose qu'un manque de *délicatesse de conscience*, c'est-à-dire de sincérité dans la confession que l'on fait devant son juge *intérieur*, qu'on se représente comme une autre personne. Par exemple, à traiter les choses à l'extrême rigueur, c'est déjà tomber dans un défaut de ce genre que de prendre, par amour de soi, un désir pour le fait même, parce qu'il a pour objet une fin bonne en elle-même. Le mensonge intérieur, qui pourtant est contraire au devoir de l'homme envers lui-même, reçoit ici le nom de faiblesse; elle est semblable à celle d'un amant à qui son désir de ne trouver que des qualités dans la femme qu'il aime rend invisibles ses défauts les plus saillants. Cependant ce manque de sincérité dans les jugements que l'on porte sur soi-même mérite le blâme le plus sévère; car, dès qu'une fois le principe suprême de la véracité a été ébranlé, le fléau de la dissimulation (qui semble avoir ses racines dans la nature humaine) ne tarde pas à s'étendre jusque dans nos relations avec les autres hommes [1].

(KANT, trad. Barni. Alcan, édit.)

IV. — LES CROYANCES NÉCESSAIRES IMPLIQUÉES PAR LA VIE MORALE

La loi morale nous conduit à admettre : la liberté, l'immortalité et Dieu.

[1] On remarquera que Kant résout la question particulière du mensonge d'après les principes suprêmes de la morale. Autrement dit, il élève et généralise cette question. C'est sa méthode constante pour traiter les problèmes de morale pratique. On a critiqué son *rigorisme moral*, et il est critiquable en effet du point de vue *social*. Le mensonge peut être pratiquement utile, pour ne pas dire nécessaire. Il n'en est pas moins immoral en lui-même, et une conscience délicate se l'interdira toujours, par un sentiment de dignité, de respect de soi. Telle est précisément la doctrine de Kant. Voir, pour l'examen et la critique de cette doctrine, Schopenhauer (ouvrage cité). Voir aussi la défense que Kant a faite de sa thèse contre Benjamin Constant lequel avait écrit : « Le principe moral que dire la vérité est un devoir, s'il était pris d'une manière absolue et isolée, rendrait la société impossible. Nous en avons la preuve dans les conséquences directes qu'a tirées

La *liberté* apparaît à la raison comme possible ; nous ne savons pas si elle est réelle, nous n'en avons pas le sentiment ou la conscience. Mais la liberté apparaît comme la condition du devoir. Nous croyons au devoir ; nous devons donc croire par là même à ce qui rend le devoir possible, autrement dit à la liberté. On a résumé cet argument dans la formule : Tu *dois*, donc tu *peux*.

Nous ne croyons pas devoir exposer la théorie de la liberté chez Kant, la tentative faite pour concilier cette théorie avec le déterminisme. C'est là en effet une des plus épineuses questions de la métaphysique.

a) *L'immortalité, condition de l'accomplissement intégral du devoir ou de la réalisation de la sainteté.*

La réalisation du souverain bien dans le monde est l'objet nécessaire d'une volonté qui peut être déterminée par la loi morale. Mais *la parfaite conformité* des intentions de la volonté à la loi morale est la condition suprême du souverain bien. Elle doit donc être possible aussi bien que son objet, puisqu'elle est contenue dans l'ordre même qui prescrit de le réaliser. Or la parfaite conformité de la volonté à la loi morale, ou *la sainteté*, est une perfection dont aucun être raisonnable n'est capable dans le monde sensible, à aucun moment de son existence. Et puisqu'elle n'en est pas moins exigée comme pratiquement nécessaire, il faut donc la chercher uniquement dans un *progrès indéfiniment continu* vers cette parfaite conformité ; et, suivant les principes de la raison pure pratique, il est nécessaire d'admettre ce progrès pratique comme l'objet réel de notre volonté.

de ce principe un philosophe allemand (c'est Kant qui est visé), qui va jusqu'à prétendre qu'envers des assassins qui vous demanderaient si votre ami qu'ils poursuivent n'est pas réfugié dans votre maison, le mensonge serait un crime ». Appendice à la doctrine de la vertu, édit. Barni : *D'un prétendu droit de mentir par humanité.*

Or ce progrès indéfini n'est possible que dans la supposition d'une *existence* et d'une personnalité *indéfiniment* persistantes de l'être raisonnable (ou de ce qu'on nomme l'immortalité de l'âme). Donc le souverain bien n'est pratiquement possible que dans la supposition de l'immortalité de l'âme; par conséquent celle-ci, étant inséparablement liée à la loi morale, est un *postulat* de la raison pure pratique.

(KANT, *Critique de la raison pratique*, trad. Barni, p. 328 [1]. Alcan, édit.)

b) *L'immortalité, condition du second élément du souverain bien*[2], *à savoir du bonheur parfait ou béatitude.*

(Cette seconde preuve de l'immortalité se trouve être en même temps la *preuve morale de l'existence de Dieu*.)

La loi morale nous a conduits dans la précédente analyse à un problème pratique, qui nous est prescrit uniquement par la raison pure, indépendamment de tout concours des mobiles sensibles, à savoir au problème de la perfection nécessaire de la première et principale partie du souverain bien, *de la moralité*, et, ce problème ne pouvant être entièrement résolu que dans une éternité, au postulat de l'*immortalité*. Cette même loi doit nous conduire aussi, d'une manière tout aussi désintéressée que tout à l'heure, d'après le jugement d'une raison impartiale, à la possibilité du second élément du souverain bien, ou d'un bonheur pro-

---

[1] Un Kantien Vallier fait peu de cas de cette preuve. Il montre que l'immortalité, telle que la définit Kant, n'est point celle à laquelle vont nos espérances et nos vœux; l'immortalité, nous la voulons pour être heureux, non pour être vertueux. « L'immortalité morale, c'est la vie de devoir; dès qu'ils la connaissent, les hommes en ont peur; et leur proposer, comme prix de la sagesse, la sagesse même qui les effraie, c'est peut-être les encourager plutôt au mal qu'à la vertu. » (de l'*Intention morale*, p. 93, Paris Germer Baillière, 1882).

[2] Le *souverain bien* est l'*union de la vertu et du bonheur*. On a vu dans le chapitre précédent, que l'immortalité est la condition de la *vertu parfaite* ou sainteté. On va voir, dans le présent chapitre, qu'elle est aussi la condition du *bonheur parfait*, auquel la vertu a droit.

portionné à la moralité, à savoir à la supposition de l'existence d'une cause adéquate à cet effet, c'est-à-dire qu'elle doit postuler l'existence de Dieu, comme condition nécessaire à la possibilité du souverain bien, objet de notre volonté nécessairement lié à la législation morale de la raison pure. Nous allons rendre ce rapport évident.

Le *bonheur* est l'état où se trouve dans le monde un être raisonnable pour qui, dans toute son existence, *tout va selon son désir et sa volonté,* et il suppose, par conséquent, l'accord de la nature avec tout l'ensemble des fins de cet être, et en même temps avec le principe essentiel de sa volonté. Or la loi morale, comme la loi de liberté, commande par des principes de détermination qui doivent être entièrement indépendants de la nature et de l'accord de la nature avec notre faculté de désirer (comme mobiles). D'un autre côté, l'être raisonnable agissant dans le monde n'est pas non plus cause du monde et de la nature même. La loi morale ne saurait donc fonder par elle-même un accord nécessaire et juste entre la moralité et le bonheur dans un être qui, faisant partie du monde, en dépend, et ne peut, par conséquent, être la cause de cette nature et la rendre, par ses propres forces, parfaitement conforme, en ce qui concerne son bonheur, à ses principes pratiques. Et pourtant, dans le problème pratique que nous prescrit la raison pure, c'est-à-dire dans la poursuite obligatoire du souverain bien, cet accord est postulé comme nécessaire : nous *devons* chercher à réaliser le souverain bien (qui, par conséquent, doit être possible). Donc l'existence d'une cause de toute la nature, *distincte* de la nature même, et servant de principe à cet accord, c'est-à-dire à la juste harmonie du bonheur et de la moralité, est aussi *postulée*. Mais cette cause suprême doit contenir le principe de l'accord de la nature, non pas simplement avec une loi de la volonté des êtres raisonnables, mais avec la représentation de cette loi en tant qu'ils en font le *motif suprême de leur volonté,* et, par conséquent, non pas simplement avec la forme des mœurs, mais avec la moralité même comme principe déterminant, c'est-à-dire avec l'intention morale. Donc le souverain bien n'est possible dans le monde qu'autant qu'on admet une nature suprême douée d'une causalité conforme à l'intention morale. Or, un être, qui est capable d'agir d'après la représentation de certaines lois, est une *intelligence*, un être raisonnable, et la causalité de cet être, en tant qu'elle est déterminée par cette représentation, est une volonté. Donc la cause suprême de la nature, comme condition du souverain bien, est un être qui est cause de la nature, en tant qu'*intelligence* et *volonté* (par conséquent auteur de la nature), c'est-à-dire qu'elle est Dieu... C'est de cette manière que la loi conduit par le concept du souverain bien, comme objet et but final de la raison pure pratique, à la religion, c'est-à-dire nous conduit à regarder tous les devoirs comme des commandements de Dieu.

(KANT[1], trad. Barni. Alcan, édit.)

Il convient de remarquer que l'existence de Dieu et l'immortalité de l'âme sont posées par Kant, non comme des vérités démontrées, qui s'imposent à la raison, mais comme des croyances simplement légitimes, que la volonté adopte et peut adopter, sans contredire la raison. Bien plus, il ajoute que le doute qui subsiste en notre esprit au sujet de la vie future et de Dieu a, du point de vue moral, sa raison d'être, est heureux. Hors de ce doute, en effet, le désintéressement, et partant la moralité, ne serait plus possible.

La critique de la raison pure spéculative prouve l'extrême insuffisance de cette faculté pour résoudre, d'une manière conforme au but auquel nous devons tendre, les importants problèmes qui lui sont proposés. Il semble donc que la

[1] Nous donnons ce texte en dépit de son obscurité, obscurité qui tient au fond des idées et à la forme abstraite du style. Il devra être lu en classe ; il appelle à chaque ligne le commentaire oral du professeur.

nature nous ait traités *en marâtre*, en rendant en nous insuffisante une faculté nécessaire à notre but.

Mais supposez qu'elle nous ait servis à notre souhait, et qu'elle nous ait donné en partage cette puissance d'esprit et ces lumières que nous voudrions bien posséder, ou dont quelques-uns se croient réellement en possession, qu'en résulterait-il, suivant toute apparence? A moins que notre nature ne fût changée en même temps, les penchants, qui ont toujours le premier mot, réclameraient d'abord leur satisfaction, et, éclairés par la réflexion, leur plus grande et leur plus durable satisfaction possible, ou ce qu'on appelle le bonheur ; la loi morale parlerait ensuite, afin de retenir ces penchants dans les bornes convenables, et même afin de les soumettre tous à une fin plus élevée, indépendante elle-même de tout penchant. Mais, à la place de cette lutte que l'intention morale a maintenant à soutenir avec les penchants, et dans laquelle, après quelques défaites, l'âme acquiert peu à peu de la force morale, Dieu et l'éternité, avec leur majesté redoutable, seraient sans cesse devant nos yeux (car ce que nous pouvons parfaitement prouver a pour nous une certitude égale à celle des choses dont nous pouvons nous assurer par nos yeux). Nous éviterions sans doute de transgresser la loi, nous ferions ce qui est ordonné ; mais, comme l'intention d'après laquelle nous devons agir, ne peut nous être inspirée par aucun ordre, tandis qu'ici l'aiguillon de notre activité serait devant nous, qu'il serait *extérieur*, et que, par conséquent, la raison ne chercherait plus seulement dans une vivante représentation de la dignité de la loi une force de résistance contre les penchants, la plupart des actions, extérieurement conformes à la loi, seraient dictées par la crainte, et presque aucune par le devoir, et elles perdraient cette valeur morale qui seule fait le prix de la personne et celui même du monde aux yeux de la suprême sagesse. La conduite de l'homme, tant que sa nature resterait comme elle est aujourd'hui, dégénérerait donc en un pur mécanisme, où, comme dans un jeu de marionnettes, tout gesticulerait bien, mais où l'on chercherait en vain la vie sur les figures. Or, comme il en est tout autrement, comme, malgré tous les efforts de notre raison, nous n'avons de l'avenir qu'une idée fort obscure et incertaine, comme le maître du monde nous laisse plutôt conjecturer qu'apercevoir et prouver clairement son existence et sa majesté, comme au contraire la loi morale, qui est en nous, sans nous faire aucune promesse ni aucune menace positive, exige de nous un respect désintéressé, sauf d'ailleurs à nous ouvrir, alors seulement que ce respect est devenu actif et dominant, et par ce seul moyen, une perspective, bien obscure à la vérité, sur le monde supra-sensible, il peut y avoir une intention véritablement morale, ayant immédiatement la loi pour objet; et la créature raisonnable peut se rendre digne de participer au souverain bien, qui convient à la valeur morale de sa personne, et non pas seulement à ses actions. Ainsi ce que l'étude de la nature et de l'homme nous montre d'ailleurs suffisamment pourrait bien ici encore se trouver exact, à savoir que la sagesse impénétrable, par laquelle nous existons, n'est pas moins digne de vénération pour ce qu'elle nous a refusé que pour ce qu'elle nous a donné en partage.

(KANT, trad. Barni, *Critique de la raison pratique*, p. 968. Alcan, édit.)

Renan a développé la même idée, à plusieurs reprises, notamment dans la préface du *Prêtre de Némi*. La moralité ne serait, pour lui, qu'une sorte de folie généreuse, et cesserait d'être si elle perdait ce caractère.

Nous n'estimons la haute moralité que si elle a traversé le doute; nous ne voulons nous décider pour le bien qu'après nous être faits contre lui les avocats du mal. Là est le secret de l'empire qu'exerce sur nous la femme avec la simplicité de sa foi, son ignorance, sa naïveté d'application. Elle voit au fond mieux que nous. Aucune mère n'a besoin d'un système de philosophie pour aimer son enfant. Aucune jeune fille de bonne race n'est chaste en vertu d'une théorie. De même aucun homme courageux ne court à la mort mû par un raisonnement. Nous faisons le bien sans être sûrs qu'en le faisant nous ne sommes pas dupes; et saurions-nous de science certaine que nous le sommes, nous ferions le bien tout de même. Ces milliers d'êtres que l'univers immole à ses fins marchent bravement à l'autel. Le philosophe qui voit le plus clairement la vanité de toutes choses est capable d'être un parfait honnête homme et même, à son heure, un héros.

CHAPITRE V

LA PHILOSOPHIE MORALE AU XIXᵉ SIÈCLE
L'HUMANITÉ, LA SOLIDARITÉ

I. — LA SOLIDARITÉ

PIERRE LEROUX

Le mot *solidarité*, a été lancé et mis en circulation par Pierre Leroux (1798-1871). « J'ai le premier, dit-il, emprunté aux légistes le terme de *solidarité* pour l'introduire dans la philosophie. J'ai voulu remplacer la charité du christianisme par la solidarité humaine ». Voici quel sens Pierre Leroux donne à ce mot nouveau.

LA SOLIDARITÉ CONSIDÉRÉE COMME FAIT SOCIAL

Ni votre intelligence, ni vos sens, ni vos sentiments ne sont exclusivement à vous, car vous les tenez de l'humanité. Tes sens, sauvage orgueilleux, qui te les a faits ce qu'ils sont, sinon la longue suite de tes aïeux ? Tu as hérité ces sens de tes pères et tu les transmettras à tes fils. Il en est de même de l'intelligence du civilisé qui croit savoir et sentir par lui-même. Insensé ! il n'a de connaissance et de sentiment que par l'humanité et pour l'humanité. Son esprit dont il est si fier lui vient des autres ; son âme, dont il s'enorgueillit, c'est l'humanité tout entière qui a contribué à la former. Si ce qu'il tient des autres lui était ôté, il resterait nu comme le geai de la fable [1].

(*De l'Humanité.*)

---

[1] Selon P. Leroux, l'homme est à la fois *sensation*, *intelligence* et

LA SOLIDARITÉ EST PARTICULIÈREMENT VISIBLE DANS L'ORDRE INTELLECTUEL

Tout homme est, à des degrés divers, l'expression de son temps. N'eût-il jamais lu un livre, dès qu'il pense, il ne pense pas primordialement par lui-même; il pense, parce que d'autres ont pensé avant lui, parce que cette pensée de ceux qui l'ont précédé dans la vie s'est incarnée dans le monde et que le monde lui reproduit objectivement cette pensée. L'esprit de chaque époque et de chaque homme est primitivement un édifice construit par des générations antérieures (et c'est ainsi que) les esprits forment une chaîne indéfinie dont chaque génération et chaque homme en particulier n'est qu'un anneau et que, de siècle en siècle, la vie se nourrit des produits de la vie[1].

---

sentiment; ces trois éléments de sa nature sont indissolublement unis, dépendant les uns des autres, *solidaires*, et cela constitue ce que Renouvier a appelé la *solidarité individuelle*; comme, d'autre part, l'individu n'a rien en propre et tient des autres son être tout entier, à savoir ses sens, son esprit et ses sentiments, à la *solidarité individuelle* s'ajoute donc la *solidarité sociale* ou proprement dite. — On pourrait rapprocher de ce passage le morceau célèbre de Hugo (préface des *Contemplations*) : « Nul de nous n'a l'honneur d'avoir une vie qui soit à lui. Ma vie est la vôtre, votre vie est la mienne, vous vivez ce que je vis; la destinée est une. Prenez donc ce miroir et regardez-vous-y. On se plaint quelquefois des écrivains qui disent : « moi ». Parlez-nous de nous, leur crie-t-on. Hélas! quand je vous parle de moi, je vous parle de vous. Comment ne le sentez-vous pas? Ah! insensé, qui crois que je ne suis pas toi ! »

[1] On serait tenté de croire que P. Leroux reproduit la pensée célèbre de Pascal sur l'humanité comparée à un seul homme, qui apprend continuellement, mais le progrès consiste, pour lui, non pas seulement dans l'accroissement des *connaissances*, mais dans le développement de l'esprit. « Il ne faut pas entendre, dit-il, la philosophie comme Pascal entendait le progrès : le même homme avec une sorte de magasin de connaissances amassées les unes sur les autres, le même homme avec un mobilier toujours plus riche. Il faut l'entendre ainsi : un *penser toujours nouveau*. » Appliquons cette distinction à la solidarité : les hommes se communiquent leur *esprit* aussi bien que leurs *connaissances*, et la solidarité intellectuelle ainsi est double, comprend l'*influence* des esprits les uns sur les autres et l'*instruction* des esprits les uns par les autres.

FONDEMENT MÉTAPHYSIQUE DE LA SOLIDARITÉ

L'individu n'existe pas en dehors de la société, l'homme en dehors de l'humanité. L'humanité d'autre part se réalise dans les individus, existe en eux et par eux.

L'humanité est un être idéal composé d'une multitude d'êtres réels qui sont eux-mêmes l'humanité en germe, l'humanité à l'état virtuel[1]. Et réciproquement l'homme est un être réel dans lequel vit, à l'état virtuel, l'être idéal appelé humanité. L'homme est l'humanité dans une manifestation particulière et actuelle. Il y a pénétration de l'être particulier homme et de l'être général humanité. Et la vie résulte de cette pénétration[2].

JOSEPH DE MAISTRE

Si le terme de solidarité date de Pierre Leroux, l'idée que désigne ce terme a été analysée avant lui par un penseur bien différent, J. de Maistre (1754-1821), lequel lui-même l'emprunte au dogme chrétien, mais l'interprète librement et la pousse jusqu'au paradoxe. Analysons à ce point de vue les *Soirées de Saint-Pétersbourg*.

Le sous-titre de cet ouvrage : *Entretiens sur le Gouvernement temporel de la Providence* en indique l'objet. L'auteur veut faire voir que la justice divine s'exerce, non pas seulement, comme on a coutume de dire, dans la *vie éternelle*, mais dès la vie présente. Mais cette justice a *ses voies* : elle atteint, non *l'individu*, mais *l'espèce*.

---

[1] Cf. le livre de Félix Thomas, sur Pierre Leroux, Paris, Félix Alcan, 1904.

[2] La même conception métaphysique ou mystique se retrouve chez Auguste Comte, fondateur de la Religion de l'Humanité.

*L'hérédité est dans l'ordre physique et moral l'analogue
du péché originel dans l'ordre surnaturel.*

Le péché originel, qui explique tout et sans lequel on n'explique rien, se répète malheureusement à chaque instant de la durée, quoique d'une manière secondaire... Le péché originel est un mystère sans doute ; cependant, si l'homme vient à l'examiner de près, il se trouve que ce mystère a, comme les autres, des côtés plausibles, même pour notre intelligence bornée. Laissons de côté la question théologique de l'*imputation*, qui demeure intacte, et tenons-nous-en à cette observation vulgaire, qui s'accorde si bien avec nos idées les plus naturelles : que *tout être qui a la faculté de se propager ne saurait produire qu'un être semblable à lui*. La règle ne souffre pas d'exception ; elle est écrite sur toutes les parties de l'univers. Si donc un être est dégradé, sa postérité ne sera plus semblable à l'état primitif de cet être, mais bien à l'état civil où il a été ravalé par une cause quelconque. Cela se conçoit très clairement, et la règle a lieu dans l'ordre physique comme dans l'ordre moral. Mais il faut bien observer qu'il y a entre l'homme *infirme* et l'homme *malade* la même différence qui a lieu entre l'homme *vicieux* et l'homme *coupable*. La maladie aiguë n'est pas transmissible ; mais celle qui vicie les humeurs devient *maladie originelle*, et peut gâter toute une race. Il en est de même des maladies morales. Quelques-unes appartiennent à l'état ordinaire de l'imperfection humaine[1] ; mais il y a telle prévarication ou telle suite de prévarications qui peuvent dégrader absolument l'homme. C'est un *péché originel* du second ordre, mais qui nous représente, quoique imparfaitement le premier...

Il y a donc une *maladie originelle* comme il y a un péché originel ; c'est-à-dire qu'en vertu de cette dégradation primitive, nous sommes sujets à toutes sortes de souffrances physiques *en général*, comme en vertu de cette même dégra-

[1] Et rentrent par conséquent dans le péché originel proprement dit ou de *premier ordre*.

dation nous sommes sujets à toutes sortes de vices *en général*. Cette maladie originelle n'a donc point d'autre nom... Elle n'est que la capacité de souffrir tous les maux, comme le péché originel (abstraction faite de l'imputation) n'est que la capacité de commettre tous les crimes, ce qui achève le parallèle.

Mais il y a de plus des maladies, comme des prévarications *originelles* du second ordre, c'est-à-dire que certaines prévarications commises par certains hommes ont pu les dégrader de nouveau *plus ou moins*, et perpétuer ainsi plus ou moins dans leur descendance les vices comme les maladies[1].

(*Soirées*, 2ᵉ entretien.)

L'hérédité est la base psychologique de la solidarité. C'est une loi naturelle que les enfants expient les fautes de leurs pères ou bénéficient de leurs qualités morales. Cette loi naturelle est aussi une loi morale. La justice s'exprime par la *réversibilité* des mérites et des peines.

LA RÉVERSIBILITÉ

Le dogme de la *réversibilité des douleurs de l'innocence au profit des coupables* est universel et aussi ancien que le monde. Ce fut de ce dogme, ce me semble, que les Anciens firent dériver l'usage des sacrifices qu'ils pratiquèrent dans tout l'univers, et qu'ils jugeaient utiles, non seulement aux vivants, mais encore aux morts, usage typique que l'habitude nous fait envisager sans étonnement, mais dont il n'est pas moins difficile d'atteindre la racine.

Les *dévouments*, si fameux dans l'antiquité, tenaient encore au même dogme. Décius avait la *foi* que le sacrifice de sa vie serait accepté par la divinité, et qu'il pouvait

---

[1] Traduite en langage moderne, cette théorie est celle de l'hérédité, et de la transmissibilité des caractères spécifiques et individuels, innés et acquis.

faire équilibre à tous les maux qui menaçaient sa patrie.

Le christianisme est venu consacrer ce dogme qui est infiniment naturel à l'homme, quoiqu'il paraisse difficile d'y arriver par le raisonnement.

(*Soirées*, 9ᵉ entretien.)

De la théorie de la réversibilité, J. de Maistre tire les conséquences les plus diverses et les plus inattendues, l'interprétation philosophique de l'histoire (ex. : la Révolution française est le châtiment de l'impiété du xviiiᵉ siècle), la justification de la *noblesse*, la justification des *indulgences*, contre lesquelles s'est élevé le protestantisme.

Il n'y a pas, dit J. de Maistre, de père de famille protestant qui n'ait accordé des indulgences chez lui, qui n'ait pardonné à un enfant punissable, *par l'intercession et par les mérites* d'un autre enfant dont il a lieu d'être content. Il n'y a pas de souverain protestant qui n'ait signé cinquante *indulgences* pendant son règne, en accordant un emploi, en remettant ou commuant une peine, etc., *par les mérites* des pères, des frères, des fils, des parents ou des ancêtres. Ce principe est si général et si naturel qu'il se montre à tout moment dans les moindres actes de la justice humaine. Vous avez ri mille fois de la sotte balance qu'Homère a mise dans les mains de son Jupiter, apparemment pour le rendre ridicule. Le christianisme nous montre bien une autre balance. D'un côté tous les crimes, de l'autre toutes les satisfactions ; de ce côté les bonnes œuvres de tous les hommes, le sang des martyrs, les sacrifices et les larmes de l'innocence s'accumulant sans relâche pour faire équilibre au mal qui, depuis l'origine des choses, verse dans l'autre bassin ses flots empoisonnés.

(*Ibid.*, 10ᵉ entretien.)

La théorie de la solidarité, chez de Maistre, a beau être fortement rattachée au dogme catholique, elle peut en être dégagée. Le socialisme moderne n'est que cette théorie laïcisée. Il en diffère seulement en ceci qu'il est unilatéral, qu'il ne veut voir que les bons effets de la solidarité, et, si j'ose dire, que la *participation aux bénéfices*, tandis que de Maistre insiste plutôt sur les inconvénients de la solidarité (responsabilité partagée), sans en méconnaître d'ailleurs les avantages (notamment dans la théorie sur les sacrifices et la prière).

On peut maintenant comprendre comment l'auteur que nous allons étudier, Auguste Comte, se rattache à Joseph de Maistre non moins qu'à Condorcet.

Sans pousser plus loin l'étude des origines historiques de l'idée de solidarité, — laquelle est de tous les temps, comme le fait même auquel elle se rapporte, — étudions les représentants les plus remarquables de cette idée au xixe siècle, Auguste Comte et Charles Renouvier.

AUGUSTE COMTE

Auguste Comte (1778-1857). A. Comte a voulu réorganiser la société humaine, en prenant « l'amour pour principe, l'ordre pour base et le progrès pour but ». Il réforme d'abord l'esprit humain, qu'il soumet à une discipline purement scientifique, et affranchit des préjugés théologiques et métaphysiques (loi des trois états : théologique, métaphysique, positif). Le développement des sciences aboutit à l'établissement de la *sociologie*, et la sociologie a pour expression dernière la *Religion de l'humanité*. Cette religion systématise « toute notre existence, personnelle et sociale ». Elle est sans Dieu, mais non pas sans objet : elle a pour objet l'espèce humaine, conçue comme un tout continu, embrassant le passé, le présent et l'avenir. Cet objet, à la fois idéal et réel, réclame notre culte et tout notre dévouement.

L'ESPRIT POSITIF EST DIRECTEMENT SOCIAL

L'esprit positif est directement social, et sans aucun effort, par suite même de sa réalité caractéristique[1]. Pour lui, l'homme proprement dit n'existe pas, il ne peut exister que l'Humanité, puisque tout notre développement est dû à la société sous quelque rapport qu'on l'envisage. Si l'idée de *société* semble encore une abstraction de notre intelligence, c'est surtout en vertu de l'ancien régime philosophique; car, à vrai dire, c'est à l'idée d'*individu* qu'appartient un tel caractère, du moins chez notre espèce[2]. L'ensemble de la nouvelle philosophie[3] tendra toujours à faire ressortir aussi bien dans la vie active[4] que dans la vie spécula-

[1] C'est-à-dire, de sa nature, considérée dans ce qu'elle a d'original et de propre.

[2] Comte répond ici d'avance à une objection souvent faite à la Religion de l'Humanité : l'humanité n'est qu'une abstraction. Tout au contraire, dit-il, c'est l'*individualité* qui est une abstraction, car l'individu ni n'existe en soi ni ne peut être conçu par soi; il n'existe pas en dehors de la société et ne peut pas être conçu en dehors d'elle; il tient d'elle, non pas seulement ses conditions ou moyens d'existence, mais encore sa nature, ses qualités, sa façon d'être : « L'Humanité n'est point une abstraction purement subjective. Sa notion résulte, au contraire, d'une exacte appréciation objective; car l'homme proprement dit (l'individu) n'existe que dans le cerveau trop abstrait de nos métaphysiciens. Il n'y a, au fond, de réel que l'Humanité, quoique la complication de sa nature nous ait interdit jusqu'ici d'en systématiser la notion. » (*Discours sur l'ensemble du positivisme* : conclusion générale.) L'Humanité serait une *entité* métaphysique, si elle était considérée à *part* des individus, mais Comte lui assigne un double caractère : 1° la solidarité de toutes ses parties; 2° l'indépendance de chacune : « la grande existence (l'Humanité) se compose de vies réellement séparables » (*ibid.*). Comte se défend donc de tomber dans le mysticisme ou le réalisme métaphysique.

[3] La *nouvelle philosophie*, c'est la philosophie inaugurée par Auguste Comte, le *positivisme*. L'*ancien régime philosophique*, c'est toute la philosophie antérieure.

[4] Le passage suivant (*Disc. sur l'ensemble du positivisme*, 2° partie) illustre, développe et précise ce point. « Il ne faut pas réduire les devoirs à de simples calculs de prudence individuelle. » Il faut faire « prévaloir la sociabilité sur la personnalité, puisqu'il s'agit de pratiques, où l'individu est loin d'être seul intéressé. Ce n'est point, par

tive[1], la liaison de chacun à tous, sous une foule d'aspects divers, de manière à rendre involontairement familier le sentiment intime de la solidarité sociale, convenablement étendue à tous les temps et à tous les lieux.

Non seulement l'active recherche du bien public sera sans cesse représentée comme le mode le plus propre à assurer communément le bonheur privé; mais, par une influence à la fois plus directe et plus pure, finalement plus efficace, le plus complet exercice possible des penchants généreux deviendra la principale source de la félicité personnelle, quand même il ne devrait procurer exceptionnellement qu'une inévitable satisfaction intérieure [2]. Car si, comme on n'en saurait douter, le *bonheur* résulte surtout d'une sage activité, il doit donc dépendre principalement des instincts sympathiques [3], quoique notre organisation ne leur accorde pas ordinairement une énergie prépondérante, puisque les sentiments bienveillants sont les seuls qui puissent se développer librement dans l'état social, qui naturellement les stimule de plus en plus en leur ouvrant un champ indéfini, tandis qu'il exige, de toute nécessité, une certaine compression permanente des diverses impulsions

---

exemple, d'après les avantages personnels de la tempérance, de la chasteté, etc. que le positivisme recommande ces vertus élémentaires... Quand même une constitution exceptionnelle préserverait l'individu des suites funestes de l'intempérance, du libertinage, la sobriété et la continence lui seraient prescrites avec autant de rigueur, comme indispensables à l'accomplissement habituel de ses devoirs sociaux ». Il faut habituer « l'homme à se subordonner à l'Humanité jusque dans ses moindres actes ».

[1] La nouvelle philosophie est caractérisée, dans sa phase préparatoire, par la coordination des sciences, et, dans sa phase constructive, par l'établissement de la sociologie, cette science nouvelle et dernière qui doit, une fois achevée, commander toutes les autres.

[2] Telle est la thèse de la morale *altruiste*, qu'il ne faut pas confondre avec la morale de l'*intérêt général*, laquelle peut produire pratiquement les mêmes effets, mais n'est pas animée du même esprit. Cette thèse s'énonce ainsi : *vivre en autrui et pour autrui*.

[3] Le bonheur consiste à aimer plus qu'à être aimé (Cf. Aristote cité plus haut). C'est une des maximes d'A. Comte « qu'on se lasse de penser et même d'agir, mais qu'on ne se lasse jamais d'aimer ».

personnelles, dont l'essor spontané susciterait des conflits continus [1].

Dans cette vaste expansion sociale, chacun retrouvera la satisfaction normale de cette tendance à s'éterniser [2], qui ne pouvait d'abord être satisfaite qu'à l'aide d'illusions désormais incompatibles avec notre évolution mentale. Ne pouvant plus se prolonger que par l'espèce, l'individu sera ainsi entraîné à s'y incorporer le plus complètement possible, en se liant profondément à toute son existence collective, non seulement actuelle, mais aussi passée, et surtout future, de manière à obtenir toute l'intensité de vie que comporte, en chaque cas, l'ensemble des lois réelles.

(*Discours sur l'esprit positif*, 2ᵉ part., chap. III, Vigot, édit.)

LA CONTINUITÉ HISTORIQUE L'EMPORTE SUR LA SOLIDARITÉ ACTUELLE, AUTREMENT DIT, LA SOLIDARITÉ DANS LE TEMPS SUR LA SOLIDARITÉ DANS L'ESPACE.

Dans la première conception du concours humain, l'attention concerne naturellement la *solidarité*, de préférence à la *continuité*. Mais, quoique celle-ci soit d'abord moins sentie, parce qu'elle exige un examen plus profond, sa notion doit finalement prévaloir. Car l'essor social ne tarde

---

[1] Il faut distinguer le point de départ et le terme de l'évolution des sentiments. Nous naissons égoïstes, nous devenons altruistes. Il y a d'abord prédominance des instincts égoïstes sur les penchants sympathiques, mais l'éducation, le milieu social transforment notre nature et font prévaloir la sympathie sur l'égoïsme, et cette transformation est *naturelle* autant que moralement fondée. Il faut regarder la moralité comme un produit social, mais non pas pour cela comme le produit d'une culture artificielle.

[2] Le positivisme donne satisfaction à tous les instincts de l'humanité. Or le désir de l'éternité est un de ces instincts. La théologie a répondu à ce désir, en promettant à l'homme une vie immortelle ; mais cette promesse est menteuse ; on n'y peut plus croire. La philosophie assure à l'homme une immortalité réelle ; chaque individu se survit à lui-même dans la mémoire de ceux qui l'ont aimé, et participe d'autre part à la vie collective de l'Humanité, laquelle est immortelle.

guère à dépendre davantage du temps que de l'espace. Ce n'est pas seulement aujourd'hui que chaque homme, en s'efforçant d'apprécier ce qu'il doit aux autres, reconnaît une participation beaucoup plus grande chez l'ensemble de ses prédécesseurs que chez celui de ses contemporains. Une telle supériorité se manifeste, à de moindres degrés, aux époques les plus lointaines, comme l'indique le culte touchant qu'on y rendit toujours aux morts, suivant la belle remarque de Vico. Ainsi la vraie sociabilité consiste davantage dans la continuité successive que dans la solidarité actuelle. Les vivants sont toujours, et de plus en plus, gouvernés nécessairement par les morts : telle est la loi fondamentale de l'ordre humain.

(*Catéchisme positiviste*. Introduction, 2º *Entretien*.)

Auguste Comte est un des philosophes qui se laissent le moins citer. Sa doctrine est très systématique ; elle ne peut être morcelée, détachée par extraits. Nous exposerons ses vues fondamentales sur l'ordre et le progrès, l'ordre représentant la solidarité dans l'espace (action des êtres et des événements sociaux les uns sur les autres à un moment donné) et le progrès, la solidarité dans le temps (action des êtres et des événements les uns sur les autres d'une époque à l'autre).

ORDRE ET PROGRÈS

Pour la nouvelle philosophie (le positivisme), l'ordre constitue sans cesse la condition fondamentale du progrès, et réciproquement le progrès devient le but nécessaire de l'ordre[1]...

---

[1] La société est soumise à deux sortes de lois : les lois de l'*ordre* et

Spécialement considéré quant à l'ordre, l'esprit positif lui présente aujourd'hui, dans son extension sociale, de puissantes garanties directes, non seulement scientifiques, mais aussi logiques...

Attaquant le désordre actuel à sa véritable source, nécessairement mentale[1], il constitue aussi profondément que possible l'harmonie logique, en régénérant d'abord les *méthodes* avant les doctrines...

D'une part, en effet, il démontre que les principales difficultés sociales ne sont pas aujourd'hui essentiellement politiques, mais surtout morales, en sorte que leur solution possible dépend réellement des opinions et des mœurs beaucoup plus que des institutions ; ce qui tend à éteindre une activité perturbatrice, en transformant l'agitation politique en mouvement philosophique[2].

Sous le second aspect[3], il envisage toujours l'état présent comme un résultat nécessaire de l'ensemble de l'évolution antérieure, de manière à faire constamment prévaloir l'appréciation rationnelle du passé pour l'examen actuel des affaires humaines ; ce qui écarte aussitôt les tendances purement critiques[4], incompatibles avec toute saine conception historique.

les lois du *progrès*, les premières sans lesquelles elle est condamnée à la désorganisation ou à la mort, les secondes sans lesquelles elle serait condamnée à une autre sorte de mort, l'immobilité. De là la division de la Science sociale en *Statique sociale*, qui traite des lois de l'ordre ou conditions d'existence, et *Dynamique sociale*, qui traite des lois du mouvement ou du progrès des sociétés. L'ordre et le progrès sont de plus solidaires : l'ordre ne se suffit pas à lui-même, il ne doit être que la condition du progrès ; le progrès d'autre part ne peut se réaliser en dehors de l'ordre.

[1] A. Comte indique incidemment la tendance *intellectualiste* de sa philosophie : selon lui, ce qui meut et dirige les sociétés, ce sont les idées.

[2] A. Comte devance ici l'opinion que Ziegler a exprimée par cette formule heureuse : *La question sociale est une question morale*. Selon lui, l'ordre *moral* est la condition de l'ordre *matériel*.

[3] C'est-à-dire sous le point de vue du *progrès*.

[4] Saint-Simon, dont s'inspire ici A. Comte, divisait les périodes de l'histoire en *critiques* et *organiques*, ou périodes de destruction, de dissolution des croyances, des institutions et des mœurs, et périodes de réorganisation sociale.

Enfin, au lieu de laisser la science sociale dans le vague et stérile isolement où la placent encore la théologie et la métaphysique, il la subordonne irrévocablement à toutes les autres sciences fondamentales, qui constituent graduellement, envers cette étude finale, autant de préambules indispensables, où notre intelligence acquiert à la fois les habitudes et les notions sans lesquelles on ne peut utilement aborder les plus éminentes spéculations positives; ce qui institue déjà une vraie discipline mentale, propre à améliorer radicalement de telles discussions, dès lors rationnellement interdites à une foule d'entendements mal organisés ou mal préparés[1].

Ces grandes garanties logiques sont d'ailleurs ensuite pleinement confirmées et développées par l'appréciation scientifique proprement dite, qui, envers les phénomènes sociaux, représente toujours notre ordre artificiel comme devant surtout consister en un simple prolongement judicieux, d'abord spontané, puis systématique, de *l'ordre naturel*[2] résulté, en chaque cas, de l'ensemble des lois réelles, dont l'action effective est ordinairement modifiable par notre sage intervention, entre des limites déterminées, d'autant plus écartées que les phénomènes sont plus élevés. Le sentiment élémentaire de l'Ordre est, en un mot, naturellement inséparable de toutes les spéculations positives, constamment dirigées vers la découverte des moyens de liaison entre des observations dont la principale valeur résulte de leur systématisation.

Il en est de même, et encore plus évidemment, quant au Progrès qui trouve aujourd'hui, dans l'ensemble des études scientifiques, sa plus incontestable manifestation... C'est évi-

---

[1] A. Comte a assigné à la sociologie sa place dans l'ensemble des sciences; il l'a de plus constituée scientifiquement; il a par là même soustrait les sociétés aux agitations produites par les utopistes et les politiques ignorants. C'est du moins ce dont il se flatte.

[2] Autrement dit, c'est l'interprétation *réaliste*, *naturaliste*, rigoureusement *scientifique*, donnée par le positivisme aux phénomènes sociaux, qui assure à cette doctrine l'autorité dans l'ordre pratique, la compétence politique pour établir et assurer l'ordre.

demment la marche continue des connaissances positives qui a inspiré, il y a deux siècles, dans la célèbre formule philosophique de Pascal[1], la première notion rationnelle du progrès humain, nécessairement étrangère à toute l'ancienne philosophie. Étendue ensuite à l'évolution industrielle et même esthétique[2], mais restée trop confuse envers le mouvement social, elle tend aujourd'hui vaguement vers une systématisation décisive qui ne peut émaner que de l'esprit positif, enfin convenablement généralisé.

Sous l'aspect le plus systématique, la nouvelle philosophie assigne directement, pour destination nécessaire à toute notre existence, à la fois personnelle et sociale, l'amélioration continue, non seulement de notre *condition*, mais aussi et surtout de notre *nature*[3], autant que le comporte, à tous égards, l'ensemble des lois réelles, extérieures ou intérieures.

Érigeant ainsi la notion du progrès en dogme vraiment fondamental de la sagesse humaine, soit pratique, soit théorique, elle lui imprime le caractère le plus noble en même

---

[1] Pascal compare l'humanité tout entière à un seul homme qui apprendrait continuellement. (*Préface du Traité du vide.*)

[2] Allusion à la querelle littéraire des Anciens et des Modernes.

[3] Ici comme plus haut, A. Comte proclame « la subordination fondamentale de la politique à la morale ». Le progrès, c'est sans doute l'amélioration de notre condition extérieure, mais c'est aussi et plus encore l'amélioration de notre nature intérieure. Le progrès comprend : 1° un perfectionnement physique (ex. accroissement de la longévité) qui est difficile et limité ; 2° une amélioration mentale, scientifique ou esthétique, qui importe davantage à nos destinées ; 3° un perfectionnement moral « qui participe à notre vrai bonheur d'une manière plus directe, plus complète et plus certaine qu'aucun autre quelconque ». Ainsi il n'y a pas, par exemple, de progrès intellectuel équivalant à un accroissement réel de bonté et de courage. Le progrès proprement dit est le progrès moral ; il est le plus important, et d'ailleurs implique les deux autres : matériel et intellectuel. Il est le développement du *cœur*, pris comme synonyme de *tendresse* et d'*énergie*. Le positivisme « pousse fortement à la tendresse, en subordonnant à la sociabilité toutes nos pensées et nos affections, comme tous nos actes. Quant à l'énergie, il la suppose partout et l'inspire toujours, par l'élimination radicale de toute chimère oppressive, et par l'excitation continue de notre activité, individuelle ou collective » (*Discours sur l'ensemble du positivisme.* 2° Partie : *Destination sociale du positivisme*).

temps que le plus complet, en représentant toujours le second genre de perfectionnement comme supérieur au premier[1]. D'une part, en effet, l'action de l'Humanité sur le monde extérieur dépendant surtout des dispositions de l'agent, leur amélioration doit constituer notre principale ressource ; d'une autre part, les phénomènes humains, individuels ou collectifs, étant de tous les plus modifiables, c'est envers eux que notre intervention rationnelle comporte naturellement la plus vaste efficacité. Le dogme du progrès ne peut donc devenir suffisamment philosophique que d'après une exacte appréciation générale de ce qui constitue surtout cette amélioration continue de notre propre nature, principal objet de la progression humaine. Or, à cet égard, l'ensemble de la philosophie positive démontre pleinement que ce perfectionnement consiste essentiellement, soit pour l'individu, soit pour l'espèce, à faire de plus en plus prévaloir les éminents attributs qui distinguent le plus notre *humanité* de la simple animalité, c'est-à-dire d'une part l'intelligence, d'une autre part, la sociabilité, facultés naturellement solidaires, qui se servent mutuellement de moyen et de but.

... La réorganisation totale, qui peut seule terminer la grande crise moderne consiste, sous l'aspect mental, qui doit d'abord prévaloir, à expliquer convenablement l'ensemble du passé humain. Or, c'est ainsi que la supériorité nécessaire de l'école positive sur les diverses écoles actuelles peut aussi être le plus nettement appréciée. Car l'esprit théologique et l'esprit métaphysique sont tous deux conduits, par leur nature absolue, à ne considérer que la portion du passé où chacun d'eux a dominé... L'esprit positif, en vertu de sa nature éminemment relative, peut seul représenter convenablement *les grandes époques historiques* comme autant de phases déterminées d'une même évolution fondamentale, où chacune résulte de la précédente et prépare la suivante selon des lois invariables, qui fixent sa participation spéciale à la commune progression, de

---

[1] Le perfectionnement de notre *nature*, surtout morale, comme supérieur à celui de notre *condition* matérielle.

manière à toujours permettre, sans plus d'inconséquence que de partialité, de rendre une exacte justice philosophique à toutes les coopérations quelconques. Quoique cet incontestable privilège de la positivité rationnelle doive d'abord sembler purement spéculatif, les vrais penseurs y reconnaîtront bientôt la première source nécessaire de l'actif ascendant social, réservé finalement à la nouvelle philosophie. Car on peut assurer que la doctrine, qui aura suffisamment expliqué l'ensemble du passé, obtiendra inévitablement, par suite de cette nouvelle épreuve, la présidence mentale de l'avenir[1].

(*Discours sur l'esprit positif*, 2ᵉ partie, ch. 1ᵉʳ fin.)

CHARLES RENOUVIER (1815-1903)

CHARLES RENOUVIER (1815-1903) né, comme A. Comte, à Montpellier. Sa longue vie, consacrée tout entière au travail de la pensée, fut remarquablement féconde en ouvrages de philosophie dogmatique (dans cet ordre le plus remarquable est : *Essais de critique générale*) et historique (*Philosophie analytique de l'histoire : les idées, les religions, les systèmes*, etc.). Son œuvre considérable présente l'unité d'un système, qui est celui de Kant développé et rectifié, et s'appelle le *néo-criticisme*.

L'ouvrage auquel nous empruntons nos citations est la

---

[1] Selon A. Comte, la compétence philosophique fonde l'autorité pratique. Or la compétence philosophique se marque par l'aptitude à comprendre et à expliquer le passé. Le positivisme seul, qui est la théorie du *progrès*, peut rendre justice aux efforts de l'Humanité dans le passé ; la métaphysique et la théologie, qui se croient en possession de la vérité absolue, doivent condamner tout ce qui s'écarte de cette vérité. Il n'y a que le philosophe, qui reconnaît le caractère *relatif* des institutions, des lois, des théories scientifiques, qui puisse comprendre l'évolution de l'humanité, le progrès de la civilisation, et partant le diriger.

Science de la morale (2 vol. Ladrange, 1869). Dans ses *Derniers Entretiens* recueillis par Louis Prat (Paris, A. Colin), Renouvier parle de la *Science de la morale* comme de son livre de prédilection. Lui qui se corrigeait sans cesse, il y voit peu à reprendre, peu à retrancher et peu à ajouter. Le morceau est à citer :

De tous les livres que j'ai composés avant mon arrivée à Perpignan, c'est la *Science de la morale* que je préfère. J'ai écrit ce livre avec joie. J'en ai relu quelques pages il n'y a pas longtemps. Il n'est pas parfait à coup sûr, mais ce n'est pas un méchant livre. Si j'avais eu à en faire une seconde édition, je n'aurais pas beaucoup retranché de ce que j'ai écrit, j'aurais ajouté quelques pages sur la bonté, sur la pitié.

Une morale pratique, une morale de l'état de guerre qui serait à portée de toutes les intelligences, voilà ce qui serait bon et utile pour nos enfants...

Je voudrais que l'on apprît à l'enfant à sentir le mal, tandis que l'on cherche surtout à le lui déguiser. On lui parle de solidarité et d'altruisme, et du bonheur qui pourra résulter du développement de la solidarité; on ne lui parle pas de la solidarité dans le mal, qui est indéniable, elle, et de l'injustice commise ou subie; on ne lui définit pas même correctement la justice.

Je voudrais que l'on s'ingéniât à développer chez nos enfants le sentiment de la pitié. La pitié, si elle est bien interprétée, conduit à la justice. Les analyses qui ont été faites de ce sentiment me semblent insuffisantes. Il n'est pas nécessaire, pour que la pitié s'éveille en nous — c'est la thèse de Schopenhauer — que chacun des hommes se considère *comme un être unique et universel*, il suffit d'admettre pour tous les hommes une communauté d'origine et de fin, *une étroite solidarité dans la misère et dans la souffrance*. Je crois tous les êtres humains capables d'éprouver la pitié, parce que tous les hommes sentent profondément l'injustice ou, ce qui est la même chose, la douleur de vivre. A chaque instant, ils la peuvent constater.

A cette constatation succède un sentiment de révolte. Nous ne voulons pas la douleur ; elle nous paraît absurde, elle nous paraît le symbole de quelque chose qui ne devrait pas être. Nous ne la voulons ni pour nous ni pour les autres, à moins que nous n'ayons des raisons particulières de la vouloir, dans la colère par exemple, ou, d'une manière générale, à moins que nous ne désirions *rendre*, comme disent les enfants, la douleur à ceux qui nous la font subir...

C'est parce que la douleur nous semble imméritée que la pitié fleurit dans notre âme. Il n'est pas nécessaire que nous aimions ceux que nous voyons souffrir : ils peuvent être des étrangers, des indifférents, des animaux. Leur lot est de souffrir, notre lot est de souffrir, et nous avons pitié. La pitié « pourrait être définie, la révolte de l'âme contre la méchanceté du mal. » (L. Prat : *Les Derniers entretiens de Ch. Renouvier*, p. 95. A. Colin, édit.).

Cette page, où Renouvier nous livre sa pensée dernière, nous paraît remarquable moins encore comme complément que comme confirmation et développement de la *Science de la morale*. L'esprit du philosophe s'élargit, s'élève, mais en restant fidèle à lui-même.

Renouvier est le philosophe qui a soumis l'idée de *solidarité* à l'analyse la plus précise et la plus rigoureuse et qui en a le mieux compris l'extension ou la portée. Il distingue une *solidarité personnelle* et une *solidarité sociale*.

I. — LA SOLIDARITÉ PERSONNELLE

De même qu'il arrive nécessairement à la personne morale de subir une solidarité plus ou moins étroite avec les phénomènes moraux de son milieu, ce qui sera pour nous le sujet d'analyses ultérieures, de même il est inévitable qu'ayant en soi un principe de stabilité joint à un principe de changement[1], soit dans ses passions, soit aussi dans sa volonté, elle subisse la loi de solidarité par rapport à elle-même.

La solidarité personnelle est double. D'une part, selon que la personne s'est déterminée volontairement dans le passé, elle veut encore se déterminer dans l'avenir, afin de conserver un ordre mental et un esprit de conséquence, sans lesquels elle verrait sa propre identité compromise. Et cette louable tendance est ensuite confirmée[2] par des vices acquis, surtout par l'inertie et la paresse. D'une autre part, la nature morale acquise devient, en vertu des phénomènes de l'habitude, un élément inconscient des déterminations de la personne actuelle. Il ne faut pas moins qu'une volonté toujours en éveil pour diminuer, je ne dis pas pour supprimer, car on l'espérerait en vain, cette part de solidarité involontaire dans les phénomènes de conscience.

(*Science de la morale*, Sect. I, ch. VII. Ladrange, édit.)

---

[1] En tant qu'elle reste semblable à elle-même, la personne est *liée* par les principes qu'elle a adoptés, les résolutions qu'elle a prises ou simplement par sa nature, son tempérament; en tant qu'elle change, elle est *liée* par ses changements mêmes, entraînée par eux; ainsi « elle peut s'avilir par ses fautes, se dégrader, s'appesantir, s'abrutir, perdre jusqu'à la conscience de ce qu'elle a perdu. » Dans les deux cas, il y a *solidarité*, c'est-à-dire engagement dans une voie, engrenage, fatalité acquise.

[2] *Confirmée*, c'est-à-dire accrue, renforcée. — Renouvier paraît considérer surtout le mauvais côté de la *solidarité*. Pour lui, la liberté seule a du prix; dès lors l'enchaînement de la volonté à des décisions antérieures, ou à des habitudes, est déjà une chute. — La loi de *solidarité* explique la vertu ou le vice proprement dits, c'est-à-dire la vertu et le vice, qui sont des legs du passé, des *habitudes*. Cette loi trouve son expression dans la pensée de Leibniz : « Le présent est plein du passé et gros de l'avenir. »

II. — La solidarité sociale. Changements introduits en morale par le fait de la solidarité. La morale pure et la morale appliquée. L'état de paix et l'état de guerre.

Les hommes se sont accoutumés à s'entendre prescrire des obligations et à se les prescrire eux-mêmes, j'entends des plus strictes, et à n'en pas tenir compte dans leur conduite, même dans leurs jugements. S'il n'en était pas ainsi,... si les écrits et les discours des moralistes paraissaient tout d'un coup, au milieu de l'humanité comme doctrines sérieuses et qui n'entendent pas rester lettre morte, il y aurait dans les esprits une révolution comparable à celle que les fondateurs de religions ont toujours produite, et on verrait commencer des luttes analogues. Il est vrai que les hommes de religion ont un mérite qui a presque toujours manqué aux hommes de philosophie, celui de se préoccuper vivement des misères humaines, des misères morales.

C'est un grand fait, auquel on ne réfléchit pas assez en dehors des religions, que l'homme est né pour avoir des idées morales et semble né aussi pour ne les point pratiquer, généralement parlant et dans son ordre social. C'est un fait que nulle sanction n'est assez efficace pour obtenir de lui ce que la raison pure n'obtient pas pour le règlement de sa conduite vis-à-vis de lui-même et d'autrui. L'homme pèche et se corrompt, fait ainsi pécher et se corrompre les autres. Les hommes corrompus corrompent la société, qui en retour corrompt les hommes [1].

Quand le milieu est ainsi fait, il existe une morale pratique, s'il est permis de la nommer ainsi, une coutume qui commande la fraude et la violence, et qu'on s'efforce de

---

[1] Le désaccord entre la morale et les mœurs, dénoncé par Renouvier avec une franchise si entière et une éloquence si forte, est donc un fait de solidarité sociale, de corruption mutuelle. Le fait étant ainsi établi, on va en voir maintenant les conséquences, à savoir la transformation radicale qu'il faut faire subir aux idées morales, si l'on veut être logique et sincère.

concilier avec les vrais devoirs, auxquels on ne veut pas obéir et qu'on ne peut pas toujours méconnaître. Des sophistes abaissent l'éthique au niveau des faits ; des philosophes l'édifient péniblement dans la pensée et n'agissent pas sur les passions ; des prêtres renverseraient à la fois la passion naturelle et le devoir au nom du ciel, si leur propre corruption ne venait les rendre infidèles à la pensée dont ils procèdent ; des politiques flottent incertains et font pencher, tantôt dans un sens et tantôt dans l'autre, presque toujours injustement, la balance des idées et des faits. Dans cette situation, dans le milieu social ainsi constitué, est-il encore possible à l'agent moral d'être moral, ou, si cela ne lui est pas possible, quelle sera désormais sa règle et que veut de lui la raison qui ne peut se vouloir elle-même tout entière[1] ?

... Dans cet ordre des choses réelles et historiques, inférieures à la conscience, la justice perd son caractère rationnel ingénu. (Les récompenses, les peines, les privilèges, etc., apparaissent, toutes choses immorales en soi.) Et ce sont là pourtant de visibles nécessités, si l'on ne veut point que l'injustice de l'un triomphe jusqu'au bout de la justice de l'autre, et que celui-ci soit réduit à donner sa tunique après avoir été dépouillé de son manteau. Il s'établit ainsi jusqu'au fond des relations, qu'on ne renonce pas à nommer *de justice*, une espèce de droit de la guerre, bien différent du droit pur, qui ne suppose que la paix et qui l'exige[2].

---

[1] Question tragique, puisqu'il y a ici du sort de la morale elle-même. On ne peut nier le fait historique, invoqué par Renouvier, et il serait immoral de fermer les yeux sur ce fait, de n'en pas tenir compte. Il faut chercher quel idéal moral est encore compatible avec l'état des mœurs ; il faut faire subir à la morale les transformations nécessaires, pour la rendre viable, *mais celles-là seulement*. Il faut entrer en un mot dans la voie de la *casuistique*, mais de la casuistique honnête. La morale de Renouvier fait à l'expérience sa part ; elle prend les hommes comme ils sont, elle tient compte de l'histoire.

[2] L'apparition de la force dans les relations humaines constitue à elle seule une violation du droit pur. Renouvier appelle *état de paix* celui dans lequel régnerait le droit pur ou idéal, et *état de guerre* celui dans lequel existe cette morale de compromis et de lutte, qui est la nôtre. Cette distinction de la *paix* et de la *guerre* est le principe fondamental et caractéristique de sa doctrine morale.

Sous ces conditions répugnantes à la raison et néanmoins imposées, les devoirs envers soi-même subissent à leur tour de terribles altérations, car, à moins de renoncer à la société des hommes, qui est une obligation pour l'homme, ou de rendre ce qu'on se doit à soi entièrement indépendant de ce qu'on doit à autrui et de ce que les autres estiment universellement qu'on leur doit, et cela ne se peut, il est clair que les règles strictes de la morale se trouvent souvent inapplicables. Les lois de la solidarité conduisent l'agent raisonnable à participer de plein gré à des actes contre la raison, dans une mesure ou dans une autre, sans parler des causes qui tendent à vicier son propre jugement et qui n'y réussissent que trop communément.

Il ne faut pas s'étonner si, dans un tel état de choses et alors que la conscience existe toujours, quoique violée, et proteste, fût-ce contre elle-même, on voit naître des systèmes religieux ou politiques qui, en vue de prévenir de plus grands écarts, introduisent des maîtres dans le ciel et sur la terre, substituent leurs commandements à la raison et fondent les sociétés sur l'obéissance, et non point sur l'idée d'une république des êtres raisonnables, ainsi que le voudraient la nature morale et la notion la plus profonde de la justice. Mais la théocratie et les autres pouvoirs dits d'*en haut* n'ont jamais d'autre appui dans leurs entreprises que cette même conscience à laquelle ils tendent de se substituer, ni d'autre mérite en leurs œuvres que celui qu'elle leur prête pour un temps. Ils ne réussissent à rien qu'avec elle et échouent définitivement parce qu'au fond elle les condamne toujours.

D'autres systèmes prétendent refondre la société par une révolution brusque et la conformer tout d'un coup à la raison [1]... Le socialisme, dans la plupart des théories qui ont pris ce nom, est une espèce de médecine sociale qui se flatte de guérir radicalement et d'un trait les maladies constitutionnelles de l'humanité... (Le socialisme) se propose de guérir les hommes de leurs vices et de les préserver de leurs

---

[1] Cette tentative est rendue vaine en partie par la loi de la solidarité elle-même, de la *solidarité du passé ou solidarité historique*, qui pèse sur ceux mêmes qui s'insurgent contre elle.

méfaits envers eux-mêmes et envers autrui, en construisant extérieurement un milieu social tout nouveau pour les y placer. Il ne voit pas qu'une société quelconque est bonne ou deviendra bonne pour des associés bons, et que la meilleure société possible est ou deviendra mauvaise pour des associés qui ne sont pas bons. Il ne voit pas non plus que le malade social, pour consentir à prendre le remède et se l'administrer en bonne règle, a tout juste besoin d'autant de santé qu'on lui en promet après qu'il l'aura pris [1].

Revenons à la morale. Faut-il donc qu'elle ne soit qu'un pur idéal, réduite à donner d'éternels modèles éternellement inimitables et à s'y tenir ? ou peut-elle, sans les abandonner, en proposer d'autres qui soient mieux adaptés aux conditions historiques de l'homme, et propres à lui offrir un idéal encore très élevé, dont la poursuite assidue le rapprocherait de plus en plus du parfait idéal ? (C'est cette dernière solution que Renouvier adopte).

(*Science de la morale*, liv. I, 3ᵉ sect, fin. Ladrange, édit.)

RELATIVITÉ DE LA MORALE

Les principes rationnels purs étant remplacés par des principes en partie conventionnels et variables, que devient la morale ?

La morale existe toujours avec ses lois indéfectibles, objet constant des vœux de l'humanité, de la poursuite des sages, et de la spéculation, si ce n'est toujours de la pratique, de ceux qui savent se soustraire par la pensée à la solidarité des temps et des hommes. Appliquée à la mesure des réalités, la morale est appelée à juger du degré de conformité entre l'historique et le rationnel, entre les nécessités de fait et les règles inflexibles de la conscience ; à chercher, quand cela se peut, la conciliation de l'acquis ou de l'inévitable avec le bien pur, à donner enfin la direction de l'idéal aux éléments libres de l'âme.

[1] Renouvier s'accorde ici avec A. Comte pour soutenir qu'une réforme dite *sociale* ne peut être que *morale*.

Ce serait à tort qu'on reprocherait à la question ainsi posée d'altérer la morale. L'objection ne serait valable que dans le cas où la morale pure ne serait point établie dans sa teneur formelle, ou encore si nous devions la perdre de vue en l'appliquant. J'espère m'être prémuni contre le premier défaut et ne pas devoir tomber non plus dans le second. Au demeurant, on serait aveugle en niant que les lois strictes d'une entière moralité et d'un règne humain rationnel soient devenues inapplicables en partie, sous les conditions que la solidarité humaine a établies ; et le moraliste qui prétend, sans distinguer jamais le bien pur du réel et du possible, employer la morale absolue pour la règle des relations actuelles des hommes, celui-là mérite évidemment le reproche dont je me défends. Il mêle le réel avec l'idéal, altère le dernier par l'autre, qu'il ne corrige pas. Au fond, il prend secrètement son parti de souffrir des dérogations qu'il sait bien être inévitables. Affaibli, énervé lui-même et dans son action par la résignation tacite de sa conscience au mal, dont il les dit vainement libres de s'affranchir, il corrompt ses auditeurs à leur tour par le découragement, si ce n'est par le dédain qu'il leur inspire. Car l'homme est ainsi fait qu'il lâche tout, comme on dit, quand le but proposé à ses efforts est trop manifestement au-dessus de son atteinte.

(*Science de la morale*, liv. III, 2ᵉ sect., fin. Ladrange, édit.)

Nous ne poursuivrons pas plus loin l'étude historique de l'idée de solidarité au xixᵉ siècle. Auguste Comte et Renouvier représentent les deux courants opposés de la pensée contemporaine sur le même problème :

1° Le *courant intellectualiste*, optimiste et fataliste, caractérisé par la foi au progrès, au progrès intellectuel d'abord, lequel s'accomplit de lui-même, naturellement, fatalement, par l'extension et la systématisation chaque jour plus grandes des connaissances, par le progrès social ensuite, lequel n'est que le prolongement et la conséquence du premier, car « les idées mènent le monde ».

2° Le *courant volontariste* ou *anti-intellectualiste*, caractérisé par la négation du Progrès conçu comme une sorte de loi providentielle du monde, et l'aspiration à un progrès social, représenté comme l'œuvre toujours incertaine de la volonté et de la raison humaines, également sujettes à la défaillance et à l'erreur.

On voit à quelles conséquences diverses peuvent conduire ces points de vue différents d'une même doctrine, j'entends d'une doctrine qui n'a, dans les deux cas, d'autre appui que la raison et d'autre aspiration que la justice : l'une, par exemple, prétendra à la domination universelle sur les esprits, l'autre fera appel à la critique personnelle, sera individualiste.

Tous les écrivains contemporains, dans l'ordre des questions morales et sociales, se rattachent à l'une ou à l'autre de ces écoles ou courants d'idées, à moins que, par une inconséquence logique, encore assez fréquente, ils ne suivent les deux. Nous n'avons pas à les étudier ici en détail.

Nous n'avons pas non plus à étudier l'*humanité* en dehors de la solidarité, puisque l'humanité n'est qu'une forme de la solidarité, que la solidarité considérée dans sa plus grande extension, ou le lien existant entre tous les membres de la famille humaine.

Empruntons à des contemporains de nouvelles définitions de la solidarité.

LÉON BOURGEOIS

LE FAIT DE LA SOLIDARITÉ ET SES CONSÉQUENCES. — LA DETTE SOCIALE

L'homme ne devient pas seulement, au cours de sa vie, le débiteur de ses contemporains; dès le jour même de sa naissance, il est un obligé. *L'homme naît débiteur de l'association humaine.*

. . . .

Auguste Comte a depuis longtemps mis ce fait en pleine lumière : « Nous naissons chargés d'obligations de toute sorte envers la société. » Ce que Renan dit des hommes de génie : « Chacun d'eux est un capital accumulé de plusieurs générations » est vrai non pas seulement des hommes de génie, mais de tous les hommes.

. . . .

Dès que l'enfant, après l'allaitement se sépare définitivement de la mère et devient un être distinct, recevant du dehors les aliments nécessaires à son existence, il est un débiteur; il ne fera point un pas, un geste, il ne se procurera point la satisfaction d'un besoin, il n'exercera point une de ses facultés naissantes, sans puiser dans l'immense réservoir des utilités accumulées par l'humanité.

Dette, sa nourriture : chacun des aliments qu'il consommera est le fruit de la longue culture qui a, depuis des siècles, reproduit, multiplié, amélioré les espèces végétales ou animales dont il va faire sa chair et son sang. Dette, son langage encore incertain : chacun des mots qui naîtra sur ses lèvres, il le recueillera des lèvres de parents ou de maîtres qui l'ont appris comme lui, et chacun de ces mots contient et exprime une somme d'idées que d'innombrables ancêtres y ont accumulée et fixée. Lorsqu'il lui faudra non pas seulement recevoir des mains des autres la première nourriture de son corps, et de leurs lèvres celle de son esprit, lorsqu'il commencera à créer par son effort personnel les matériaux de son accroissement ultérieur, il sentira sa dette s'accroître envers le passé. Dette, et de quelle valeur! le livre et l'outil que l'école et l'atelier vont lui offrir : il ne pourra jamais savoir ce que ces deux objets, qui lui semblent si maniables et de si peu de poids, ont exigé d'efforts antérieurs; combien de mains lourdes et maladroites ont tenu, manié, soulevé, pétri, et souvent laissé tomber de lassitude et de désespoir, cette forme de l'outil avant qu'elle soit devenue l'instrument léger et puissant qui l'aide à vaincre la matière;

combien d'yeux se sont ouverts et longuement fixés sur les choses, combien de lèvres ont balbutié, combien de pensées se sont éveillées, efforcées et tendues, combien de souffrances ont été subies, de sacrifices acceptés, de vies offertes, pour mettre à sa disposition ces caractères d'imprimerie, ces petits morceaux de plomb qui, en quelques heures, répandent sur le monde, par millions d'exemplaires, l'innombrable essaim des idées, ces vingt-quatre petites lettres noires où l'homme réduit et représente le système du monde ! Et plus il avancera dans la vie, plus il verra croître sa dette, car chaque jour un nouveau profit sortira pour lui de l'usage de l'outillage matériel et intellectuel créé par l'humanité ; dette, à chaque pas sur la route, qu'au prix de mille peines et souvent de mille morts, les hommes ont construite à travers le marais ou la montagne ; dette à chaque tour de roue de la voiture ou du wagon, à chaque tour d'hélice du navire, dette à chaque consommation d'un produit de l'agriculture, de l'industrie ou de la science ; dette envers tous les morts qui ont laissé cet héritage, envers tous ceux dont le travail a transformé la terre, rude et sombre abri des premiers âges, en un immense champ fertile, en une usine créatrice ; dette envers ceux dont la pensée a ravi aux éléments les secrets de leur puissance et les a, par cette puissance même, domptés et asservis ; dette envers ceux dont le génie a su, des apparences innombrables des êtres et des choses, dégager la forme et révéler l'harmonie, dette envers ceux dont la conscience a tiré sa race de l'état de violence et de haine, et l'a peu à peu conduite vers l'état de paix et d'accord.

Mais si cette dette est contractée envers les ancêtres, à qui sommes-nous tenus de l'acquitter ? Ce n'est pas pour chacun de nous en particulier que l'humanité antérieure a amassé ce trésor, ce n'est ni pour une génération déterminée ni pour un groupe d'hommes distinct. C'est pour tous ceux qui seront appelés à la vie, que tous ceux qui sont morts ont créé ce capital d'idées, de forces et d'utilités. C'est donc envers tous ceux qui viendront après nous, que nous avons reçu des ancêtres charge d'acquitter

la dette ; c'est un legs de tout le passé à tout l'avenir.
(*Solidarité*, pp. 116-124.)

LE QUASI-CONTRAT

Là où la nécessité des choses met les hommes en rapport sans que leur volonté préalable ait pu discuter les conditions de l'arrangement à intervenir, la loi qui fixera entre eux ces conditions ne devra être *qu'une interprétation et une représentation de l'accord qui eût dû s'établir préalablement entre eux s'ils avaient pu être également et librement consultés* : ce sera donc la présomption du consentement qu'auraient donné leurs volontés égales et libres qui sera le seul fondement du droit. Le *quasi-contrat* n'est autre chose que le contrat rétroactivement consenti...

...Les hommes sont en société. C'est là un fait d'ordre naturel, antérieur à leur consentement, supérieur à leur volonté. L'homme ne peut se soustraire matériellement ou moralement à l'association humaine. L'homme isolé n'existe pas.

De là une double conséquence.

Un échange de services s'établit nécessairement entre chacun des hommes et tous les autres... Il y a donc, pour chaque homme vivant, dette envers tous les hommes vivants, à raison et dans la mesure des services à lui rendus par l'effort de tous. Cet échange de services est la matière du *quasi-contrat d'association* qui lie tous les hommes, et c'est l'équitable évaluation des services échangés, c'est-à-dire l'équitable répartition des profits et des charges, de l'actif et du passif social qui est l'objet légitime de la loi sociale.

Il y a en outre, pour chaque homme vivant, dette envers les générations suivantes à raison des services rendus par les générations passées. A l'obligation de concourir aux charges de l'association actuelle pour l'entretenir et la conserver, s'ajoute en effet l'obligation de l'accroître et de concourir, dans les mêmes conditions d'équitable répartition, aux charges de cet accroissement. La cause de cette obligation est, elle aussi, dans la nature des choses...

Quant à la répartition des charges qui résultent de cette double dette, elle sera équitable si tous les associés sont considérés comme faisant partie de l'association à titre égal, c'est-à-dire à titre d'hommes ayant également le droit de discuter et de consentir; ...si chacun d'eux a bien cette « égalité de valeur au point de vue du droit », sans laquelle le quasi-contrat ne pourrait être considéré comme un contrat rétroactivement consenti entre des volontés égales et libres.

(*Ibid., passim*, pp. 132-140.)

Bien des objections ont été faites à cette théorie. Peut-on parler de *dette sociale* autrement que par métaphore? Cette dette, comment l'évaluer, l'individualiser? N'est-elle pas « globale, générale, incalculable et inacquittable »? Est-elle même reconnue par tous? Pour un qui se regarde comme redevable envers la société, dix se considèrent comme ayant des droits ou créances vis-à-vis de la société. On échappe en partie à ces objections par la distinction de la *solidarité naturelle* (sociologique) et de la *solidarité morale*, indiquée dans l'extrait suivant.

ÉMILE BOUTROUX

LA SOLIDARITÉ NATURELLE ET LA SOLIDARITÉ MORALE

Un seul mot, comme il arrive, recouvre deux idées. C'est, d'une part, la *solidarité physique*, la solidarité donnée, indifférente à la justice, fait brut qu'il appartient à l'homme d'apprécier à son point de vue d'homme; c'est, de l'autre, la *solidarité morale*, libre, juste, idée dont l'homme se fait un objet digne de ses efforts et qu'il réalisera, comme toutes ses idées, en se servant, à sa manière, des matériaux qu'il trouve dans la nature. (Même il ne faut pas dire que la solidarité morale n'est que la solidarité physique devenue consciente, car en fait, il n'y a pas *une* solidarité, mais *des* solidarités physiques diverses et contraires). Entre ces solidarités il s'agit de choisir : telles doivent être dissoutes, telles maintenues. Il s'agit même d'instituer des solidarités qui, visiblement, ne sont pas données, par exemple des solidarités fondées sur la justice, sur la bonté. Pourquoi ces luttes, ces efforts, cette ardeur généreuse et infatigable, s'il ne s'agit que de prendre conscience que de ce qui est ? Évidemment, pour choisir entre les réalités données, pour dépasser ces réalités, on possède ou l'on cherche un critérium de vérité et de valeur qui ne se confond pas avec ces réalités elles-mêmes.

(*Science et religion*, p. 162. Paris, Flammarion.)

Ce criterium, c'est la justice. Il faut, dit très bien M. Léon Bourgeois, « s'emparer des lois de la solidarité naturelle, dont les conséquences peuvent être injustes, pour réaliser la justice même[1]. »

---

[1] Pour la critique de l'idée de solidarité, voir : L. Dugas, *Cours de Morale théorique et pratique*, pp. 301-314. Paris, F. Nathan.

TABLE DES MATIÈRES

Dédicace I
Préface III

PREMIÈRE PARTIE
MORALE THÉORIQUE

Chapitre I. — La conscience morale 1
— II. — L'idée du devoir 5
— III. — Rôle du sentiment dans la vie morale 9
— IV. — Part à faire à l'intérêt et au désir du bonheur dans la vie morale 15
— V. — La vertu 21
— VI. — La responsabilité 26
— VII. — Mérite et démérite. Sanctions de la loi morale . . 31
— VIII. — Le droit. La personne humaine et ses principaux droits 40

DEUXIÈME PARTIE
LECTURES HISTORIQUES

I. — MORALISTES ANCIENS

Chapitre I. — Socrate 49
— II. — Platon 70
— III. — Aristote 85
— IV. — Les Stoïciens : Épictète, Marc-Aurèle 103

II. — MORALISTES MODERNES

Chapitre I. — Montaigne, Descartes, Pascal, Bossuet, Nicole . . 127
— II. — La philosophie morale au xviiᵉ siècle : le droit, la justice ; Montesquieu, J.-J. Rousseau 191
— III. — **La philosophie morale au xviiiᵉ siècle : la tolérance**, Voltaire 233
— IV. — **Kant**. 241
— V. — La philosophie morale au xixᵉ siècle, l'humanité, la solidarité. P. Leroux, J. de Maistre, Aug. Comte, Renouvier, Léon Bourgeois, E. Boutroux 258

LIBRAIRIE CLASSIQUE FERNAND NATHAN

JARACH ET MOUCHET
LA COMPOSITION FRANÇAISE
AU BREVET ÉLÉMENTAIRE

Conseils préliminaires. 100 Sujets, 100 Développements.
100 Plans. Nombreux sujets analogues,

Un volume in-12 broché. . . . . 2 fr. 75

M. GRIGAUT
COURS
DE
COMPOSITION FRANÇAISE

Questionnaires. Exercices. Sujets.

Un volume in-12 relié toile (5° *édition*) . . . . . 2 fr. 25

Le Brevet Supérieur

BULLETIN SPÉCIAL DE PRÉPARATION PARAISSANT TOUS LES 20 JOURS

DIRECTEUR : **Louis JARACH**.

Abonnement annuel (18 n°°) 15 fr. (Union postale 16 fr. 50)

Le numéro : 0 fr. 90

LE BACCALAURÉAT

PREMIÈRE PARTIE
BULLETIN SPÉCIAL DE PRÉPARATION

Paraissant le 1ᵉʳ et le 15 de chaque mois
Sauf en *Juillet, Août* et *Septembre*, où il ne paraît que le 1ᵉʳ du mois.

21 numéros par an. — Les abonnements partent du 1ᵉʳ octobre.

DIRECTEUR : **Charles GEORGIN**, professeur au lycée Henri IV

4 SÉRIES :

A. Latin-Grec. — B. Latin-Langues. — C. Latin-Sciences. —
D. Sciences-Langues. — *Abonnement à chaque série* **24 *fr.***

www.ingramcontent.com/pod-product-compliance
Lightning Source LLC
Chambersburg PA
CBHW071128160426
43196CB00011B/1829